杨丽婷 / 著

走出
虚无主义的深渊

路径与反思

社会科学文献出版社
SOCIAL SCIENCES ACADEMIC PRESS (CHINA)

本书由国家社科基金青年项目"当代中国克服虚无主义的战略研究"（13CZX016，鉴定等级：良好）结项报告修改而成

谨以此书献给我的父亲杨昔盘先生和母亲蔡红圆女士

目　　录
contents

绪　论

　　虚无主义这一概念自诞生以来便含义混杂，古今中外不同的思想家和学者的使用也不尽相同。① 尽管争论甚多，但在虚无主义概念上，近年来国内学者日渐存异求同，以获得讨论的共同基础。可以说，大部分学者是在价值伦理和存在论两个层面上探讨虚无主义的。本书所谈论的虚无主义具体而言即指"现代虚无主义"，它有明确而严格的内涵与语境，也即，虚无主义之"无"是生命意义之无，是现代化、世俗化进程这一现代性历史境域下的普遍生命意义根基的虚无。它主要涉及道德（或伦理）的和存在论（或价值论）的两种形式的虚无主义，主要是从道德（或伦理）层面和存在论（或价值论）角度进行的追问。因此，虚无主义是一个批判性概念。虚无主义问题表达了人们对当下生存状态的反思。关于克服虚无主义的讨论反映了人们对人类应然生活状态的追求。

　　近年来，国内学界关于虚无主义问题的关注持续升温。这一方面反映了中国当代学者对时代问题有着敏锐的洞察力；另一方面说明了虚无主义问题已日渐成为生存隐忧。从本质上来说，虚无主义是现代性问题的生存论变异。"现代性背景下，个人的无意义感，即那种觉得生活没有提供任何有价值的东西的感受，成为根本性的心理问题。"② 因此，当虚无成为现代

---

　　① 笔者在《"虚无主义"及其争辩：一种思想性的梳理》（《现代哲学》2012 年第 3 期）一文中已对虚无主义的内涵、形式、争论、共识、历史和语境等进行了系统的梳理。
　　② 〔英〕吉登斯：《法律与宗教》，赵旭东译，三联书店，1991，第 35 页。

人生存状态的一种映象时，如何走出虚无主义的深渊便成为时代命题。

　　克服虚无主义是一个理论问题，也是一个实践问题。本书的研究主旨在于：第一，系统梳理克服虚无主义的代表性理论资源和批判资源，为我们反思和克服虚无主义提供思想借鉴；第二，澄清当代中国虚无主义的特征、影响程度和发生机制；第三，在各类思想资源的比较性视野中，立足当代中国特色的经济、政治、制度、文化资源和实践，在马克思主义思想领域内探寻当代中国走出虚无主义的实践资源。

一　研究基础、视角和方法

　　在当代中国语境下思考虚无主义，仍然是一个起步性的工作。部分学者已做出了开创性的研究。如刘森林在虚无主义与马克思思想主义的关系上进行了持续、深入的研究。刘先生对物化、资本与虚无主义之间的逻辑关系进行了澄清，并对晚外发的现代化国家尤其中国应对虚无主义的情况做出了独特的思考，尝试建构中国特色的新形而上学。其《物与无：物化逻辑与虚无主义》（江苏人民出版社，2013）一书率先立足中国语境展开的对虚无主义问题的深刻思考，展示了当代中国学者对虚无主义问题的系统回应。张有奎在对资本逻辑与虚无主义课题的研究基础上对物、意义与虚无进行了马克思主义视角的研究。张先生提出，破除虚无主义的根本出路在于历史地超出资本逻辑。这两位学者的研究为我们探讨马克思克服虚无主义的实践方案提供了重要的理论基础和借鉴资源。

　　邹诗鹏的《虚无主义研究》（人民出版社，2016）对虚无主义问题进行了专题性的梳理和批判。值得注意的是，邹先生构建了一套虚无主义诊疗学，包括虚无主义的病因病理、症候分型及其治疗方法。立足当下中国的精神状况，邹先生提出，修复传统与现代的关系乃是遏制虚无主义的根本方法。马克思思想的当代意义尤其表现在对当代虚无主义的分析、批判与克服上。但值得注意的是，当代国人精神信仰的迷失，也包含共产主义价值信仰的迷失。邹先生的观点为我们克服虚无主义的必要性和可能性提供了佐证。

贺来在价值信念的真实承担者和载体问题上，对价值虚无主义及其克服进行了前提性探讨。刘贵祥对历史唯物主义超越虚无主义的理论资源进行了探索。罗纲考察了马克思对虚无的四种用法，展示了马克思对待虚无的两种态度：一方面，马克思既反对迷恋主体性的形而上学，又反对丧失主体性的形而上学物质观，斥之为虚无；另一方面，马克思将虚无视为辩证发展的中间环节，以积极的虚无来克服消极的虚无。此外，刘尚明对国内近十年来"马克思哲学与价值虚无主义"研究做了回顾。近年来，除笔者的博士学位论文《批判理论克服虚无主义的契机：以阿多诺为中心的分析》（《虚无主义的审美救赎：阿多诺的启示》，社会科学文献出版社，2015）外，还出现了数部以虚无主义为主题的博士学位论文，如中共中央党校唐忠宝的《虚无主义及其克服：马克思的启示》、河北师范大学法政学院闫世东的《当代中国社会价值虚无现象研究》。唐忠宝对共产主义如何超越虚无主义做了一定的分析。闫世东对当代中国虚无现象及其危害的归纳也具有一定的参考意义。

总之，国内学界关于克服虚无主义的研究不断深化，其特点有三：一是单一路径的探讨多，多种路径的系统比较少；二是对其西方性和全球性强调得多，对其中国特征挖掘得少；三是理论层面探讨得多，实践层面或将二者结合起来探讨得少。其问题也有三。一是仅从单一的理论资源入手思考虚无主义，视角和路径有所限制。二是对虚无主义的中国症状和特征没有厘清和归纳。对虚无主义根源的挖掘方面，过于重视其原初问题域而强调西方形而上学的影响。对虚无主义呈现为中国问题之后，其产生机制的变异、演化的研究还有待深入。三是在虚无主义的出路方面，受制于根源和症状的分析，对中国实践资源的总结有待加强。

对此，本书既坚持多维视角的理论分析，也主张在理论的指引下汲取实践资源。基本视角和方法如下。

第一，梳理克服虚无主义的各种代表性理论资源和批判资源，在多维视角的审视比较中，依托著名思想家的洞见，吸取前人的教训，为当代中国克服虚无主义提供前瞻性资源和路径引导。

第二，基于学界的争论、实证的调查、个案的分析和理论的剖析，澄清虚无主义的中国特征、影响程度和发生机制，以此说明当代中国克服虚无主义的必要性和可能性，进而探索当代中国克服虚无主义的实践资源。

二　研究思路和主要观点

1. 他山之石可以攻玉

判断某位思想家克服虚无主义思想的标准有二：一是其思想中有明确的关于克服虚无主义的论述，尼采、克尔凯郭尔[①]、海德格尔、施特劳斯、汉斯·约纳斯、卡尔·洛维特等人是代表；二是其思想中有涉及克服虚无主义的理论资源，马克思、西方马克思主义者如卢卡奇、阿多诺和马尔库塞等皆属此类。虽然他们并未直接运用虚无主义这一术语探讨问题，但他们对虚无主义的根源、实质和克服方式等做了深刻的反思和探索。这对克服虚无主义同样具有重要的借鉴意义。总之，他山之石可以攻玉，本书的首要任务就是梳理各种克服虚无主义的代表性路径，汲取当代中国克服虚无主义的理论资源。

第一章阐述尼采对虚无主义的理解与反抗，同时通过将他的审美救赎路径与克尔凯郭尔返回个体的内在信仰路径对比，展示克服虚无主义的两种传统路径各自的优劣之处。尽管尼采最终并未取得成功，但超人式的审美救赎无疑是虚无主义问题史上最具开创性和代表性的路径。海德格尔及其诸多弟子，甚至西方马克思主义者皆以不同的方式承袭、拓展了这一路径。这足以令我们认真审视审美救赎所独具的魅力和局限。总之，尼采的意义在于：第一，他使后人从哲学层面上严肃地对待虚无主义问题，意识到虚无主义对现代人精神和意义世界的严重冲击；第二，他使后人认真审视审美的现代性意义，对近代理性主义保留反思与批判的空间；第三，他生动演绎了一个虚无主义的克服者坠入虚无主义深渊的历史场景。如何避

[①] Kierkegaard，译为克尔凯郭尔、基尔克果、齐克果等，本书中的引文依所引文献而定，行文统一采用"克尔凯郭尔"。

免重蹈覆辙，这是尼采留给后人最大的教训和思考。

海德格尔充分吸取了尼采的教训，不再仅止于在价值－伦理层面上理解和克服虚无主义，而是深入本体论层面理解虚无主义，拓展审美救赎的生存论路径。海德格尔使无家可归的恐惧直击现代人的灵魂深处，也使人们更深刻地意识到审美认知方式相较于理性认知方式的优越性。遗憾的是，当海德格尔把虚无主义提升为现代人的宿命时，他自身也落入了尼采式的宿命。海德格尔对虚无主义的克服悲剧般地成为虚无主义的表达。

第二章通过回顾海德格尔与尼采的争辩、海德格尔的技术虚无主义思想、后人的争辩和反思呈现海德格尔对虚无主义的应对及其困境。总之，海德格尔的意义在于以下两点。第一，他使克服虚无主义成为诸多思想家极力探索的时代使命。在反思海德格尔的基础上，后继者发展出更多的克服虚无主义的路线。例如，海德格尔的弟子约纳斯指出存在主义是更绝望的虚无主义，他通过对古代诺斯替主义与现代虚无主义的对照研究，提出恢复自然的伦理原则，以此修复人与自然的伦理关系，进而克服虚无主义；古典主义者施特劳斯洞察到虚无主义的历史主义根基，试图通过返回前现代的德国传统来克服虚无主义。通过比较分析这些多样性的路径可以发现克服虚无主义的丰富资源。第二，海德格尔及后继者的争辩促使我们反思：对虚无主义的克服反而经常成了虚无主义的表达，这是虚无主义问题本身的悖谬还是思想家自身的方法论限制？这是否意味着虚无主义无法一次性根除？换言之，我们能否在现代性境域内真正地超越虚无主义？倘若可以的话，这需要哪些历史性的条件以及怎样的具体方案？倘若不行的话，那我们是否还有必要寻找遏制虚无主义的路径？

对以上问题的探究决定了马克思的出场。一则，无论是海德格尔、马歇尔·伯曼还是施特劳斯、卡尔·洛维特都从不同角度批评马克思思想，认为其是虚无主义。严肃回应这些批评是当代马克思主义研究者的分内职责。二则，无论是尼采、克尔凯郭尔、海德格尔还是约纳斯、施特劳斯等都仅仅是从精神文化和哲学的层面理解虚无主义并试图给出一劳永逸的答案，但结果大多陷入浪漫主义或形而上学困境，寻获不到虚无主义的现实出路。对此，马克思提供了独特的借鉴资源。马克思的思想立场和理论特性决定了他必然是一位虚无主义的批判者甚至克服者。第三章的内容是本书的重点和难点。在这一章，笔者首先回顾关于马克思与虚无主义的论争，系统回应思想界关于马克思的误解和批评；其次，立足思想史的整体性视域，考察虚无主义与马克思的历史性遭遇；最后，立足马克思的思想发生轨迹，考察虚无主义问题如何寄寓于马克思的思想演变逻辑中并获得怎样的回应与解决。总之，马克思为克服虚无主义提供了一种富有特色的历史性实践方案。马克思的意义在于以下两点。第一，他从经济制度层面揭示了虚无主义的深层根源。虚无主义的真正秘密不在精神史中，而在现实的物质生产关系中。资本逻辑是虚无主义产生的根本原因，资本主义是虚无主义的制度屏障。因此，对虚无主义问题的反思和克服，不仅是理论问题，而且是实践问题。第二，无论是尼采还是海德格尔等人关于虚无主义的思考，皆遵循一种非历史性逻辑理路，唯有马克思基于总体性的历史视角，将虚无主义理解为历史性的产物。由此，克服虚无主义也就拥有了历史性的实践空间。马克思将自我及其价值建构奠定于社会历史性的劳动实践基础之上，这使得虚无主义的克服不再仅限于精神层面上的审美救赎，而成为切切实实的历史性实践活动。

对虚无主义这一时代命题，西方马克思主义者也做出了自己的批判和回应，展示了克服虚无主义的别样路径，但这一重要的批判资源未引起学界足够的重视。本书第四章系统地呈现这些重要的批判资源。西方马克思主义者克服虚无主义的特点在于，他们既展示了马克思主义的思想视角，也呈现了西方马克思主义－海德格尔关系图景。从马克思那里继承而来的历史性视角使他们避免了海德格尔的极端，从而对虚无主义问题保持着辩证的态度。他们没有像海德格尔那样把虚无主义问题等同于西方历史的"内在逻辑"，没有把虚无主义的历史理解为现代性本身的历史和"命运"，而是将之诊断为现代性的"病症"。这使西方马克思主义的虚无主义批判同时呈现超越虚无主义的维度。西方马克思主义者皆批判海德格尔，但有意思的是，他们都不约而同地选择了审美救赎的方式。卢卡奇、阿多诺和马尔库塞等都把艺术作为生命本真状态的显现方式，重视审美独特的认识论优势。但西方马克思主义的特殊立场使他们有别于尼采和海德格尔，力图发展出一条具有历史维度和实践特色的审美救赎路径。本书择取西方马克思主义的三大代表性人物即卢卡奇、阿多诺和马尔库塞作为典型，呈现他们对虚无主义的批判和应对。

卢卡奇通过物化批判找到了虚无主义的经济根源和制度根源，试图通过重建总体性的辩证法寻求克服虚无主义的实践路径。卢卡奇的意义在于以下三点。第一，他天才般地将马克思主义的政治经济学分析模式运用于当代资本主义社会的时代问题反思上，从资本主义生产方式和政治统治方式中生成了虚无主义的政治经济学批判模式。第二，他创造性地提出，虚无主义现象是一个历史范畴，虚无主义的产生具有明确的社会历史条件，即资本主义生产关系条件下的资本主义社会。由此，克服虚无主义便有了具体的历史实践方案：扬弃资本主义生产关系和资本主义制度。第三，他尤为重视克服虚无主义的群体性主体的建构问题。马克思虽然提出了克服虚无主义的现实的历史性主体——无产阶级，但对这一群体性主体的建构问题尤其在具体的社会历史条件下如何生发主体性意识和实践自觉问题，马克思并没有具体阐释。卢卡奇填补了这一空白。同时，卢卡奇也为我们克服虚无主义时建构主体提供了重要的借鉴。

阿多诺在批判海德格尔的基础本体论时展示了自己对虚无主义的理解和应对。在对同一性哲学（包括海德格尔哲学）的批判和工具理性批判中，阿多诺展示了虚无主义的认识论根源。与尼采、海德格尔一样，阿多诺试图通过审美救赎克服虚无主义；但不同的是，阿多诺并没有走向与尼采、海德格尔类似的非理性主义，而是力图返回"未经损害的理性"之路。阿多诺此举的意义有三。第一，他希望寻求一种重建主客体和解的方法来解决主客体关系的失衡所造成的虚无主义，而不是像尼采和海德格尔那样将婴儿和洗澡水一同倒掉，彻底放弃理性。阿多诺试图"挽救"主体性，强调"客体的优先性"，通过重建"主体-客体"相互中介的和谐的星丛之光来驱逐现代性的虚无之痛。第二，阿多诺的审美救赎寄寓于现实的具体的社会历史境域内，对审美的历史性、审美得以发挥救赎的前提及其在现实的社会历史条件下的具体形态做了深刻而细致的考察。这是阿多诺从马克思那里承继的宝贵遗产，也是阿多诺的审美救赎得以超越海德格尔的关键之处。它提醒我们在克服虚无主义时，始终要考虑现实的社会历史维度，对当下的现实的个体生存状况保持高度的关怀。第三，阿多诺的失败再次展示了审美救赎的内在限度以及克服虚无主义的艰难。仅靠一种方案恐怕很难一次性根除虚无主义。虚无主义的克服，不仅需要理论层面的建构，而且需要具体的历史性的实践探索。

马尔库塞是马克思主义和存在主义之间最有代表性的桥梁，这种关联同样体现在虚无主义问题中。马尔库塞的单向度批判以富有西方马克思主义色彩的模式全面具体地描述了当代资本主义社会里人的虚无化的生存境遇和生存状态。马尔库塞对技术理性的意识形态批判揭露了发达资本主义社会下的虚无主义根源，而他关于重建审美解放的乌托邦思想则展示了一条虚无主义的超越路径。马尔库塞的意义主要在于以下三点。第一，他以自身的理论实践展示了马克思主义思想资源与西方当代主流思想的对话和融合，并将这种对话和融合注入对时代问题——虚无主义的具体解决中。这为我们当下以马克思主义理论立场为基础，吸纳其他克服虚无主义的思想资源提供了理论榜样。第二，他对技术的意识形态和统治功能的洞见使他超越了海德格尔，形成了富有西方马克思主义特色的社会批判维度。第三，他对艺术自律性的极端强调充分展示了审美救赎的乌托邦色彩。这进一步说明了克服虚无主义时，对具体的社会历史维度的考察以及实践方案的探索非常具有必要性。

总之，克服虚无主义是一个理论问题，也是一个实践问题。要想真正走出虚无主义的深渊，我们需要充分参照现有的多种理论和批判资源，依托著名思想家的洞见，避免重蹈覆辙。而对于当下中国来说，我们不能简单地参照西方的方案，而是要立足中国的特殊境域来寻找突破点。这是本书所坚持的基本立场。

2. 我们为什么要克服虚无主义

在当下中国思考虚无主义，无论我们持何种态度，最根本的还是要明确虚无主义与当代中国的关系。虚无主义之于国人，为何虚无，如何虚无；

国人之于虚无主义，是否切身，如何切身。这是我们碰触虚无主义的现实基点，也是中国式表达的话语根基。本书的另一个重要任务便是考察虚无主义的中国特征、影响程度和发生机制，以此说明当代中国克服虚无主义的必要性及可能性。我们将在最后一章阐释以下观点。

第一，当下国人还没有虚无主义的生存论体验，但已经普遍感受到了虚无主义的核心症状即信仰缺失、精神空虚、道德失范；物欲和利益冲击是产生当代中国虚无主义现象的最直接原因；个体的具象的世俗价值（尤其财富）在一定程度上弥补了信仰的缺位，使虚无主义问题隐蔽在物的丰裕表象下；迷茫与反抗同在，批判与建构并存。以上四个方面构成了虚无主义问题的中国特征。

第二，虚无主义是当代中国现代化过程中必然遭遇的意义危机，但虚无主义不是当代中国现代化的必然命运。当代中国的"反现代"特征使其处于既遭遇虚无主义又反抗虚无主义的双重境遇。资本逻辑的运行引发了中国式虚无主义的具体症状，但当前中国式的现代化实践及对资本逻辑的自觉限定展示了对虚无主义的个性反抗。

总之，虚无主义之于中国是一种现代性症结，这也预示着克服虚无主义之可能。考察中国的虚无主义问题，目的不在于如尼采、海德格尔般投入虚无的深渊中，而是引起我们对当下生存状态和意义的反思。考察中国的虚无主义问题，绝不能站在虚无的角度诋毁当代中国的各种信念或因问题域的产生而陷入盲目的悲观，而是要在同样的语境下为人类共同的问题找到一个中国式的答案。从这个角度来说，虚无主义之于中国，不仅是问题危机的倒逼，还是责任担当的体现。克服虚无主义，需要理论逻辑的建构，更需要实践资源的探索。当下中国新时代的思想探索和现代化实践中，就蕴含着抵御虚无主义的现实资源。这体现在我们对资本原则与公正原则辩证关系的建构、精神家园与心灵秩序的重建以及民族文化身份的构建上，它们分别从经济制度层面、精神价值层面与文化心理层面对虚无主义进行系统的遏制。这些实践资源的汇集和不断发展，预示着一条走出虚无主义的中国道路正在开启。

第一章

尼采的审美救赎与启示

尼采是虚无主义问题史上最当之无愧的开创者。他自命为虚无主义者，率先把虚无主义提升为其哲学核心问题。洛维特指出："尼采真正的思想是一个思想体系，它的开端是上帝之死，它的中间是从上帝之死产生的虚无主义，而它的终端则是对虚无主义的自我克服，成为永恒的复归。"① 可以说，与虚无主义搏斗构成了尼采哲学的终生使命。正是尼采，使人们意识到虚无主义已成为现代人普遍面对的生存问题和意义危机，从而引发了克服虚无主义的诸多思考和探索。尼采对虚无主义的理解，成为后人思考虚无主义的出发点。尼采所开创的审美救赎方式，是克服虚无主义的最具代表性和普遍性的路径。但正如后人所得出的共识，尼采对虚无主义的克服反而成了虚无主义的表达。尼采本人的审美救赎并没有成功，可其开拓的路径却延续了下来并不断获得拓展。海德格尔及其诸多弟子，甚至西方马克思主义者卢卡奇、阿多诺和马尔库塞等皆以各自不同的方式承继了这一路径并进行了新的探索。因此，考察尼采的虚无主义思想，不仅能够充分展示虚无主义原初的问题域，展示审美救赎所独具的魅力和局限，而且能为我们克服虚无主义提供重要的理论参照。

---

① 〔德〕卡尔·洛维特：《从黑格尔到尼采：19世纪思维中的革命性决裂》，李秋零译，三联书店，2006，第261页。

第一节　尼采对虚无主义的理解与反抗

　　虚无主义是尼采思想的核心概念。但尼采第一次遭遇"虚无主义"这一概念，并不是哲学的，也不是政治的，而是文学意义上的。1873 年夏天，尼采阅读了屠格涅夫的小说《父与子》的法文译本。这是虚无主义概念在尼采世界的第一次出场。但真正对尼采产生深远影响的是陀思妥耶夫斯基。1887 年，尼采阅读了陀思妥耶夫斯基的许多著作。其中《群魔》对尼采的吸引力最为明显，这直接体现在尼采的笔记中。陀思妥耶夫斯基在《群魔》中关于虚无主义的批判指向的是西方理性主义。正是西方理性主义导致神－人的爱和道德被人－神的利己主义和权力替代。陀思妥耶夫斯基的虚无主义者是反基督者。尼采对这一思想表示了足够的兴趣。最直接的表现就是，在《论道德的谱系》中尼采宣称他打算写一本名为"论欧洲虚无主义的历史"的书，而这本书将被包含在一本正在进行的书中，即《权力意志——重估一切价值的尝试》。虚无主义概念在文学意义上的使用对尼采有直接影响，但"尼采并没有简单挪用陀思妥耶夫斯基或屠格涅夫作为反基督教的虚无主义概念，而是把这个概念反转过来，并且通过这种反转，完全突破了陀思妥耶夫斯基对犹太人作为虚无主义者原型的认定"。[①]

　　在尼采的著作中，"虚无主义"这一术语首先出现在 1886 年的《超善恶：未来哲学序曲》中。在 1887 ~ 1888 年的《论道德的谱系》《偶像的黄昏》《反

[①] 〔英〕沙恩·韦勒：《现代主义与虚无主义》，张红军译，郑州大学出版社，2017，第 26 页。

基督》《瞧，这个人》中，"虚无主义"一词反复出现，且与宗教直接相关。如尼采把基督教和佛教描述为"虚无主义的宗教"，与"颓废者的宗教"一词几乎等同。但只有在《权力意志——重估一切价值的尝试》（以下简称《权力意志》）中，"虚无主义"概念才获得真正的核心地位。《权力意志》于1901年出版，1906年扩版再编。正如尼采所说的，《权力意志》是一本"正在进行的书"，尼采本人遗稿的碎片化和编者意志的干预使本就如迷宫一般的思想更为扑朔迷离。有学者指出："不是尼采本人，而是他的所谓 grossoktav 版（1894~1904）中'遗著'的编者，把虚无主义置于他晚期思想的前沿，由比引发了这一术语在20世纪的主要哲学和政治后果。"①

尼采关于虚无主义的论述，同样遵循他的格言式风格。虚无主义的内涵是含混不清的，但同时又经常以断言的形式出现。尼采把虚无主义描述为一种历史进程，一种心理状态，一种哲学立场，一种文化状况，一种虚弱的表象，一种强壮的迹象，危险中的危险者，一种神圣的思想道路。这一情况导致了后人在讨论虚无主义问题时，首先遭遇的就是虚无主义概念的不确定性，许多争论也由此而生。《权力意志》诞生的特殊情况更使得后人必须面临一个尼采式的解释学问题：如何区别"真实的尼采"和"被解释的尼采"。毫无疑问，任何人都无法做到还原一个原初的尼采，而只能尽量地接近尼采。在审视尼采的虚无主义问题时亦然。我们所能做的，就是既要遵循文本的叙述，又要深入尼采哲学思想的脉动来把握。

总体而言，尼采把虚无主义的本质理解为最高价值的自行贬黜，这根源于上帝之死。因而虚无主义乃是西方历史现实的必然运动，而且是一个正在进行的普遍的历史事件。虚无主义是一名恐怖的来客，尼采想要它尽快到来，又希望尽快驱逐掉它。驱逐的方式是借助于一次全新的开始，即借助于超人的权力意志对价值体系进行重估，重建符合生命意志伸张的新价值体系。

———————

① 〔英〕沙恩·韦勒：《现代主义与虚无主义》，张红军译，郑州大学出版社，2017，第25页。

一　虚无主义的本质：最高价值的自行贬黜

对尼采来说，虚无主义有两个最基本的规定性：一是与生命的意义和目标相关，意味着普遍意义的丧失；二是与生命体验和情绪相关，意味着迷茫与失望。从其最广泛的描述来看，虚无主义就是认为生存没有意义。大体而言，意义可以从两个方面来理解。一是指众多价值种类中的一种。首先，它与伦理价值等并列，同属价值中的一类。生命可以是无意义的，但仍然值得活下去，因为他可以追求其他的价值，比如道德、正义等。其次，它与周围世界相关。生命通过为这个世界做出自己的贡献，在人类历史上留下自己的印记而获得意义。最后，它指的是个体生命，而非普遍的人类生命。因此，也许整个人类都无法改变世界历程，但并不代表个体的生命不值得存在，个体生命仍然可以开心幸福。二是指普遍的评价性。它直接涉及生存问题——生命本身是否有意义。在此追问的并非人类生命中是否拥有一些特殊的价值，而是生命是否值得活下去的问题。这个层面上的生命意义是一个纯形式的概念，它的内涵由行动者的最高价值和理念所决定，因此，若生命无意义，则无法继续活下去。而且，它所关注的是普遍的人类生命，而不是个体生命。可以明确的是，尼采的虚无主义指的是第二个层面的意义。根据尼采的分析，无意义与无价值是可以互换的，生命是否有意义可等同于生命是否值得活下去。因而，虚无主义就是认为普遍的生命没有价值，生命不值得活下去。

那么，怎样的生命才有价值，才值得活下去？对尼采而言，就是激励人心的目标，或者说能鼓励生命活下去的目标。从这个角度来说，虚无主义就是这种目标的缺失。"虚无主义意味着什么？——意味着最高价值自行贬值。没有目的。没有对目的的回答。"[①] 在此，尼采的虚无主义概念预设了一个关键的前提：只有能够激励行动者继续活下去的目标，才能算

———————————

① 〔德〕尼采：《权力意志——重估一切价值的尝试》，张念东、凌素心译，商务印书馆，1991，第280页。

是一个激励人心的目标，才能使生命获得意义。而目标能够具有这种激励人心的性质，取决于两个条件：一是行动者对目标意义的评价，二是行动者对目标现实性的评估。对这两个条件的考量，直接影响了生命体验和情绪。

生命是否有意义取决于行动者的评价：目标是否有意义，是否具有实现的可能性。缺乏第一个条件，将表现为迷茫的虚无主义；缺乏第二个条件，将导致失望的虚无主义。尼采明确地宣告：虚无主义就是最高价值的自行贬黜，但他的批判却指向所有的价值。这是由最高价值的特性决定的。与最高价值相关的是较低价值。对尼采来说，最高价值具备以下两种性质：一是最高价值是较低价值成为其自身的基础；二是最高价值能否实现决定了较低价值能否实现。最高价值的自行贬黜将直接导致其他较低价值的贬黜，且将直接导致生命的无意义。尼采认同道德虚无主义的观点：道德不具客观性，因而价值同样不具备客观性。但是与之不同的是，尼采更注重这种认知所带来的现实感受——迷茫。不过，虚无主义的迷茫与极端的怀疑主义不同。即使价值具有客观性，极端的怀疑者仍然认为我们无法获得这些价值。但更需要注意的是迷茫的虚无主义与反现实主义的区别。反现实主义认为不仅价值不具有客观性，而且我们生活的感性世界亦不具有客观实在性，一切皆是无。尼采的虚无主义明确地承认感性世界的现实性，只是因为意识到最高价值的虚无，才会发生迷茫，才会缺失生命的意义。追求生命的意义是人的自然需求。

莱茵斯特（Bernard Reginster）认为，"最高价值的自行贬黜"这一宣告使大部分学者只关注虚无主义的第一个内涵——价值是否有意义，而忽略了虚无主义的另一个核心内涵——价值是否能够实现。后者将引发虚无主义的另一个表现形式：失望。[①] 虚无主义的失望并非个人无法获得自己目标或意义的失望。意义所指向的是普遍的评价性，因而关涉的是普遍的人类

---

① 参见 Bernard Reginster, *The Affirmation of Life*: *Nietzsche on Overcoming Nihilism*, Cambridge: Harvard University Press, 2008。

生活。"要得出普遍的生命，而非个体生命是无意义的，虚无主义者必须相信，这个世界必然地或本质地，与他的价值实现是敌对的，所以任何个体生活环境的变化也无法改变这一点。"① 理解虚无主义的失望，必须首先厘清虚无主义与悲观主义的差异。大体而言，悲观主义是虚无主义的"前期阶段"，两者的共同特征就是认同最高价值无法实现，但两者的不同在于：悲观主义者对此只能消极地认同，如叔本华和佛教徒；而作为"有作为的悲观主义"即虚无主义者，将直面惨淡的现实，"简言之：我们拿来赋予世界价值的范畴，如'目的'、'统一性'、'存在'等等，现在又通过我们之手抛弃了——于是，世界呈现无价值的外观……"② 悲观主义者尽管对目前的最高价值的实现抱着失望的态度，认为它在现存条件下不能实现了，但还耽溺于这样一个幻想：也许还有另一个美好的世界，能够最终实现最高价值。虚无主义者则彻底否定了这一可能性。因为这些"最高价值"根本不具客观实在性，它只是人们臆造的、为满足心理需要的一种"幻想"。用尼采的话来说这种幻想是"心理学状态的虚无主义"。

总之，从悲观主义与虚无主义的联系与区别来看，"悲观主义构成了虚无主义的症候。当我们从虚无主义返回到悲观主义时，这是虚无主义谱系的回溯"③。虚无主义就是一种极端的悲观主义，它对最高价值实现的可能性彻底不抱任何希望，彻底"失望"，因为这些最高价值根本不存在。这也正是尼采所区分的虚无主义的两种形式：积极的虚无主义与消极的虚无主义。"虚无主义。它有双重意义：A. 虚无主义是精神权力提高的象征：积极的虚无主义。B. 虚无主义是精神权力的下降和没落：消极的虚无主义。"④

---

① Bernard Reginster, *The Affirmation of Life*：*Nietzsche on Overcoming Nihilism*，Cambridge：Harvard University Press，2008，p.28.
② 〔德〕尼采：《权力意志——重估一切价值的尝试》，张念东、凌素心译，商务印书馆，1991，第426页。
③ 仰海峰：《虚无主义问题：从尼采到鲍德里亚》，《现代哲学》2009年第3期，第67页。
④ 〔德〕尼采：《权力意志——重估一切价值的尝试》，张念东、凌素心译，商务印书馆，1991，第280页。

此外，尼采还区分了不完美的虚无主义与完美的虚无主义，二者的区分可以更进一步明确虚无主义所表现出的"失望"。尼采认为，面对最高价值在当前现实条件下无法实现的情况，有一种虚无主义尽管承认了这一点，却仍对最高价值所寄寓的超感性领域抱着希望，试图通过重建另一套价值系统来填补超感性领域的虚空。这就是不完美的虚无主义。"不完美的虚无主义，它的种种形式：我们生活于其中。不去重估迄今为止的价值，而试图逃避虚无主义：会适得其反，使问题弄僵。"① 与之相对的是完美的虚无主义："虚无主义的极端形式认为：任何信仰，任何自以为真实的行为一定是谬误。因为，根本就没有真实的世界。……虚无主义否定了真实的世界、存在和神圣的思维方式。"② 极端的完美的虚无主义彻底否定了最高价值所寄寓的超感性领域的存在。

对尼采来说，不存在感性领域与凌驾于感性领域之上的超感性领域，只有感性领域与非感性领域的区分。并且，感性领域也并不比非感性领域低级。换言之，尼采否认超感性领域的存在，而肯定感性领域对生命的意义。"（完美的虚无主义）这种形式本身含有对形而上学世界的非信仰。"③ 在这个意义上，我们可以断言：虚无主义是一个哲学问题。而这一断言可通过对虚无主义来源的分析获得更充分的证明。

二 虚无主义的根源："上帝死了"

尼采认为，虚无主义的根源在于"上帝死了"。尼采对"上帝死了"的描述并不多，他直接把这个命题当作一个被广泛认知的事件。但是，"上帝死了"的真正内涵是什么？为什么"上帝死了"将导致虚无主义？从尼采其他的阐述中可以获得两个层面的认知：一是指基督教上帝所代表

---

① 〔德〕尼采：《权力意志——重估一切价值的尝试》，张念东、凌素心译，商务印书馆，1991，第 357～358 页。

② 〔德〕尼采：《权力意志——重估一切价值的尝试》，张念东、凌素心译，商务印书馆，1991，第 277 页。

③ 〔德〕尼采：《权力意志——重估一切价值的尝试》，张念东、凌素心译，商务印书馆，1998，第 425～426 页。

的价值信仰体系的崩溃；二是指肇始于柏拉图的西方传统形而上学体系的崩溃。

首先，尼采关注的并不是上帝是活着还是死了，而是上帝的信仰已经缺失、上帝所代表的最高价值已经丧失了其有效性的问题。在基督教文化中存在两个世界：一个是"上帝"的世界，或彼岸世界，代表着全知、全能、全善和完美，这是最高价值的建构和体现来源；另一个是现实的人所生活的世界，或此岸世界，充满了无知、愚昧与罪恶的世界。彼岸世界是永恒的不变的真实世界；此岸世界是变化的生成的虚幻世界。人在此岸世界的生命历程完全是为了"赎罪"，只有死后，才有可能到达那个本质的真实的世界。按照这一逻辑，彼岸世界所代表的最高价值根本不可能在此岸世界获得真正的实现。而以此为基础和依托的其他较低价值，也无法获得真正的实现。所以，现实的生命特征表现不是"真实"，而是"虚假"。现实的生命行为无法生成意义和目标。"通过生成达不到任何目的，实现不了任何目标……这样一来，对于生成的所谓目的的失望，就成了虚无主义的原因。"① 个体渴望通过总体性和整体性来获得存在感，"能够信仰自身的价值"，但是根本没有所谓普遍的东西。当个体无法通过生成获得意义，也无法通过整体性获得存在感时，只能谴责此岸世界的虚假并寄希望于彼岸的"真实世界"。"然而，一旦人们明白了，臆造这个世界仅仅是为了心理上的需要，明白了人根本不应这样做的时候，就形成了虚无主义的最后形式。"②

其次，基督教信仰有其哲学基础，即柏拉图主义。柏拉图哲学的核心思想就是形式理论。柏拉图认为，人有生老病死，变化无常，但形式是不变的、真实的、永恒的。这意味着存在两个世界：一个是我们生活于其中的变化的、生成的世界；另一个是形式的世界，不变的、真实的

① 〔德〕尼采：《权力意志——重估一切价值的尝试》，张念东、凌素心译，商务印书馆，1998，第 425 页。
② 〔德〕尼采：《权力意志——重估一切价值的尝试》，张念东、凌素心译，商务印书馆，1998，第 425 页。

世界。柏拉图的形式理论融合了赫拉克利特和巴门尼德的思想，解决了前苏格拉底哲学的重大难题，同时也影响了中世纪哲学甚至近代哲学。尼采深刻地意识到，这一哲学传统造成了一个深重的历史问题：人们现实生活的此岸世界是虚幻的、不完满的，人的本质永远无法在此岸世界实现，所有的价值都无法在现实中实现，而这一切的原因都在于，超感性领域被预设为凌驾于感性领域，感性领域永远无法提升到超感性领域。而这正是西方形而上学的虚无主义本质所在。西方形而上学传统所预设的前提决定了它本身价值的自行贬黜和理论逻辑的自行崩溃。如尼采所言："'另一个世界'，这种观念来源如下：——哲学家虚构了一个理性世界，在适于发挥理性和逻辑功能的地方，——这就是真实的世界的来源；——宗教家杜撰了一个'神性'世界——这是'非自然化的、反自然的'世界的源出；——道德家虚构了一个'自由的'世界——这是'善良的、完美的、正义的、神圣的'世界的源出。"① "对理性范畴的信仰乃是虚无主义的原因。——我用来衡量世界价值的那些范畴，乃是同纯虚构的世界有联系的。"②

在此意义上，尼采对虚无主义的理解与西方传统形而上学的批判是内在一致的。传统形而上学的内在机制设定决定了虚无主义的必然产生。西方传统形而上学的历史演进过程，同时也成了虚无主义的产生和发展过程。虚无主义不仅是个体的情绪体验，而且是现实的历史运动。这一历史运动根植于主导西方人思维的传统形而上学土壤之中。因此，要撬动这一根基，唯有深入哲学层面，进行根本范式的转变。

三　虚无主义的克服：权力意志对价值体系的重估

大部分学者都将尼采的虚无主义思想理解为价值虚无主义。尼采对消

---

① 〔德〕尼采：《权力意志——重估一切价值的尝试》，张念东、凌素心译，商务印书馆，1998，第 471 页。

② 〔德〕尼采：《权力意志——重估一切价值的尝试》，张念东、凌素心译，商务印书馆，1998，第 426 页。

极虚无主义和不完美的虚无主义的批判，容易使人们形成这样的误解，即尼采反对一切价值，主张不要任何价值。其实，尼采并非不要价值，而是反对价值设定的标准及在此基础上所建构的价值秩序。尼采认为，基督教和柏拉图主义所设定的价值压制了生命的意志，是奴隶的价值，是颓废的逻辑学，是生命虚弱的表现。按照尼采的逻辑，虚无主义是欧洲历史的必然性运动，但这只是一种"过渡状态"。在某一时刻，我们将需要新的价值。因此，对虚无主义的克服——重估一切价值——乃是一曲令人振奋的"未来派音乐"。当尼采自命为一名虚无主义者时，他所指向的是一种积极的虚无主义。积极的虚无主义是与"价值重估"一致的。重估的标准是权力意志，主体是超人，过程是相同者的永恒轮回。

1. 权力意志：重估的标准

如所罗门所言，"虚无主义是问题，而强力意志是问题的答案。……基于强力意志，尼采把虚无主义作为接受一个完全不同的价值秩序的基础"。[1] 尼采认为，积极的虚无主义者勇于打破违背生命意志的传统价值秩序，建构符合生命意志保存和提升的新价值体系。权力意志与传统的价值秩序设定原则的不同在于三个方面。首先，权力意志对价值的评估和设定是以人的生命为标准的。尼采认为基督教和柏拉图主义都是通过外在的权威来压抑、削弱生命。"生命不是内在关系适应外在关系，而是权力意志，它从内在关系出发，不断征服和同化'外在关系'。"[2] 权力意志看重自我力量的增殖和提升，这正是个体的最高利益所在和最高权力表现。因此，凡是增强权力感、权力意志、人自身的力的，都是善的；相反，凡是使人软弱的都是恶的。权力意志的设定，是从人本身出发的、展示人的生命力和意志的内在价值设定过程。其次，权力意志对新价值的设定是一个不断生成创造的过程。生命的本质是权力意志，权力意志的本质是创造，是一种"不断

---

① Robert C. Solomen, "Nietzsche, Nihilism, and Morality," in *From Hegel to Existentialism*, New York, Oxford: Oxford University Press, 1987, p. 88.
② 〔德〕尼采：《权力意志——重估一切价值的尝试》，张念东、凌素心译，商务印书馆，1998，第678页。

增长"的命令。尼采认为，只图保存不求提升的价值设定是对生命的背叛，是衰弱的象征。不断追求权力的增殖和提升才是生命的体现，是强健的象征。权力意志乃是一种生生不息的创造性力量，使人在世界中不断自我提升和超越。"和各种不同的感性刺激一起，创造意义的潜能构成了'权力意志'的核心。"① 最后，权力意志既是否定的，又是肯定的；既是批判的，又是创造的。在《查拉斯图拉如是说》里，尼采有一个著名的精神三种变形说。"我告诉你们精神的三种变形：精神如何变成骆驼，骆驼如何变成狮子，最后狮子如何变成小孩。"② 骆驼的名字是"你应"，骆驼精神代表着负重与顺从，正是人性从属于神性的谦卑写照，对应于绵延两千年的基督教虚无主义。狮子的名字是"我要"，狮子精神代表着否定与批判。"创造新的价值，——狮子亦不足为此：但是为着新的创造而取得自由，——这正需要狮子的力量。创造自由和一个神圣的否定以对抗义务：兄弟们，这是狮子的工作。"③ 狮子的破坏性可以咬碎传统道德价值的束缚，但若一味地批判和否定，那将只能永远沉溺于消极和颓废的虚无主义深渊中。彻底的破坏是为了全新的开始。只有积极肯定的创造，才能为生命的增殖和提升创造条件。因此，尼采说道："为什么掠夺的狮子要变成孩子呢？孩子是天真与遗忘，一个新的开始，一个游戏，一个自转的轮，一个原始的动作，一个神圣的肯定。是的。为着创造之戏，兄弟们，一个神圣的肯定是必要的：精神现在有了它自己的意志；世界之逐客又取得他自己的世界。"④

2. 超人：重估的主体

尼采的权力意志是一种强大的、高贵的、主动的创造性精神。能够承担起这一精神的主体是超人。尼采的超人与末人是相对的。尼采认为，基督教的道德价值观有两个基本要点：一是否定生命的禁欲理念；二是否定

---

① 〔德〕哈贝马斯：《现代性的哲学话语》，曹卫东等译，译林出版社，2004，第110页。
② 〔德〕尼采：《查拉斯图拉如是说》，尹溟译，文化艺术出版社，2003，第18页。
③ 〔德〕尼采：《查拉斯图拉如是说》，尹溟译，文化艺术出版社，2003，第19页。
④ 〔德〕尼采：《查拉斯图拉如是说》，尹溟译，文化艺术出版社，2003，第20页。

等级的平等理念。禁欲理念将精神低矮化，平等理念则将这种低矮化普遍化。"'上帝面前人人平等'这个概念为害最深；人们会禁止本来属于强者特权的那些思想和行动——仿佛强者就不配作人似的。人们破坏了仰望强者的名声，因为人们把最弱者的护身符（也是针对最弱者自身）树为价值标准了。"① 基督教道德价值观塑造的是末人，他们软弱无力、平庸浅陋、庸俗无知、无所作为又扬扬自得。在尼采的表述中，末人与群畜、奴隶、大众、群氓等是等同的，都是尼采所蔑视、贬斥的低等种类，他们所表现的都是颓废、虚弱、平庸的虚无主义精神。只有超人才是能够直面虚无主义、克服虚无主义的主体。尼采在《瞧，这个人》中叙述过："'超人'，是用来形容一种至高卓绝之人的用语，这种人同'现代'人、'善良'人、基督徒和其他虚无主义者完全相反——它出于查拉图斯特拉即道德破坏者之口，是个很值得深思的用语——几乎人人都把它想当然地按照与查拉图斯特拉形象对立的价值含义来理解。硬说超人是一种高等的'理想主义'典型，是半为'圣徒'、半为'天才'之人……还有另一个有学问的、头上长角的畜生由此而怀疑我是达尔文主义者。"② 只有超人才能发挥权力意志重估价值，创造新的价值秩序。超人是欧洲历史中的新人，是积极的、强壮的、富有独立性和创造性的高贵人群。超人及其所培育的高等阶层承担着教牧低等阶层的使命，使后者获得安身立命的基础。

3. 相同者的永恒轮回：重估的过程

需要注意的是，超人的权力意志所创建的新价值不是一成不变的，也不是绝对有效的。破与立是不断循环往复的。没有绝对的先在律令，没有任何普遍的外在权威，唯一的标准就是生命意志的伸张。超人对价值的重估和创造过程是一个不断批判、生成的过程，是相同者的永恒轮回。尼采在《查拉斯图拉如是说》里叙述了永恒轮回的中心思想："万物方来，万物

---

① 〔德〕尼采：《权力意志——重估一切价值的尝试》，张念东、凌素心译，商务印书馆，1998，第409页。

② 〔德〕尼采：《权力意志——重估一切价值的尝试》，张念东、凌素心译，商务印书馆，1998，第42～43页。

方去；存在之轮，永远循环。万物方生，万物方死；存在之时间，永远运行。万物消灭了，万物又新生了；存在之自身永远建造同样的存在的屋宇。万物分离而相合；存在之循环对于自己永久真实。存在念念相生；围绕着这之轨道，永远回环着那之星球。任何一点皆是宇宙的中心。永恒的路是螺旋形的。"① "上帝死了"这一事件抹去了人生的地平线②，对个体来说，世界无始无终，没有永恒的目的，也没有既成的模式。每一件事件都是在无意义的陀螺式地旋转，每一个历史时刻都将被无穷无尽地重复。"假如恶魔在某一天或某个夜晚闯入你最难耐的孤寂中，并对你说：'你现在和过去的生活，就是你今后的生活。它将周而复始，不断重复，绝无新意，你生活中的每种痛苦、欢乐、思想、叹息，以及一切大大小小、无可言说的事情皆会在你身上重现，会以同样的顺序降临，同样会出现此刻树丛中的蜘蛛和月光，同样会出现现在这样的时刻和我这样的恶魔。存在的永恒沙漏将不停地转动，你在沙漏中，只不过是一粒尘土罢了！'你听了这恶魔的话，是否会瘫倒在地呢？你是否会咬牙切齿，诅咒这个口出狂言的恶魔呢？"③ 对于大多数末人来说，永恒轮回是难以忍受的。对于超人来说，这同样是一个挑战。超人需要在每一个瞬间砸碎既有的价值基础，不断在虚无之上构建新的价值。这就如希腊神话中的西西弗斯一般，每一次艰难地将巨石搬运到山顶，但巨石又会滚落下山。徒劳无功，但又循环往复。人生的每一瞬间就是这样的"努力—无效—无望—再努力"的轮回重复。但正如加缪所言："幸福和荒诞是同一块土地的两个儿子。他们是不可分的。"④ 超人的权力意志能够直面这一虚无和无望，将这悲壮的曲子演绎成愉快的舞蹈。每一次登上顶峰的斗争，都是生命意志的展示，都足以充实人的心灵。这就是相同者的永恒轮回对虚无主义的破除。

---

① 〔德〕尼采：《查拉斯图拉如是说》，尹溟译，文化艺术出版社，2003，第242～243页。
② 尼采把神话比喻成地平线，它使我们在大地上的生活获得方向。如果历史的发展失去了地平线，其结果将是一种丧失存在理由的无目的性，这是虚无主义在历史维度上的体现。
③ 〔德〕尼采：《快乐的科学》，黄明磊译，漓江出版社，2000，第210页。
④ 〔法〕加缪：《局外人·西绪福斯神话》，郭宏安译，译林出版社，2011，第195页。

第二节　尼采与克尔凯郭尔的争辩

与尼采相比，克尔凯郭尔更早地在哲学层面上论述过虚无主义，并试图通过返回个体的内在信仰克服虚无主义。尽管尼采与克尔凯郭尔之间并没有任何史实性的关系，但在虚无主义问题上，两人具有思想上的争辩关系。洛维特指出："当代哲学中两个富有特征的基本概念，'生存'和'存在'，最初是由尼采和克尔凯郭尔创造的。尼采的哲学思考始终围绕着'生存'的现象，克尔凯郭尔的思考活动不断深入'存在'的问题。因此，他们二人的兴趣都首先而且几乎指向人，指向人的生存和人的存在的。"① 对人的生存和人的存在的思考使二者共同体会到时代的虚无主义，但有趣的是，面对同样的问题，克尔凯郭尔投向了上帝的怀抱，尼采则坚决地杀死了上帝。截然相反的态度反映了二者对虚无主义的不同理解以及克服虚无主义的不同路径。回顾克尔凯郭尔的虚无主义思想，展示其与尼采的争辩之处，既可以展示一条克服虚无主义的别样路径，同时也有助于我们更深入地理解尼采的虚无主义思想及其暴露的问题。

一　克尔凯郭尔论虚无主义

克尔凯郭尔是第一位在哲学层面上论述虚无主义形式的哲学家。克尔凯郭尔生活在一个普遍的生存处于崩溃状态的时代——1840 年社会运动正处于激进的开端，在德国占统治地位的黑格尔主义走向衰弱，受到叔本华、后期谢林等的批判，而黑格尔主义内部也出现分裂。动荡的外在世界，普遍意义的丧失，这都为个体生存提供反思：朝向自身，面对自己赤裸裸的当下存在；面对世界的虚无，置身虚空。这也正是身处丹

---

① 〔德〕卡尔·洛维特：《克尔凯郭尔与尼采》，李理译，《哲学译丛》2001 年第 1 期，第 27页。

麦、受欧洲和德国非理性主义思潮影响的克尔凯郭尔所做的选择。对克尔凯郭尔而言，虚无主义直接源于个体生命的无意义，这种无意义源于个性的夷平。

> 最严重的夷平如同死亡的静寂，在这种死亡的静寂中，一个人能够听到自己的心跳声，如死亡般的静寂，没有任何东西能够穿透它，在其中，一切都沉没，无力。一个人能够面对反抗，却不能面对这种夷平的过程。因为反抗能够使他成为领袖且可以免于被夷平。每一个个体都可以在他的小小圈子里参与进这种夷平，但夷平是一个抽象的过程，是对个体性的抽象的征服。①

个性的夷平，作为现实的生存状态，表现为反讽、厌倦、沮丧、焦虑和怀疑。具体的个体生存状态与虚无融为一体。面对这种虚无状态，要么怀疑（非此），要么信仰（即彼）。

简言之，克尔凯郭尔发展了个人的虚无主义生存概念，而克服虚无主义的希望就在于基督教的信仰。

> 真正作为绝对存在的是超越理性思维和逻辑的上帝。每一个人的真正存在和自由是在上帝面前的存在和自由，它们的获得不是依靠理性和逻辑，而是依靠人与上帝的直接（没有中介）接触，即个人以自己独特的方式对上帝的内心体验，或者说作为可能性存在的人自主和自由地趋向上帝的活动。②

按照洛维特的评价，个人的虚无主义生存概念是与普遍性对立的概念，尽管他赋予了个人以普遍的意义。克尔凯郭尔在与社会政治运动的对立中，形成了个人虚无主义立场。在这方面，克尔凯郭尔并不是特例，而只是一个典型。在施蒂纳的"唯一者"中，在鲍威尔的"自我意识"中，社会－

---

① Soren Aabye Kiekegaard, *The Present Age*, translated by Alexander Dru, New York: Harper & Row, 1962, pp. 51 - 53.

② 刘放桐等：《新编现代西方哲学》，人民出版社，2000，第44页。

政治世界都作为纯粹的"群众"和"大众"得以反映。更为重要的是，克尔凯郭尔这种反政治意义上的个人立场，目的在于论证"一种基督徒的生存"①。

　　克尔凯郭尔希望通过返回个体的内在信仰解决虚无主义。这是一种代表性的尝试，但它存在以下几个方面的问题。首先，克尔凯郭尔不想依托外在的制度或权力，也不想寄希望于纯粹的思维，而是将克服虚无主义的重担交给了具体的个人，而这种个人是基督教所关心的相同的个人。对此马尔库塞批评道："克尔凯郭尔的个人主义变成了强有力的专制主义。唯一存在的真理就是：只有在基督教中才有永久的幸福；并且唯一正确的决定就是过基督教的生活。克尔凯郭尔著作的最大企图就是恢复宗教，把宗教视为把人性从一个压抑的社会秩序的有害影响中解放出来的决定性工具。"②其次，克尔凯郭尔将个人的意义与自由归于孤立的个体之内心体验，这在他所处的社会历史时期，显得如此"不合时宜"，因为黑格尔早已证明了，个体生命的真正意义只有在社会中才能实现。由此，洛维特评价克尔凯郭尔走向了内在性的极端，"克尔凯郭尔完全退回到他自身的存在，退回到最自身的存在的内在性当中"。③ 最后，在实存与本质问题上，克尔凯郭尔的存在哲学将实存自身视为唯一本质性的东西，即它不再追问与实存相区别的本质，由此，克尔凯郭尔只追问"单个人的伦理的-宗教的实存"。这使得克尔凯郭尔所理解的虚无主义及其克服方案仅仅局限于个人层面。但问题在于，现代虚无主义之意义虚无，不局限于单个个体的情感体验，而是普遍生命意义的虚无。假若虚无主义只是一种情绪体验，那么它便不在根本上成为基本的关涉现代性的哲学问题。这正是稍后的尼采及海德格尔等人极力论证并批评克尔凯郭尔之处。由此，克尔凯郭尔的方案只能在一定

---

① 参见〔德〕洛维特、沃格林等《墙上的书写：尼采与基督教》，田立年、吴增定等译，华夏出版社，2004，第92、93页。
② 〔美〕马尔库塞：《理性和革命——黑格尔和社会理论的兴起》，程志民等译，重庆出版社，1993，第241页。
③ 〔德〕卡尔·洛维特：《克尔凯郭尔与尼采》，李理译，《哲学译丛》2001年第1期，第31页。

程度上遏制个人的虚无主义情绪，而无法从根本上真正彻底地解决虚无主义问题。

总之，克尔凯郭尔发展了个人的虚无主义生存概念，阐述了虚无主义的早期形式——个性的夷平。克尔凯郭尔所指向的乃是现代普遍意义的丧失所生发的个体生命的无意义状态。这属于现代性境域内的虚无主义问题。由此，它的发生根源乃是现代主体性的自我确证所带来的根基与意义的丧失。克尔凯郭尔这个孤独而敏感的思想者洞察了现代化进程中神向人过渡所导致的深刻困境。现代理性在驱逐神这一意义根基、代之以人为规范基础之后，显然无法很好地建构其意义价值体系，从而使得个人处于孤独无助而迷茫的虚无深渊。克尔凯郭尔深刻地体会到了这一点，并期望通过返回原初的基督教信仰，摆脱虚无主义的笼罩。然而，克尔凯郭尔的方式显然是"不合时宜"的，要么太"落后"，要么太"超前"。

虚无主义是古代向现代过渡过程中意义根基由神向人过渡的过程中所产生的问题。克尔凯郭尔发现了人的主体理性无法承载意义根基的重任之后，选择一种后退式的方式，回到宗教中寻找意义根基的承载之所。但问题是，现代化进程已经将宗教的古老魅力彻底消除了。克尔凯郭尔企图恢复宗教的古老角色的尝试显然已"落后"于时代潮流。并且，他将个人的意义与自由归于孤立的个体内心之体验，忽视了现代社会对个体的影响与意义，忽视"第二自然"对单个个体的规定性与影响。这表明克尔凯郭尔在社会历史条件变化方面的洞察力似乎有所不足，甚至是迟钝的。在此意义上，克尔凯郭尔是"落后"的。

然而，克尔凯郭尔在另外一个地方展现出令人惊讶的"超前"意识。他开拓了存在主义重视实存、摒弃本质的先河。对克尔凯郭尔而言，实存是唯一的本质，他只追问"单个人的伦理的－宗教的实存"。在此，克尔凯郭尔反对本质哲学对实存的压制的意识是非常强烈的。存在主义者以及阿多诺等批判理论家都承袭了克尔凯郭尔这一理论财富。问题是，在现代性境域内，我们是否已走到只要实存不要本质的阶段？如果没有任何本质性规定的话，那么，一切都将如马克思所说的，一切坚固的东西都烟消云散了。在现代性如此松散、多变、不断生成的土壤中，我们不再需要抓住点什么坚固的东西，从而使自身免于消失于流变的历史洪流吗？甚至，如伯曼所提出的质疑："我们是否确实已经超越了'一切坚固的东西都烟消云散了'时会产生的两难窘境，或已超越了对于'每一个人的自由发展是一切人的自由发展的条件'的生活梦想？"① 显然没有。可以说，在这一点上，在克尔凯郭尔的思想中潜藏着走向后现代的理论之源，但对于克服现代虚无主义而言，这显然有点"超前"了。

二　尼采与克尔凯郭尔的争辩

从现有的史料来看，尼采并没有接触过克尔凯郭尔的著作。1881 年，乔治·勃兰兑斯在致尼采的信中曾建议尼采阅读克尔凯郭尔的著作。他认为，尼采肯定会对克尔凯郭尔的思想感兴趣。② 但当时，克尔凯郭尔的著作除丹麦文外，尚无其他译文，而尼采声明自己不懂丹麦文。两人因此擦肩而过。尽管如此，相似的哲学旨趣、对西方传统形而上学的批判以及对传统哲学写作方式的突破使后人乐于将二者置于比较的视角中审视。在尼采的著作中，可以看到许多与克尔凯郭尔颇有默契的概念，也能找到不少与之针锋相对的思想。从虚无主义批判的视角出发，二者之间构成更为紧密的争辩关系。这主要体现在以下三点。

第一，1840 年的克尔凯郭尔将基督教信仰作为克服虚无主义的希望，三十多年后的尼采却认为，恰恰是基督教及其道德体系构成了虚无主义的历史源头。洛维特注意到了克尔凯郭尔与尼采的这一争辩："与基尔克果不同，在尼采看来，虚无主义不是重新召回基督教信仰的绝望前提；相反，虚无主义是在那种信仰的崩溃中获得创造性进步充满希望的前提，唯此才能在这条道路上达到一种新的当下存在规定性，达到一种新的当下存在，

---

① 〔美〕马歇尔·伯曼：《一切坚固的东西都烟消云散了——现代性体验》，徐大建、张辑译，商务印书馆，2003，第 8 页。
② 参见王齐《面对基督教：克尔凯郭尔和尼采的不同取向》，《世界哲学》2012 年第 2 期，第 23 页。

超越意义和无意义。"①

  首先，尼采和克尔凯郭尔所指向的都是"全知全能的上帝"，但二者的态度截然不同。克尔凯郭尔坚持，个体的有限性决定了人要有"自知之明"，无论科学技术多么进步。不过，虽然个体不是"全知全能"的，但仍需要"全知全能"的目标和希望。神学的世俗化使克尔凯郭尔担心，一旦没有了上帝，人将面临绝望的深渊。从克服虚无主义的角度看，"是生存者设定了上帝，上帝是一个必然"。② 与之相反，尼采认为正是因为上帝"全知全能"他才要被人杀死。尼采说道："但他——不能不死：他以无所不知的眼睛观看，——他看见人类的深处，看见一切他的隐秘的耻辱和丑陋。他的慈悲不知耻，他爬到我的最污垢的角落。这最明察、最深入、最慈悲的人不能不死。他看见我：我愿对这样的一个见证人复仇——否则，我自愿死掉。上帝明察一切和人类：所以他不能不死！这样一个见证人不死，是人类不能忍受的。"③ 尼采认为，上帝凭借"全知全能"成为人的目的和意义的来源，成为价值秩序的法则所在，这样的"全知全能"扼杀了人本身的意义和自由，其制定的价值秩序压抑了人的生命。所以，上帝这一概念根本上是反生命的，"'上帝'的概念包含着一切有害的、有毒的、诽谤性的东西，它把生命的一切不共戴天的仇敌纳入了一个可怕的统一体！'彼岸'的概念，'真实世界'的概念，是发明来诋毁这唯一存在的世界的"。④

  其次，二者对待《旧约》与《新约》态度也截然相反。克尔凯郭尔批判《旧约》中的耶和华，倡导《新约》里的基督教人本主义。他认为，《旧约》里的上帝是一个动辄实行"罪与罚"的严厉的绝对权威形象。人类在伊甸园的生活幸福而不自由。人类走出伊甸园，标志着人类自由的开始，

---

① 〔德〕洛维特、沃格林等：《墙上的书写：尼采与基督教》，田立年、吴增定等译，华夏出版社，2004，第 98 页。
② 转引自王齐《面对基督教：克尔凯郭尔和尼采的不同取向》，《世界哲学》2012 年第 2 期，第 24 页。
③ 〔德〕尼采：《查拉斯图拉如是说》，尹溟译，文化艺术出版社，2003，第 295～296 页。
④ 〔德〕尼采：《权力意志——重估一切价值的尝试》，张念东、凌素心译，商务印书馆，1998，第 106 页。

也是人类真正历史的开端，从此有了天国与尘世之分。《新约》中的上帝，不再代表着绝对的权威，而是对人类的牺牲和爱的精神。这就是克尔凯郭尔所说的"上帝之爱"。在"上帝之爱"的前提下，个人保留着主体性和个体性，并且在上帝那里获得了"全知全能"的普遍性和希望。与克尔凯郭尔截然相反，尼采尊崇《旧约》，贬斥《新约》。尼采认为，所谓"上帝之爱"是建立在神人的不对等关系上的。上帝以爱和怜悯的名义成为道德的评判者和偶像，获得人的恭顺谦卑。这还不如《旧约》，至少那是"伟人、英雄的场地"。"对于尼采来说，价值并不是从天堂带来的，而是出于人类的创造。"① 只有群氓和奴隶才会乞求上帝所赐予的奴隶道德，超人会直面虚无的深渊，敢于在没有目标和方向的大地上开拓和创造价值。

最后，尼采和克尔凯郭尔对待基督教上帝的截然不同的态度根源于二者的根本哲学主张的不同。有一种解释认为，克尔凯郭尔对待上帝"不合时宜"的态度受其家庭背景和个人气质的影响。克尔凯郭尔是个软弱的屈服者，而尼采是个不屈的反叛者。仅仅用这样的表面差异来解释，是无法深入问题的本质的。洛维特也曾指出："在尼采和克尔凯郭尔那里，人们根本不是在同真正的哲学家，而是在同所谓的诗人哲学家打交道，这种明显的偏见从一开始就促使人们放弃同他们二人进行客观的争论。"② 二者皆是思维敏捷、富有洞察力的哲学家，他们的不同取向都是由其基本的哲学主张决定的。

克尔凯郭尔将暂时性作为意义的绝对基础，认为无论是个体的生存还是历史都是在生命的暂时性中获得意义的。每个个体都有着与众不同的历史，决定这一历史的是个体性的选择。换言之，在每一个关键点，个体都面临非此即彼的选择。而选择来自其内在的精神需要。因而，历史是单数的、主观的经历，历史只有在变成内在的历史的时候才是真实的。"在反对

---

① 〔英〕伯恩斯、〔英〕皮卡德：《历史哲学：从启蒙到后现代性》，张羽佳译，北京师范大学出版社，2001，第 195 页。

② 〔德〕卡尔·洛维特：《克尔凯郭尔与尼采》，李理译，《哲学译丛》2001 年第 1 期，第 30 页。

黑格尔的基础上，克尔凯郭尔发展了一种关于人的存在的历史观。……历史的正当性不是黑格尔所说的'世界历史'的发展，而是个人生存的一种内在的戏剧表演。"① 个体选择的结果具有片段性，而不具有连续性，因为每一次好的选择并不能积累成后续选择的基础，选择的历史因为缺乏一个能够将之连缀起来的"终结点"而成为具有断裂性的"片段"。只有上帝因其"全知全能"才具有"终结点"，因而能够获得整体性的永恒的视角。克尔凯郭尔强调，适当的历史视角需要强调个人的主体性和暂时性，但又不能彻底摒弃整体性、绝对性的寄托。而绝对性只能通过个人的内省体验获得，这样，克尔凯郭尔投向了上帝的怀抱。

在反对黑格尔主义上，尼采与克尔凯郭尔站到了同样的立场，表达了对个人价值的强烈信仰。在对历史的理解上，尼采坚持与克尔凯郭尔类似的观点，即世界历史是由历史事件的诸多时刻组成的，每一个历史时刻要从个体生存的角度去理解，而不是用物理时间来衡量的客观次序。历史没有既定的模式，也没有既定的永恒的意义和目的。每一个瞬间，都需要用锤子凿碎既有的价值，在虚无的废墟上建构新的价值。尼采超越克尔凯郭尔之处在于，"他对历史进程进行了系谱学的分析并对生命时刻的连续性进行了阐释"。② 将生命意义的基础奠定于个体的暂时性，换言之，将生命简化为时刻，这需要遭遇一个逻辑问题，即如何处理世界历史视角的超越问题。克尔凯郭尔通过对上帝全知全能的信仰避开了这个问题，尼采则试图用世界的永恒轮回来解决这一困难。每一个时刻都是由前一个时刻发展而来，自身又处于周而复始的循环中，这样，世界历史就从未达到其绝对性，因为它总是在不断地延展，并且是在向绝对性不断地拓展。在尼采看来，洞察历史时刻的目的不在于获取绝对性知识，而是观赏生命力量本身的表演。所有人类的思想和价值观都是具有时间性的，都是历史性的。事实归

---

① 〔英〕伯恩斯、〔英〕皮卡德：《历史哲学：从启蒙到后现代性》，张羽佳译，北京师范大学出版社，2001，第191页。

② 〔英〕伯恩斯、〔英〕皮卡德：《历史哲学：从启蒙到后现代性》，张羽佳译，北京师范大学出版社，2001，第196页。

根到底都是价值判断，所有的事件都是在流变中，不变的只有意见，即价值比事实更真实，生命意志比知识更重要。保罗利科指出："体系是历史的终结，因为历史在逻辑上变得无效；单一性也是历史的终结，因为所有的历史都在其中受到了批判。"① 在将总体图景或单一事件作为历史基础的问题上，克尔凯郭尔和尼采都选择了后者。但不同的是，克尔凯郭尔将总体图景给了上帝，在他看来，个体在生存上是达不到总体图景的，因而上帝的存在必不可少；尼采则为人们描绘了历史的永恒轮回地平线。由此，"作为人的生存和人的存在的哲学家，他们就像在一个交叉点上在虚无主义的问题上相遇了。他们在克服这个问题的道路上，在这个交叉点上相遇并又分道扬镳"。②

第二，按照莱茵斯特的解释，尼采的虚无主义指的是普遍生命的丧失意义，而不是个体生命的缺失意义③，因而，尼采与克尔凯郭尔的第二个争辩便在于：虚无主义本质上是个体生命的无意义（克尔凯郭尔），还是普遍生命的无意义（尼采）。

首先，对克尔凯郭尔而言，虚无主义是一种纯粹的主观精神的内在体验。洛维特指出，"施蒂纳关于'唯一者'的废话和基尔克果关于'个别者'的概念都标志着同一个问题，分别以宗教和世俗的方式提出。他们共有的极端主义问题是从极端的个别化产生的虚无主义"④。克尔凯郭尔深刻地体会到，自己的时代是一个"解体的时代"，人们已经无法在以"世界历史"的名义构建起来的整体性中自欺欺人，人们已经无法再将自己混同于时代、公众和群体中了。现实存在着的是一个个个别的、实存的人，是一个个孤独的、无聊的、恐惧的和忧郁的个人。"从世界历史的角度，单独的

① 转引自〔英〕伯恩斯、〔英〕皮卡德《历史哲学：从启蒙到后现代性》，张羽佳译，北京师范大学出版社，2001，第198页。

② 〔德〕卡尔·洛维特：《克尔凯郭尔与尼采》，李理译，《哲学译丛》2001年第1期，第30页。

③ Bernard Reginster, *The Affirmation of Life*: *Nietzsche on Overcoming Nihilism*, Cambridge: Harvard University Press, 2008, pp. 21 – 23.

④ 〔德〕卡尔·洛维特：《从黑格尔到尼采：19世纪思维中的革命性决裂》，李秋零译，三联书店，2006，第480页。

个体微不足道，是无限的零——但是，他却是人类最真实、最高的重要性，他比其他因素都更为重要，其他因素在事实上都是幻影，如果它们被设想成为最高的重要性，那么，这也将永远都是一个幻影。"① 正是对时代和历史暂时性的理解使克尔凯郭尔将目光投向了个别的实存的人。对克尔凯郭尔而言，个别的实存就是唯一本质性的东西。所以，克尔凯郭尔"将人完全置于自身之上，从而将人置于虚无之前，以这种方式安置人，也就是说，使他面临抉择：'要么'绝望（在自杀中主动地和在妄想中被动地），'要么'大胆跃入信仰"。②

其次，对尼采来说，如果虚无主义仅仅是个人的体验，或者某种理论学说，那它还不足以成为我们严肃思考的哲学问题。最高价值的自行贬黜，代表的是西方两千多年来的基督教道德秩序的自行崩溃和失效。因此，价值的虚无并不是指向了个体层面，而是涉及普遍的生命意义。以上帝为代表的超感性领域高高地凌驾于感性领域，而代表感性领域的价值永远无法提升到超感性领域。这意味着，最高价值的设定不是以人的最真实的生命需求和意志体现为基础的，而是以压抑生命意志为基础的。真正表现生命意志的价值永远无法实现。根本而言，这是最基本的价值秩序的设定形式和标准出现了问题。对此争辩，海德格尔站在了尼采的立场上："虚无并不是指一种对某个个别存在者的特殊否定，而是指对所有存在者、对存在者整体的无条件的和完全的否定。"③ 在尼采眼中，像克尔凯郭尔、叔本华和佛教徒等"弱者"，他们虽然能体验到虚无主义，却寄希望于某种异己的、超验的救赎力量或"背后世界"。尤其克尔凯郭尔寄希望于"上帝的荣耀"而不相信人有自我拯救的能力，因而只能沉溺于烦恼和无能的情绪深渊中。在《查拉斯特拉如是说》里有段关于黑炭和金刚石的对话，可视为尼采对克尔凯郭尔的富有讽喻性的批判。

① 〔英〕伯恩斯、〔英〕皮卡德：《历史哲学：从启蒙到后现代性》，张羽佳译，北京师范大学出版社，2001，第202页。
② 〔德〕卡尔·洛维特：《从黑格尔到尼采：19世纪思维中的革命性决裂》，李秋零译，三联书店，2006，第480页。
③ 〔德〕海德格尔：《尼采》下卷，孙周兴译，商务印书馆，2008，第689页。

"为什么这样坚硬?"有一天黑炭对金刚石说,"我们不是很亲近了吗?"

为什么这么柔软?哦,我的兄弟们呦,我如是问你们:你们不是我的兄弟们吗?

为什么这么柔软,这么顺从和退让?为什么在你们的心中有这么多的否定和拒绝?为什么有这么少的不屈于命运的色彩在你们的面貌上?

假使你们不愿成为反宿命论者而且不屈不挠,将来你们怎能将我战胜?

假使你们的坚强不能爆炸而割裂,而粉碎为碎片,将来你们怎能和我创造?

因为创造者是坚强的。并且你必须以那为幸福,即将你的手压在千载重荷之上,如同在蜜蜡之上。——

必须以那为幸福,在千载之意志上书写,如同在铜板上书写,——其实是比铜板更坚固,比铜板更高贵。惟有最高贵者是全体坚强。①

第三,克尔凯郭尔把虚无主义的本质理解为个人的伦理体验,尼采却把虚无主义的本质指证为西方历史上的现实的历史运动。洛维特指出:"克尔凯郭尔是在对现实的批判中发展了他的'个人'概念,明确地将它作为与每一种社会的和政治的普遍性相反的概念,与'群体'、'人类'和'世界历史'相对立。就此而言,个人完全是一个反政治的概念。"② 虚无主义是个人内在性的伦理体验,它表现为讽刺、无聊和忧郁的生活状态。

对克尔凯郭尔而言,无论讽刺、无聊还是忧郁,都不仅仅是流俗意义上的情绪表现。讽刺是个人对现存世界的本质上的否定,是与公众相反的

---

① 〔德〕尼采:《查拉斯图拉如是说》,尹溟译,文化艺术出版社,2003,第238页。
② 〔德〕卡尔·洛维特:《克尔凯郭尔与尼采》,李理译,《哲学译丛》2001年第1期,第31页。

"私人"的自我存在，"在这种私人性和否定性中，讽刺性存在具有'绝对性'——在'虚无的形式中'"。① 无聊是一种根本无对象的无聊，是一种对于人的存在而言的自身空虚。在虚无面前，无聊的体验最先把人带向自身，揭示了自身存在的无根据性和无意义性，因而它具有一种真正"原则上"的意义。忧郁是一种"静静的绝望"，是时代隐蔽却普遍的疾病。它使人成为一种内在化、私人化的存在。在这种封闭性的内在化和私人化中，个人直面可怕、恐惧和绝望的虚无。但忧郁本身也是一种不坚定的"精神突破"，这使得精神和肉体辩证地相互接触。克尔凯郭尔说道："我在最深刻的意义上是一个不幸的个体，从最早期开始就被牢牢地钉在种种直至与疯狂相临界的痛苦之上，这种痛苦更深刻原因必定在于我的灵魂和我的肉体不和谐；因为（而这是很奇怪的事情）我的肉体与我的精神毫无关系，而我的精神则相反，它也许通过这种灵魂与肉体的紧张关系得到了一种张力，不管这是多么少见。"②

在尼采看来，虚无主义不仅是个人内在的伦理体验，而且是一个现实的历史性运动。尼采说道："我要叙述的是往后两个世纪的历史，我要描述的是行将到来的唯一者，即虚无主义的兴起。现在，已经就在叙述这段历史了，因为在这里起作用的乃是必然性本身。无数征兆业已预示了这种未来，无处不在预言这种命运。人人洗耳恭听这未来派音乐吧。"③ 按照尼采的思路，虚无主义的产生有其历史必然性。为什么虚无主义的兴起有其必然性？"这是因为我们迄今为止的价值由虚无主义得出了它的最后结论；因为虚无主义是我们彻底思考出来的伟大价值和理想的逻辑学，——因为我们必须首先经历虚无主义，然后才会弄清这些所谓'价值'的价值到底是怎么一回事……某个时刻，我们将需要新的价值……"④ 这同时也意味着，

---

① 〔德〕卡尔·洛维特：《克尔凯郭尔与尼采》，李理译，《哲学译丛》2001年第1期，第32页。
② 转引自〔德〕卡尔·洛维特《克尔凯郭尔与尼采》，李理译，《哲学译丛》2001年第1期，第33页。
③ 〔德〕尼采：《权力意志——重估一切价值的尝试》，张念东、凌素心译，商务印书馆，1998，第373页。
④ 〔德〕尼采：《权力意志——重估一切价值的尝试》，张念东、凌素心译，商务印书馆，1998，第374页。

世界的无意义不过是一种"过渡状态"。虚无主义这一恐怖来客的到来，同时也意味着穿透虚无的曙光即将来临。在崭新的历史时刻，超人的权力意志将重估一切旧的价值秩序，构建全新的符合生命意志伸张的价值体系。在此，尼采又获得了海德格尔的支持："虚无主义是一个过程，是最高价值贬黜、丧失价值的过程。"① 海德格尔甚至认为，欧洲虚无主义不只是种种历史性运动中的一种，还是欧洲历史的基本运动。海德格尔指出，虽然尼采把虚无主义认作历史运动，而且是现代西方历史的运动，但由于他没有认识到虚无的真正本质，因而尼采关于虚无主义的概念本身就是虚无主义的，这也必然使尼采成为一个表达现在正在发生的历史的古典虚无主义者。

第三节　尼采审美救赎的魅力与局限

在虚无主义问题域里，尼采是独一无二的典范。这不仅仅是因为他率先使用虚无主义这个概念来捕捉现代性的本质，使虚无主义成为 20 世纪前半叶最具争议的哲学关键词之一，更重要的在于他赋予美学以特权——审美是抵抗虚无主义的唯一优越的力量。

柏拉图认为，艺术是一种片面的对事物表象的摹仿。摹仿决定了审美的间距化（Distanzierung），使得艺术作品疏远（Entfernung）于事物，更疏远于事物的理念。由间距化造成的疏远是无法完全消除的，因为艺术始终立足于感性之物领域，是某种非感性理念的感性表达。因此，艺术是低于真理的，甚至是反对真理并阻碍真理的显现的。柏拉图主义的艺术观在黑格尔那里获得了全面而严格的贯彻。黑格尔认为，虽然艺术能够显现真理，但存在一些更高级的真理，即"真理之真理"（die Wahrheit der Wahrheit）。这种真理之真理，只有宗教和哲学才能表达出来。所以，艺术不再能够满足人们的最高精神需要。在此意义上，艺术是某种过去的东

---

① 〔德〕海德格尔：《尼采》下卷，孙周兴译，商务印书馆，2008，第 683 页。

西。尼采对柏拉图主义的倒转中，即包含了对这种艺术形而上学的倒转。如对感性领域与超感性领域关系的颠倒一般，对尼采而言，是哲学、宗教而非艺术是过去之物。当所谓"真实的世界"成为寓言之后，艺术于启了虚无主义之后的未来历史。所以，"对黑格尔来说艺术是某种过去的东西，因为它被宗教与哲学扬弃了；尼采却看到不同的东西：宗教与哲学才是某种过去的东西，它们走向了虚无主义；而只有艺术提供了克服虚无主义的可能性"。①

一 审美作为理性的他者的出场

在启蒙运动和近代科学的发展过程中，宗教的社会一体化力量日益衰竭。黑格尔及其后继者试图使理性成为宗教一体化力量的代替者，但皆以失败告终。面对这一历史性困境，尼采有两种选择：要么坚持启蒙辩证法的纲领，再次修正理性概念，对主体理性进行一次内在的彻底的批判；要么彻底放弃启蒙辩证法的纲领。尼采选择了后者。② 哈贝马斯指出，"虽然尼采又一次把启蒙辩证法的思维框架运用于历史启蒙，但他的目的是为了打破现代性自身的理性外壳。尼采把历史理性当做梯子使用，目的是为了最终抛弃历史理性"。③ 在此意义上，尼采被视为一名激进的反传统者和反理性主义者。洛维特有一段话值得重视："歌德的自然赖以为生的中心，黑格尔的精神在其中运动的调和，都在马克思和基尔克果那里重新分裂为外在性和内在性这两极，直到最后尼采要借助一次新的开始，从现代性的虚无中召回古代，并在从事这种试验时消逝在癫狂的黑暗之中。"④ 这意味着以下三个方面。

---

① 〔法〕阿尔弗雷德·登克尔、〔德〕马里翁·海因茨、〔美〕约翰·萨利斯、〔荷〕本·维德、〔德〕霍尔格·察博罗夫斯基主编《海德格尔与尼采》，孙周兴、赵千帆等译，商务印书馆，2015，第247页。
② 西方马克思主义如霍克海默、阿多诺则选择了前者，并开创了一条审美救赎的西方马克思主义路径。这是第五章所要阐述的内容。
③ 〔德〕哈贝马斯：《现代性的哲学话语》，曹卫东等译，译林出版社，2004，第99页。
④ 〔德〕卡尔·洛维特：《从黑格尔到尼采：19世纪思维中的革命性决裂》，李秋零译，三联书店，2006，第37~38页。

第一，尼采既不愿如克尔凯郭尔般诉求内在的信仰抚平虚无的焦虑，也不满足于马克思在社会政治层面上对虚无主义的遏制，更甚者，他把克尔凯郭尔寻求克服虚无主义的希望——基督教信仰视为虚无主义的源头，指责马克思对劳动的过分推崇所孕育的虚无主义后果，并将之归为"不彻底的虚无主义"。因为在尼采看来，诸如克尔凯郭尔与马克思之类承认最高价值在当前现实条件下无法实现，却对最高价值所寄寓的超感性领域抱着自欺欺人的希望，企图通过重建另一套价值系统填补超感性领域的虚空。这其实是在逃避虚无主义，而结果只能适得其反。所以，尼采自命为"彻底的虚无主义者"。

这就涉及第二点，即洛维特所谓"新的开始"。尼采与传统彻底决裂，不再尊奉信仰那个凌驾于现实生活的虚妄的超感性领域。即不存在感性领域与凌驾于其上的超感性领域的高低区分，只有感性领域与超感性领域的差别。感性领域也并不比超感性领域低级，甚至，充分彰显人的情感、意志的感性领域比超感性领域更贴近活生生的人的生命，更能体现生命的强力。由此，尼采打破沿袭千年的价值体系，重建符合生命意志的新价值体系。这是一次富有历史意义的尝试，因为它是对自柏拉图以来西方形而上学世界信仰的颠覆。如我们所知，尼采一直强调，虚无主义并非一个简单的时代现象，而是内含于西方传统的"隐忧"，早在柏拉图哲学传统中便已深埋的祸根。它是西方历史现实的必然的运动，而且是一个正在进行的历史事件。尼采只是在现代性的冲击下"不合时宜"地预先看到了它的灾难性。虚无主义是一名恐怖的来客，尼采想它尽快到来，又希望尽快驱逐之。驱逐的方式就是回到问题的根源之处，返回柏拉图之前对感性领域的肯定与尊重，重拾那些被理性以对象化名义切割掉的碎片。在此意义上，它是一次"全新的开始"，通过"召回古代"应对"现代性的虚无"。

第三，尼采的"全新开始"借助的是超人的强力意志对价值体系的重估，打破旧有的价值秩序，重建符合生命意志伸张的新价值体系，而这一过程并非一蹴而就，一劳永逸的，它是"相同者的永恒轮回"。对尼采而言，艺术扮演着举足轻重的角色——"艺术乃是针对虚无主义的别具一格的反运动！"① "艺术乃是虚无主义的自我转型。"② 可见，审美是作为理性的他者出现在尼采的世界中的。如前文所述，尼采意欲在一次全新的起始点上重新建构价值体系，也就是说废除超感性领域对感性领域的凌驾地位，肯定感性领域对生命意志的体现。而在尼采看来，艺术的要素是感性，它正是活生生的真实生命的体现，是生命意志的表现与提升。由此，尼采认为，艺术创造价值，与压抑生命意志的真理相比，艺术比真理更有价值；更甚者，艺术乃是最高形态的强力意志，它是生命的最高表现，是"生命的最大兴奋剂"。根据海德格尔对尼采的解读，艺术与真理系出同源，都是认知的方式。艺术是感性的认知方式，它所对应的是感性领域，而真理是理性的认知方式，它所对应的是超感性领域。在尼采看来，求真理的意志乃是求柏拉图和基督教意义上的"真实世界"的意志，求超感性世界的意志，"它于自身中包含着使生命毁灭的危险，而生命在尼采意义上始终是：上升的生命。超感性领域把生命从充满力量的感性状态中拉出来，取消生命的力量，使生命变得虚弱不堪"。③ 由此，艺术是针对虚无主义的反运动，是新的最高价值的设定。总之，要克服虚无主义需要借助审美的救赎力量。

二　酒神精神与陶醉的审美状态

尼采摒弃宗教和理性，却对远古神话保持着热情的态度。尼采多次自称酒神狄奥尼索斯的弟子。而"狄俄倪索斯是十字架上的耶稣的对头"④。在尼采看来，酒神精神的核心在于肯定生命，在人与自然的和解中赋予个体以生存意义。在此意义上，酒神精神所代表的审美方式正是对虚无主义

---

① 〔德〕海德格尔：《尼采》上卷，孙周兴译，商务印书馆，2008，第 79 页。
② Shane Weller, *Literature*, *Philosophy*, *Nihilism*: *The Uncanniest of Guests*, New York: Palgrave Macmillan, 2008, p. 31.
③ 〔德〕海德格尔：《尼采》上卷，孙周兴译，商务印书馆，2008，第 80~81 页。
④ 〔德〕尼采：《权力意志——重估一切价值的尝试》，张念东、凌素心译，商务印书馆，1998，第 107 页。狄俄倪索斯、狄俄尼索斯等即狄奥尼索斯，译法不同。本书正文统一用狄奥尼索斯。

的抵制。尼采指出："肯定生命，哪怕是在它最异样最艰难的问题上；生命意志在其最高类型的牺牲中，为自身的不可穷竭而欢欣鼓舞——我称这为酒神精神。"① 酒神精神展示了人的本能和欲望，表达了对生命意志的肯定。尼采的酒神精神，是与日神精神相比较而言的。在《悲剧的诞生》中，尼采以日神精神和酒神精神阐述希腊悲剧艺术的产生、发展、消亡以及西方文化的变迁。

> 在造型艺术中，阿波罗通过对现象永恒性的赞颂克服个体的痛苦，美战胜了生命固有的痛苦。在某种意义上，痛苦受了蒙骗，从自然的表情中消失了。在狄俄尼索斯艺术及其悲剧象征中同一个自然用坦诚的声音对我们说："你们要和我一样，在现象的千变万化中，做那永远创造、永远催人生存的、因万象变幻而获得永恒满足的原始之母！"②

日神精神和酒神精神分别喻示了两种彼此制约和协调的审美方式，是"两个至深本质和最高目的互不相同的艺术世界的生动而形象的代表"③。日神代表着造型艺术，使个体得以产生和独立于世界，是"个体化原理的神采奕奕的天才"④。日神通过梦幻之美颂扬现象的永恒、美化客观世界，以此来克服个体的苦难和掩饰世界的冷酷。生命在假相中获得了暂时的安置。但这种隐蔽的痛苦并不能因为华丽外观的粉饰而真正消亡。当主观臆造的假相被窥破后，直达心灵的虚无将无所遁形。但人总是渴望触摸现实、追求意义的。这就需要酒神精神。

酒神精神代表着非造型艺术，冲破个体化的界限，使个体和自然融为一体，从而获得个体生存的意义。尼采说道："狄俄尼索斯的神秘的欢呼声

---

① 〔德〕尼采：《偶像的黄昏》，周国平译，光明日报出版社，1996，第 101 页。
② 〔德〕尼采：《悲剧的诞生》，赵登荣等译，漓江出版社，2000，第 99～100 页。
③ 〔德〕尼采：《悲剧的诞生》，赵登荣等译，漓江出版社，2000，第 95 页。
④ 〔德〕尼采：《悲剧的诞生》，赵登荣等译，漓江出版社，2000，第 95 页。

则打破了个体化的魔力，使通向存在之母、万物核心的道路畅通无阻。"①
"凭借狄俄尼索斯的魔力，不仅人与人重新修好，而且被疏远的、敌意的或
被奴役的自然也重新庆祝她与她的浪子——人类——和解的节日。"②

首先，酒神精神使个体沉醉、狂欢，进入浑然忘我——陶醉状态。主
体从各种时空经验和规范性中释放出来，获得真正在场的生命欲望和本能。
哈贝马斯这样解释："在尼采看来，所谓酒神精神，意味着主体性上升到彻
底的自我忘却。……只有如此，难以逆料并且十分惊人的世界，即审美表
象的世界才会敞开。这个世界没有遮蔽，也没有公开；既不是现象，也不
是本质，而只是表征物。尼采依然非常浪漫地把一切理论和道德的杂质从
审美现象中清除出去。在审美经验里，酒神的现实性与理论知识和道德行
为的世界以及日常之间隔着一道'忘却的鸿沟'。艺术打开了通往酒神世界
的大门，然而其代价是陷于神迷状态——亦即个体痛苦地失去分离和隔阂，
从内到外和无定形的自然浑然一体。"③ 在此意义上，酒神精神是肯定生命
的象征，是对感性世界的肯定和张扬。

其次，酒神精神不回避痛苦、斗争和毁灭，而是将之视为生命的"兴
奋剂"，视为创造的条件和生命提升的前提。"一切生成和生长，一切将来
的担保，均以痛苦为条件……为了有恒久的创造的乐趣，为了生命意志恒
久地肯定自己，也就必须恒久地有'产妇的痛苦'……狄奥尼索斯一词蕴
涵了所有这些意义。"④ 虚无主义的世界是颓废和虚弱的，酒神的审美世界
是强健而富有创造性的。酒神精神正是对虚无主义的摧毁。在此意义上，
酒神精神是权力意志的本质表现，"纯正的权力意志只是酒神精神原则的形
而上学概念"⑤。

最后，酒神精神不惧怕当下的易逝，因为短促的瞬间能够绽放不可遏
制的生命欲望和生存乐趣。"狄俄尼索斯艺术也要让我们相信生存的永恒乐

---

① 〔德〕尼采：《悲剧的诞生》，赵登荣等译，漓江出版社，2000，第95页。
② 〔德〕尼采：《悲剧的诞生》，赵登荣等译，漓江出版社，2000，第23页。
③ 〔德〕哈贝马斯：《现代性的哲学话语》，曹卫东等译，译林出版社，2004，第109页。
④ 〔德〕尼采：《偶像的黄昏》，李超杰译，商务印书馆，2013，第99页。
⑤ 〔德〕哈贝马斯：《现代性的哲学话语》，曹卫东等译，译林出版社，2004，第111页。

趣，不过，它要我们到现象后面，而不是在现象中寻找乐趣。我们应该认识，一切只要产生，就必须准备痛苦地灭亡，我们如何被迫注视个体生活的恐惧，然而无须吓得呆若木鸡，因为一个形而上的安慰会暂时让我们脱离那万世变化的转轮。"① 在此意义上，酒神精神与相同者的永恒轮回是内在一致的。

在希腊悲剧中，日神精神和酒神精神相互牵制、辩证统一。但自苏格拉底之后，悲剧消失了，酒神精神也消逝了。因为苏格拉底主义倡导知识和科学，轻视艺术和道德。理性主义的日益张扬使得酒神精神所代表的审美退出人们的生活世界，使得现代人处于诸神退隐的黑夜。"惟有艺术才能把对悖谬可怖的生存感到的厌恶想法转化为能令人活下去的想象，这些想象就是：以艺术遏制可怖即崇高庄严，以艺术化解对荒谬的厌恶即滑稽可笑。"②

有一种观点认为，尼采实际上是用酒神代替基督教的上帝，在诸神退隐的黑夜中，未来的上帝将更新已然失效的本源力量，以新的神话形式重燃同一性的火焰。事实上，此乃德国早期浪漫派的策略。当理性神话开始内溢出最初的裂痕时，谢林就敏锐地感受到了。他意识到，理性已经不能再通过自我反思的中介来把握自身了，它需要通过艺术这个临时中介重新认识自身。审美直观是理性的最高行为，这种直观仍然是客观理性。由此，艺术将接替哲学，以一种新的神话面貌发挥效力。对谢林而言，真和善只能在美中协调一致。新的神话实质上是理性的感官化和理念的审美化。施莱格尔同样期待着新神话的救赎，但他对真善美的同一性不以为然。施莱格尔坚持，美必须和真、善分离开来，美只有获得自主性，才能使新神话发挥凝聚力。诗歌独具的先知天赋可以扬弃理性思维和规律，使人们再次处于充满幻想的审美迷狂和人类本性的原初混沌状态。尼采的酒神精神自觉地疏远于这种浪漫主义传统。正如哈贝马斯所分析的，"之所以会把迷狂

① 〔德〕尼采：《悲剧的诞生》，赵登荣等译，漓江出版社，2000，第 100 页。
② 〔德〕尼采：《悲剧的诞生》，赵登荣等译，漓江出版社，2000，第 50 页。

的酒神和救世主基督等同起来，是因为浪漫派的弥赛亚主义的目的是要更新西方，而非告别西方"①。"从尼采开始，现代性批判第一次不再坚持其解放内涵。以主体为中心的理性直接面对理性的他者。"②

还有一种观点认为，尼采对酒神的推崇开启了现代主义以神话的名义进行的逻各斯批判。神话赋予经验以意义和秩序，使没有意义的时间产生超越性。人们由此找到了尼采哲学与法西斯主义的隐秘联系。如居伊·德波由此提出批评，认为法西斯主义就是一种神话的残忍复活。这种神话推崇种族、血统和领导人等古老的伪价值并使之成为人们的价值规范。但神话转向与赋予艺术特权是否必然一致？这尚有待讨论。尼采"迷宫"般的哲学思想为这一问题打开了一个开放性的空间。

三 反思与批判

尼采的审美救赎开拓了一条克服虚无主义的重要传统路径。"在那些主要的例子——尼采、荣格、海德格尔和阿多诺——中，对抗虚无主义的力量开始被置于一种特殊的美学形式。在尼采那里，这种力量是一种狄奥尼索斯式的艺术，它把生命肯定为一种没有统一性、目的或真理的生成（Werden）。在海德格尔那里，这种力量是弗里德里希·荷尔德林的诗，它把存在命名为'神圣者'，并且因此使之重新神圣化。在阿多诺那里，这种力量首先是卡夫卡和贝克特的现代主义。"③ 审美救赎的魅力毋庸置疑，但其限制也如影随形。尼采最终还是"消逝在癫狂的黑暗之中"。洛维特道出了后人对这位虚无主义勇敢斗士的共识。尼采对虚无主义的克服反而成了虚无主义的表达。那么，问题究竟出在哪里呢？洛维特的解释是："根据永恒复归的'预卜'和虚无主义的'预卜'的这种联系，尼采的全部学说就是一个双面脸谱：它是虚无主义的自我克服，其中'克服者和被克服者'

---

① 〔德〕哈贝马斯：《现代性的哲学话语》，曹卫东等译，译林出版社，2004，第 107 页。
② 〔德〕哈贝马斯：《现代性的哲学话语》，曹卫东等译，译林出版社，2004，第 110 页。
③ 〔英〕沙恩·韦勒：《现代主义与虚无主义》，张红军译，郑州大学出版社，2017，第 56 页。

是一回事。"① 也就是说，尼采重陷虚无主义深渊的原因在于尼采还是没有处理好本质与实存、永恒与瞬间的关系。当尼采不能把握内在于时代的永恒性时，当他把时代视为瞬间时， "他也就——在人和时代彼岸 6000 步——在自己面前消失了"。②

另外一种分析来自施特劳斯和罗森等。他们认为，在虚无主义问题上，尼采一直根据听众的不同在把玩着显白与隐微的修辞术。尼采与柏拉图一样都看到了世界的虚无本性，只不过柏拉图靠诗与哲学的对话支撑，保持着高贵的谎言，而尼采率真一点，他在高山之巅借用疯子之语道出了真相。但是，尼采虽癫狂却仍深知，真相只有少数的精英能够承受并理解。因此，针对广大的末人，尼采进行的是显白的教诲。显白的虚无主义解释，是我们表面所看到的强力意志对有利于促进生命意志伸张之价值的肯定与追求，是对虚无主义的强有力的克服；而隐微论的虚无主义，则是尼采所极少揭露的真相，它是"在经历了虚无主义的洗礼和炼狱以及力争创造新价值的努力后再升腾起来的虚无主义"③，只有处于山峰之巅的超人，才有勇气和有能力理解、承受这种虚无主义。因此，后人可以隐微地看到，尼采这位克服虚无主义的勇士自身隐于虚无主义之迷雾中。

也许，施特劳斯等人的分析是成立的，尼采的虚无主义确实存在显白与隐微双重层次。但问题在于，隐微论的虚无主义只有那些达到巅峰层次的超人才能理解与承受，而我们这些尼采所谓大多数的"末人"也只能遭遇显白的虚无主义。这一层面上的虚无主义仍然面临着克服、探寻解决之道的问题。但即使是显白层面上的虚无主义，尼采仍然没有成功克服掉。这一批评以及更为典型的分析来自海德格尔。

海德格尔认为尼采并没有真正碰触到虚无主义的本质，尼采从价值角

---

① 〔德〕卡尔·洛维特：《从黑格尔到尼采：19 世纪思维中的革命性决裂》，李秋零译，三联书店，2006，第 262 页。

② 〔德〕卡尔·洛维特：《从黑格尔到尼采：19 世纪思维中的革命性决裂》，李秋零译，三联书店，2006，第 270 页。

③ 刘森林：《虚无主义与马克思：一个再思考》，《马克思主义与现实》2010 年第 3 期，第 20 页。

度出发理解虚无主义使他无法真正克服虚无主义，反而使其自身成为更严重的虚无主义表达。究其根本在于，尼采的主体性立场使得他无法超越传统西方形而上学，反而达到了形而上学的顶峰，成为"最后一位形而上学家"。海德格尔阐释了尼采美学的极端性，即尼采通过女性美学向男性美学的倒转从而把美学发展到它的极致。"通过倒转美学，他使美学承受了一次迁移，把美学曳出它自身之外，使它向一种可能根本不再是美学的艺术思考敞开。"① 可以说，海德格尔对尼采的批评还是比较到位的，其解释也独辟蹊径。海德格尔对尼采虚无主义思想的解释，按照他自己的说法，是他与尼采之间的"争辩"。两者的争辩是 20 世纪哲学史上的重要"公案"，在虚无主义及其克服问题史上具有里程碑意义。有学者对此做出了高度的评价："时至今日，就其影响力来说，海德格尔的尼采阐释毫无疑问是最卓有成效的。老一辈学者主要是通过海德格尔才学会把尼采当作一个哲学家来看待的，而世界各地的新一代尼采研究者也主要是通过海德格尔而进入尼采哲学的。即使海德格尔对于尼采文本的解释不被采纳，海德格尔的解释仍旧因其对于尼采文本强有力的贯通而引人入胜，仍旧以其系统性而具有启发意义。"② 当中值得注意的是，尽管海德格尔认为尼采对虚无主义理解的角度和立场是错误的，但是他并不反对尼采所采取的审美救赎方式。可以说，海德格尔继承、发展了尼采的审美救赎路线。尽管二者各自的侧重点和立场有所不同，但都对马克思的劳动救赎路线抱着一致的批评态度。③ 而海德格尔与尼采在虚无主义问题上的争辩，既引出了海德格尔自身对克服虚无主义的独特思考，也引发了后人对虚无主义克服路径的广泛探讨。

---

① 〔法〕阿尔弗雷德·登克尔、〔德〕马里翁·海因茨、〔美〕约翰·萨利斯、〔荷〕本·维德、〔德〕霍尔格·察博罗夫斯基主编《海德格尔与尼采》，孙周兴、赵千帆等译，商务印书馆，2015，第 255 页。

② 〔法〕阿尔弗雷德·登克尔、〔德〕马里翁·海因茨、〔美〕约翰·萨利斯、〔荷〕本·维德、〔德〕霍尔格·察博罗夫斯基主编《海德格尔与尼采》，孙周兴、赵千帆等译，商务印书馆，2015，第 397 页。

③ 海德格尔与尼采在审美救赎方式上的异同，以及这种方式与马克思的劳动救赎的比较，将在下文相关部分着重阐述、分析。

第二章
海德格尔的生存论审思及其争辩

在虚无主义问题史上，海德格尔是最具里程碑意义的思想家。"虚无主义乃是现代人的无家可归之状态"，这一著名论断直击现代人的心灵深处。虚无主义问题不再仅仅是个人体验层面上的焦虑和迷茫，更是现代人普遍的根本性的生存危机。在海德格尔处，虚无主义问题被提升为哲学的基础问题。"虚无主义"之"无"不再是尼采的"价值"之无，而是"存在"之无。存在乃是生命意义的源出之处，存在的被遮蔽状态即虚无主义。这样，虚无主义的历史与西方形而上学历史成了同构关系。虚无主义成为形而上学历史的内在逻辑，而克服虚无主义的根本就在于追问存在，使存在进入"无蔽领域"。在此，海德格尔通过与尼采的争辩发展了一条审美救赎的生存论路径。但是，海德格尔同样暴露出尼采式的困境：对虚无主义的克服反而成了虚无主义的表达。这促使我们反思，这是虚无主义问题本身的悖谬还是思想家自身的方法论限制？这是否意味着虚无主义是无法一次性根除的？换言之，我们能否在现代性境域内真正地超越虚无主义？倘若可以的话，这需要哪些历史性的条件以及怎样的具体方案？假若不行的话，那我们是否还有必要寻找遏制虚无主义的路径？针对以上问题，海德格尔的后继者展开了激烈的争辩。本章将以海德格尔为引，展示诸多克服虚无主义的路向，如洛维特、斯坦利·罗森（Stanley Rosen）、米歇尔·吉莱斯皮（Michael Allen Gillespie）、威尔·斯洛科姆（Will Slocombe）等人的思考，并侧面呈现约纳斯和施特劳斯克服虚无主义代表性路径。

第一节　海德格尔与尼采的争辩

海德格尔与尼采的争辩是 20 世纪重要的哲学事件，也是虚无主义问题史上最负盛名的一次思想争锋。它不仅凸显了虚无主义问题的核心争执点，也反映了应对虚无主义的困难。1936 ~1940 年，海德格尔在弗莱堡大学开设了五个学期的尼采讲座。这些演讲后来被浓缩为《尼采的话"上帝死了"》，收入 1950 年出版的《林中路》。该文言简意赅地展示了海德格尔与尼采在虚无主义问题上的争执。1961 年，保留演讲形式的《尼采》两卷本问世，为我们详细地再现了海德格尔与尼采争辩的激烈情景。本节将以这两个原始文献为基础，总结海德格尔与尼采在虚无主义问题上的主要争执之处，分析海德格尔与尼采的争辩所暴露的问题。

如海德格尔所言，他与尼采的争辩是"一种与迄今为止的全部西方思想的争辩"[①]。在海德格尔看来，争辩是一种真正的批判，它不在于单纯地指出对方的错误，而在于通过争辩展示对方思想的闪光之处，并且保留着思想的开放。用海德格尔的话来说，"争辩是对某位思想家的真实评价的最高的和惟一的方式。因为它能够沉思思想家的思想，并且能够深入追踪思想家的思想的有效力量——而不是追踪其弱点。这种沉思和追踪的目的何在呢？是为了我们自身通过争辩而对思想的至高努力保持开放"[②]。可以说，海德格尔确实做到了他所声明的。他以其独特的视角证明了自己与尼采的

---

① 〔德〕海德格尔:《尼采》上卷，孙周兴译，商务印书馆，2008，第 5 页。
② 〔德〕海德格尔:《尼采》上卷，孙周兴译，商务印书馆，2008，第 5 页。

争辩不仅是与尼采个人观点的争执，而且是与整个西方思想传统的争辩。他也同样做到了另一点，即通过与思想家的争辩展示各自的理论特色，并且暴露两者的理论问题，尽管在这一点上，他所完成的程度远比自己预期的要深得多。

一 三大争执之处

根据海德格尔自己的论述，他与尼采在虚无主义问题上的主要争辩可以归结为以下三点：一是价值与存在之争；二是对"现实的历史运动"的理解之争；三是在前面两个争辩基础上产生的克服虚无主义路径之争。下文详述之。

1. 价值与存在之争

按照海德格尔的理解，"'虚无'和 nihil 是指在其存在中的存在者，从而是一个存在概念，而不是一个价值概念"①。因此，对虚无主义的思考，应着眼于存在的角度而非尼采的价值角度。尼采这种价值视角是由强力意志②所决定的：一切压制生命的保存和提高的道德价值秩序都应被摧毁，代之以促进生命的保存和提高的道德价值秩序。所以，"尼采仍然能够从他自己的形而上学基本立场出发，把柏拉图关于存在者的解释（即理念，因而也是超感性领域）解说为价值。在这样一种解说中，自柏拉图以降的所有哲学都成了价值形而上学。……这种从价值思想角度来进行的对一切形而上学的解释乃是一种'道德的'解释"③。从价值角度思考虚无主义的后果是，尼采不仅不能穷尽虚无主义的本质，反而仍然站在西方形而上学的立场上将这种传袭千年的虚无主义发展到了极致。由此，尼采成了"西方最

---

① 〔德〕海德格尔：《尼采》下卷，孙周兴译，商务印书馆，2008，第 688 页。
② 尼采的 The Will to Power（Der Wille zur Macht），在国内尼采著作中，一般中译为"权力意志"。本书在第一章中也采用这一译法。但孙周兴先生在翻译海德格尔的《尼采》时，将之译为"强力意志"，并说明这是为了避免对尼采哲学的不必要、非哲学的误解（参见〔德〕海德格尔《尼采》上卷，孙周兴译，商务印书馆，2008，第 4 页注释①）。为行文方便，本章在讨论海德格尔与尼采的争辩时也采用"强力意志"这一译法。
③ 〔德〕海德格尔：《尼采》下卷，孙周兴译，商务印书馆，2008，第 905 页。

后一位形而上学家"。

在海德格尔看来，价值始终是对存在者的描述，而存在才是对存在者本身的解释。只有从存在角度理解虚无主义，才能触摸到虚无主义的本质。这样的视角根源于海德格尔哲学的基本主张："什么是存在者"是哲学的主导问题，而"什么是存在"才是哲学的基础问题。以亚里士多德为代表的直至笛卡尔的传统存在论用种加属差的范畴解释世界，将世界当作现成的存在者的总体，这种主客二分的认知模式导致以存在者遮蔽存在。"人类的逻辑致力于把照面之物变得相同、持存、一目了然。逻辑所'确定'（固定）的东西，只不过是一种假相；……真理，亦即真实存在者，亦即持存者、被固定者，作为对当下某个透视角度的固定，始终只不过是一种已经达到支配地位的虚假状态，这就是说，它始终只是谬误。"① 海德格尔认为，与范畴相比，每一个具体的活生生的此在更接近本真世界的存在。尼采把存在肯定为最基本的事实（即强力意志），仍然在存在者的层面上思考问题，这样的"固守"恰恰阻碍了其通向虚无主义本质之路。其后果就是：一方面，尼采仍旧沿袭了形而上学的基本立场，在这个意义上，他仍然是一位形而上学家；另一方面，"在他的思想中，也是不可能产生有关存在本身的问题的。'存在'是一种价值。'存在'说的是：存在者之为存在者，即持存者"②。因而，在尼采的哲学中，存在依旧被存在者遮蔽着，虚无主义的问题以更极端的方式表现出来。

2. 对"现实的历史运动"的理解之争

海德格尔与尼采皆把虚无主义理解为西方历史的"基本事件"，是现实的历史运动。这也是两人针对克尔凯郭尔时的共识：虚无主义不仅是个人的体验，更是现实的历史。然而，"价值"与"存在"立场的差异，导致了二者对这一"现实的历史运动"内涵理解的差异。尼采将这一现实的历史运动解释为肇始于柏拉图主义的超感性领域的崩溃。因为超感性领域作为

---

① 〔德〕海德格尔：《尼采》上卷，孙周兴译，商务印书馆，2008，第 236 ~ 237 页。
② 〔德〕海德格尔：《尼采》下卷，孙周兴译，商务印书馆，2008，第 965 页。

"心理学的幻想"否定活生生的真实的生命，是强力意志所需要摧毁的旧的价值秩序。而海德格尔在对尼采的"价值"立场进行批判后，从存在的角度把这一现实的历史运动理解为形而上学逐渐主体化的历史。这种主体化历程肇始于笛卡尔，至尼采处达到顶峰。笛卡尔以自我确证的主体为标准衡量实在，至尼采处，真理与存在只与"无限制的主体"为持存和增强意志的需要有关，人与实在的关系演变为强力意志对实在的"估价"。由此，形而上学的历史即存在被遗忘的历史，本质上，它就是虚无主义的历史。

与尼采一样，海德格尔区分了两种形式的虚无主义，即本真的虚无主义与非本真的虚无主义。本真的虚无主义指向存在的退隐的事实，它肇始于形而上学历史的发端，并延续至今。本真的虚无主义，即存在的退隐，使其他形式的虚无主义（海德格尔统称为"非本真的虚无主义"）得以可能。在这个意义上，尼采不仅是"形而上学家"，而且是"最后一位形而上学家"，其哲学正是"非本真的虚无主义"的形式之一，即尼采对虚无主义的克服反倒成了虚无主义的完成。

换言之，在尼采看来，虚无主义是现代性的危机，而这种危机源于人的"心理学的需要"。这是人的一种"幼稚性"的体现。按照邓晓芒的分析，尼采把这种"幼稚性"归因于某种偶然性，海德格尔则把它视为存在的"命运"，是内在于现代性进程的必然结果。

3. 克服虚无主义路径之争

上述两个争辩决定了海德格尔与尼采在克服虚无主义路径上的必然争执，即"追问存在"与"重估一切价值"之争。如海德格尔所批评的，尼采从价值角度出发，把克服虚无主义的希望寄托于强力意志对一切价值进行重估，创建符合生命意志的新价值秩序，这种克服虚无主义的方案不仅不能解决问题，反而深化了问题，成为虚无主义的完成。在海德格尔看来，只有从存在角度深入虚无主义，才能洞察其真正本质，即存在在西方形而上学历史上的隐而不彰。对存在的遮蔽是内在于现代性的本质危险，但危险本身即蕴含着救度之希望。这种希望就是海德格尔所谓"转向"，即对存在的追问。追问存在所采取的方式不再是主客二分的理性认知方式，而是

"运思"和"作诗"的审美方式。这种审美方式是人对存在的顺应与关注，它表现为对物的"泰然任之"和对神秘的"虚怀敞开"。按照张祥龙先生的分析，这与中国哲学的"有所为有所不为"和"知其白守其黑"具有诸多契合之处。①

二　几点结论与问题

从海德格尔与尼采的争辩可以得出以下结论。

第一，从尼采到海德格尔，对虚无主义的理解从伦理－价值层面转向本体论（Ontology）层面，这是两者在虚无主义思想上最根本的差异，也是海德格尔对虚无主义理论最大的发展。虚无主义从其最广泛的意义上来说，是指生存没有意义，即普遍的生命本身没有意义。② 为何没有意义？尼采的观点是，构成生命意义的价值体系出现问题了，为了寻获生命的本真意义，需要打破这些压制、否定生命的价值秩序，重新建构符合生命发展的新的价值秩序。承担这一伟大使命的是超人的强力意志。毫无疑问，这是从伦理－道德层面来思考虚无主义。按照后人的评价，伦理－道德层面的虚无主义是将生命意义的寻获寄托于一种"无限制的主体"③。一方面，极端的主观性最大限度地弱化了价值和意义的客观性，并蕴含巨大的危险。尼采的学说在纳粹德国受到法西斯的接纳和利用便是这一理论危险的现实写照。另一方面，"无限制的主体"实质上代替了基督教上帝的位置，成了价值评判的标准。诚如尼采所批判的，人的本质和自由在此岸世界无法实现，只能在上帝所存在的彼岸世界才有可能，那么，尼采塑造的超人照样是芸芸众生无法企及的。在这个意义上，生命意义照样处于"虚无"状态。这也是许多尼采的后继者所批判的，尼采对虚无主义的克服反倒成了虚无主义

---

① 参见张祥龙《海德格尔思想与中国天道：终极视域的开启与交融》，中国人民大学出版社，2010，第 17 章。

② 参见 Bernard Reginster, *The Affirmation of Life: Nietzsche on Overcoming Nihilism*, Cambridge: Harvard University Press, 2006, p. 21。

③ 参见 Michael E. Zimmerman, "Heidegger on Nihilism and Technique," *Man and World*, Vol. 8, No. 4, pp. 394 – 414。

的完成。而海德格尔所做的尝试是，从本体论的层面思考虚无主义。意义所涉及的不仅是主体的主观性评估，而且是人与自然的原初关系：意义源于实在从遮蔽中显示出来，达到无蔽状态。人在其中，并不受某种超感性东西的凌驾和压制，人只是回应自然、实在的"召唤"，使存在如其所是地显现出来，进入无蔽领域。在海德格尔看来，揭示被遗忘的存在，彰显存在的可能性，是克服虚无主义的有效路径。

然而，根据邓晓芒的分析，虚无主义问题本身就是一个价值论的问题，海德格尔试图通过摒弃价值因素追问存在来克服虚无主义，结果只能陷入两难之境：要么重陷主体性形而上学和价值论之泥潭，要么否定语言，对一切沉默不言。这两种情况同样是虚无主义。[①] 这也正是后人所一致认为的，海德格尔在生存论视角上思考虚无主义所面临的困境。

第二，从上述第一个结论可以看出，如果在伦理－道德层面上思考虚无主义，那么虚无主义就只是西方历史上的一个"基本事件"，是历史发展的一种"症候""特征"；若从本体论层面上思考虚无主义，那么虚无主义问题就成为西方历史的"内在逻辑"。换言之，前者只是现代性的危机之一，而后者意味着危机本身。"症候""特征""内在逻辑"所喻示的是："症候"是可以被治愈的；"特征"是可以有所改变的，即虚无主义的问题尽管严重、可怕，但解决的希望仍在，毕竟它只是"人的心理学的需要"，而非内在于人性之中；"内在逻辑"意味着，虚无主义的历史等同于西方形而上学的历史，等同于现代性的历史。因为虚无主义源于理性认识方式对存在的遮蔽，这种认识方式把一切实在，包括人自身都解蔽为"持存物"，而遮蔽了实在在其他方面的可能性。在此意义上，虚无主义的历史即现代性历史本身，虚无主义是人类的"命运"。

问题在于，规定性认识是所有认识的起始阶段，而人的受动性和有限性决定了规定性的必然存在，同时，有所规定必然有所否定，由此，任何一种

---

① 参见邓晓芒《欧洲虚无主义及其克服：读海德格尔〈尼采〉札记》，《江苏社会科学》2008年第 2 期。

解蔽都无法穷尽所有的遮蔽，遮蔽必然存在。在这个意义上，虚无主义内在于人性中，成为人类历史发展的必然结果，一种无法避免的宿命。由此展露了海德格尔理论的内在矛盾：对虚无主义的克服成了虚无主义的表达。此外，把虚无主义理解为人类的命运，这内在蕴含着危险。它以近乎完美的方式为现存的社会秩序辩护，顺应现存的一切，甚至倾向为恐怖和毁灭性的灾难"辩护"。① 这种理论倾向和海德格尔在纳粹问题上的暧昧关系密切。它使得海德格尔在面对纳粹毫无人道的血腥屠杀时保持了所谓"高贵的沉默"。而这种"高贵的沉默"究其本质是一种更为严重的虚无主义。

第三，在虚无主义问题上，尼采与海德格尔面对理性主义与非理性主义的态度是一致的。他们都抨击理性对非理性的统治与压制，都着力于解放非理性，肯定非理性的地位和作用。诚然，尼采和海德格尔这样的做法是"顺应"当时历史趋势的。如我们所知，在西方的历史传统中，超感性领域代表着理性的神圣不可侵犯的地位，感性领域是低于超感性领域的，由感性所生发出来的非理性情绪、感觉等是需要受到理性的整合和压制的。上帝是"至高理性"，人为了接近上帝，只能在上帝的引导下不断地提升自身的理性程度，而非理性的情感如同见不得人的耻辱般的东西被人尽力地压抑，甚至割弃。尽管在现代化的历程当中，人逐步取代神的地位，通过理性树立自身的合法地位，但是，作为人的本性的非理性照样受到了贬抑。随着工具理性的扩张，理性的统治和压制特性日趋明显。人们开始意识到对理性的过分尊崇所带来的对人的本性的压制。对这种压制的反抗集中体现在近现代转型时期的非理性主义思潮中。非理性主义思潮强调人的本能、情感等非理性因素的存在意义和重要作用。叔本华、克尔凯郭尔以及尼采都是非理性主义思潮的领军人物。而海德格尔在与尼采的争辩中，同样走

---

① 沃林、利奥塔和齐默尔曼等都注意到了这种理论倾向，并从各自的角度出发对此进行了深刻的批判。参见〔美〕朱利安·扬《海德格尔哲学纳粹主义》，陆丁、周濂译，辽宁教育出版社，2002；〔英〕杰夫·科林斯：《海德格尔与纳粹》，赵成文译，朱刚、张祥龙校，北京大学出版社，2005；Michael E. Zimmerman, *Heidegger's Confrontation with Modernity: Technology, Politics and Art*, Bloomington: Indiana University Press, 1990；"Heidegger on Nihilism and Technique," *Man and World*, Vol. 8, No. 4, pp. 394 – 414。

向了非理性主义。

在虚无主义的问题上，尼采的非理性主义色彩体现在对超感性领域的抨击上，以及在克服虚无主义时采用了富有非理性主义方式的审美救赎。具体而言，强力意志对旧价值体系的重估，对新价值体系的创建都是建立在符合生命意志伸张和提高的基础上的。作为审美状态的陶醉、伟大风格的创造，都是非理性的生命意志的张扬。但是，需要注意的是，尼采将艺术作为虚无主义的反运动，抨击理性，肯定非理性力量，这是否意味着尼采要将理性与非理性、超感性领域与感性领域的位置做一个调换，使得非理性的地位高于理性的地位，感性领域凌驾于超感性领域？用海德格尔的话来说，尼采对虚无主义的克服是通过对柏拉图主义的倒转来完成的。尼采洞察到，柏拉图主义基于感性世界与超感性世界的区分，正是"虚无主义（即对生命的否定）之升起的可能性的原初的和决定性的原因"①。柏拉图主义建基于如下结构形态："超感性领域就是真实世界。它作为赋予尺度的东西是高高在上的。而感性领域作为虚假的世界位居低层。高层的东西是首先惟一地赋予尺度的东西，因而是值得追求的东西。"② 那么，当尼采意识到超感性领域并不具有如此合法性地位时，他把超感性领域从崇高的圣坛驱逐下来，赋予感性领域应有的地位。也就是说，在尼采的倒转之后，感性领域位居高层，而超感性领域位居低层。但是，问题在于，"如果我们仅仅以这种方式来看倒转，那就可以说，高层和低层的空位还是保留着的，仅仅作了不同的分配而已。而只要这种高层与低层决定了柏拉图主义的结构形态，则柏拉图主义在其本质上就依然持存着。这种倒转并没有完成它作为对虚无主义的克服必须完成的东西，亦即一种对柏拉图主义的彻底克服。只有当高层本身根本上被清除掉，先前对一个真实的和值得追求的东西的设定已经终止，理想意义上的真实世界已经被取消掉，这时候，对柏拉图主义的彻底克服才能获得成功。如果把真实世界取消掉，究竟会发生

---

① 〔德〕海德格尔：《尼采》上卷，孙周兴译，商务印书馆，2008，第175页。
② 〔德〕海德格尔：《尼采》上卷，孙周兴译，商务印书馆，2008，第222页。

什么事呢？虚假世界还会保留下来吗？不会。因为虚假世界只有作为真实世界的对立面才能成其所是。如果取消了真实世界，也就必定取消了虚假世界。只有在这时候，柏拉图主义才得到了克服，这就是说，它如此这般被地倒转过来了，以至于经过这种倒转，哲学思想就从柏拉图主义中转变出来了"①。简言之，只要仍然存在理性与非理性、超感性领域与感性领域的高低层次之分，不管如何，这样的模式是无法真正克服虚无主义的，因为正是这种高低层次的结构之分生发了虚无主义。而海德格尔说，尼采在其生命的最后时刻似乎也发现了这一点，所以，尼采疯了。

在海德格尔看来，"超感性领域－感性领域"的划分机制应让位于"非感性领域－感性领域"的划分机制。如此机制的转换才能从"对柏拉图主义的倒转"成为"从柏拉图主义中转变出来"。也就是说，"无论对感性领域的废除还是对非感性领域的废除，都是没有必要的。相反地，倒是需要消除对感性领域的误解和诋毁，同样也要消除对超感性领域的过分抬高。当务之急是为一种以感性与非感性的新等级秩序为基础的对感性领域的重新解释开出一条道路。这个新的等级秩序并不是要在旧的秩序模式之内简单地颠倒一下，并不是要从现在开始高估感性领域而低估非感性领域了，并不是要把处于最低层的东西置于最高层上面了。新的等级秩序和价值设定意味着：改变秩序模式"②。在这里，我们可以看到海德格尔强烈的现象学色彩——不主张本质世界与现象世界的划分，通过现象学的方法让事物如其所是地展示自身。

而根据海德格尔的理路，尼采之所以囿于柏拉图主义的"超感性领域－感性领域"结构，根本原因在于他的形而上学立场。而这种形而上学立场表现出极端的主体性，这在其审美救赎中具有明显的表征。对此，海德格尔说："但尼采艺术观的关键恰恰就在于：他要从艺术家角度来认识艺术及其全部本质，而且是有意识地、明确地反对那种从'欣赏者'和'体

---

① 〔德〕海德格尔：《尼采》上卷，孙周兴译，商务印书馆，2008，第222页。
② 〔德〕海德格尔：《尼采》上卷，孙周兴译，商务印书馆，2008，第231页。

验者'角度来表象艺术的艺术观。尼采艺术学说的一个主导命题就是：必须从创造者和生产者出发、而不是从接受者出发来理解艺术。"① 言下之意，尼采的审美救赎乃是基于形而上学立场上的具有极端主体性的审美方式。这是海德格尔所认为的尼采对审美的误解，由此，尼采的审美救赎无法真正克服虚无主义。同时，这也是他自认为的与尼采的审美救赎差异的地方，即海德格尔自认为其审美救赎乃是一种超越主体性的审美方式，它能真正地展示审美的本性，也能真正地克服虚无主义。由此，我们可以看到，海德格尔对尼采的批判集中于"主体性"问题上。而这种"主体性"问题是基于西方哲学几千年形而上学传统中的"主体－客体"二元对立机制的。尼采就是囿于这一机制而无法真正理解虚无主义，由此也无法真正克服虚无主义。海德格尔自认为看到了症结所在，并坚信自身能超越这一传统机制，从而真正克服虚无主义。而这一工作集中体现在海德格尔对现时代最高意义上的虚无主义，即技术虚无主义的批判和克服上。但是，正是在海德格尔对技术虚无主义的论述及克服上，我们发现了海德格尔自身所爆发出来的严重问题。

第二节　技术虚无主义

众所周知，海德格尔的"技术之思"被誉为 20 世纪反思现代性与技术的西洋咏叹调②，音律华美，个性张扬，寓意深远。多年以来，对这一名曲

---

① 〔德〕海德格尔：《尼采》上卷，孙周兴译，商务印书馆，2008，第 75 页。

② 海德格尔的传记作者萨弗兰斯基谈道："三年以后（即 1953 年——笔者注），海德格尔对慕尼黑报告题目是'对技术的追问'。那天晚上，慕尼黑 50 年代的思想精英汇集一堂：汉斯·卡洛萨、F. 荣格尔、海森堡、恩斯特·荣格尔、奥特加·加赛特。这也许是战后海德格尔最成功的讲演。当海德格尔用他的名言'因为追问是思维的虔诚'结束他的报告时，出现的并不是肃穆静默，而是全场起立与掌声。人们把海德格尔的登台看作西洋美声咏叹调的演唱。人们为之欢呼，因为他的口吻恰恰迎合了 50 年代人们渴望听到的那种高调。'（〔德〕吕迪格尔·萨弗兰斯基：《来自德国的大师——海德格尔和他的时代》，靳希平译，商务印书馆，2008，第 494 页）

的探究已获得累累硕果。但遗憾的是，技术与虚无主义之本质关系未获得足够的重视和研究。① 在海德格尔看来，技术乃是现时代最高意义上的虚无主义。在技术虚无主义之中，蕴含着现代性之本质困境，也孕育着走出这一困境的希望。也就是说，在技术虚无主义思想中，集中展现了海德格尔关于虚无主义的个性理解以及克服虚无主义的独特方式，同时也明显地暴露了海德格尔虚无主义思想所内含的困境，即对虚无主义的克服反而成了虚无主义的表达。

　　总体而言，"技术是最高意义上的虚无主义"这一命题是海德格尔从生存论立场上对现代性困境的独特反思，同时又蕴藏着问题解决之契机。它内含三个逻辑层次：层次一，虚无主义是根植于现代性的内在危险，虚无主义与危险等义；层次二，技术是最高意义上的危险；层次三，"哪里有危险，哪里也有救"，即危险之救度与虚无主义之克服的希望在于"技术的转向"。层次一涉及海德格尔对现代性、主体性、形而上学和虚无主义之间关系的理解，根本而言，它关涉技术与虚无主义的历史和哲学根基问题。层次二是海德格尔在追问技术时明确提出的命题，涉及技术与虚无主义的关系。两者的关系可分为两个逻辑层面：第一，技术本质上是虚无主义；第二，技术是最高程度上的虚无主义。第一个层面关涉性质问题，第二个层面关涉程度问题。层次三是海德格尔从生存论立场上针对现代性危险所探寻的救度之路。根本而言，这是一种审美救赎的生存论方案。它力图克服尼采的审美方案中所体现出来的无限制的极端主体性，找寻一条超越主体与客体的二元划分的路径。

---

①　齐默尔曼（Michael E. Zimmerman）、德莱弗斯（Hubert L. Dreyfus）和克罗科（Arthur Kroker）等对这一问题做出了开创性的研究，见 Michael E. Zimmerman, *Heidegger's Confrontation with Modernity: Technology, Politics and Art*, Bloomington: Indiana University Press, 1990; "Heidegger on Nihilism and Technique," *Man and World*, Vol. 8, No. 4, pp. 394–414; L. Hubert, "Heidegger on the Connection between Nihilism, Art, Technology, and Politics," *The Cambridge Companion to Heidegger*, edited by Charles B. Guignon, London: Cambridge University Press, 1993; Arthur Kroker, *The Will to Technology and the Culture of Nihilism: Heidegger, Nietzsche and Marx*, Toronto: University of Toronto Press, 2004。齐默尔曼的研究具有重要的参考意义，尽管其分析中存在问题（下文将会具体指出）。

一 虚无主义是根植于现代性的内在危险

雅各比最早在哲学上使用"虚无主义"一词批评费希特的先验唯心论；屠格涅夫则用虚无主义者指那些权威和原则的绝对反对者；克尔凯郭尔从个人内在的体验出发指责虚无主义作为个性的夷平在个体生存上的消极影响。最具影响和代表性的则是尼采，他把虚无主义理解为西方两千年历史的基本运动，这一运动过程表现为"最高价值的自行贬黜"。那么，对海德格尔而言，虚无主义在何种意义上成为现代性的内在危险？这与海德格尔对现代性、主体性、形而上学以及虚无主义的理解紧密相关。对这些关键范畴的分析不仅能够论证虚无主义如何成为现代性的内在危险，而且展示了技术与虚无主义的历史哲学根基。

（1）现代性与人的主体化进程紧密相关。甚至从宽泛的意义上而言，现代性就是人的主体性不断加强的过程。对此，海德格尔不惜笔墨地多处强调。

> 在现代历史范围内并且作为现代人的历史，人往往总是尝试从自身而来把自身当作中心和尺度带入一种统治地位之中，也就是，推动对这样一种统治地位的确保。为此，人就必需越来越多地确信自己的能力和统治手段，并且总是重新为它们备好一种无条件的可动用性。[①]

> 倘我们沉思现代，我们就是在追问现代的世界图象。……对于现代之本质具有决定性意义的两大进程——亦即世界成为图象和人成为主体——的相互交叉，同时也照亮了初看起来近乎荒谬的现代历史的基本进程。这也就是说，对世界作为被征服的世界的支配越是广泛和深入，客体之显现越是客观，则主体也就越主观地，亦即越迫切地突现出来，世界观和世界学说也就越无保留地变成一种关于人的学说，变成人类学。[②]

[①] 〔德〕海德格尔：《尼采》下卷，孙周兴译，商务印书馆，2008，第777页。

[②] 《海德格尔选集》下卷，孙周兴选编，上海三联书店，1996，第897、902页。

现代性是人不断抬升自身，并试图支配、控制自然的过程，是人对世界的主体化进程，是人以自身为标准对世界进行"拟人化"的进程。通过这一"拟人化"进程，人得以通过自身进行自我规定、自我确证，获得意义的根基、规范的基础。同时，对人自身规范和地位的确保也成了推动现代历史发展的"隐秘的刺激"："对人类一切能力的至高的和无条件的自身发展的确保，也即对人类一切能力向着对整个地球的无条件统治地位的发展的确保，乃是一种隐秘的刺激，推动着现代人不断走向新的觉醒，迫使他去承担那种义务，那种为他保障其行动的安全和其目标的可靠性的义务。"① 这种"隐秘的刺激"在现实的社会历史发展中以诸多形态甚至"伪装"表现出来，比如确立人类理性及其法则的启蒙运动、确定现实性和事实性的实证主义，或者古典主义的人性、"全世界无产者"以及"超人"形态表现出来的进步意义上的人性的发展。②

（2）现代性的主体化进程有其本质形态的基础，即主体性形而上学。所谓主体性形而上学，是就以下两个层面而言的。第一，这种形而上学把万物都理解为存在者，理解为与人相关的存在者，并进而探求如何控制它们。第二，这种形而上学遗忘了存在本身。对存在本身的遗忘使得人开始相信自己就是存在者整体的根基，并进而忘记了自己归属于并最终根植于存在。换言之，人只追问存在者，而遗忘了存在，遗忘了自己的本质根基和意义之源。

在此意义上，主体性形而上学的历史可追溯至柏拉图，经由笛卡尔，至尼采处达到顶峰。③ 也就是说，整个西方形而上学的历史本质上都是主体主义的哲学。而这种主体主义的哲学，在笛卡尔处获得了"决定性的开端"。这表现为：人的地位从"一般主体"提升为高于其他存在者的"主体"。"人

---

① 〔德〕海德格尔：《尼采》下卷，孙周兴译，商务印书馆，2008，第776页。
② 参见〔德〕海德格尔《尼采》下卷，孙周兴译，商务印书馆，2008，第776~777页。
③ 在此需说明的是，海德格尔所谓主体性乃是存在在存在者方面显示自身的方式，即存在显示为"主体"（subject）。"主体"（subject）是拉丁语 subiectum 和希腊语 Ὑποκείμενον 的翻译，原义为"根据"和"基础"，由此"主体"在最初的意义上不仅指人，还包括其他一切存在者。这即海德格尔所谓"一般主体"。只是到近代之初，通过笛卡尔，人的"自我"才以占支配地位的方式成为"主体"，也才有了严格的"主体－客体"关系。

是别具一格的、为一切对存在者的表象及其真理奠基的基础，一切表象及其被表象者如果要有立足点和持存性的话，都被置于这个基础之上，而且必须已经被置于这个基础之上了。"① 从此，"主体"成为人的专名和根本词语，而其他的"一般主体"如植物、动物等则不再拥有"主体"的名称。换言之，其他存在者都被理解为对人这一"主体"而言的"客体"或"对象"。相应地，存在者的存在则意味着通过主体（人）并且对主体（人）而言的被表象状态。于是，真理成了一种对表象活动的"确信"，即知与物的符合。人成了被表象者的支配者，是其他表象者的"尺度"，两者之间的关系是"支配"与"被支配"。简言之，笛卡尔哲学本质上是一种无条件的主体性形而上学，而它为现代性的主体化进程提供了形而上学的基础，具有"决定性开端"的基础："如果从其形而上学内涵来深思，并且根据其形而上学筹划的广度来衡量，它却是果断的第一步，通过这一步，现代机械技术以及与之相随的现代世界和现代人类，才在形而上学上成为可能的。"②

按照海德格尔的思路，尼采是"最后一位形而上学家"。"尼采通盘接受了笛卡尔的形而上学基本立场，但却以心理学方式来清算它，也就是说，他把作为'求真理的意志'的确信建立在强力意志基础上。"③ 这具体表现在笛卡尔与尼采在形而上学基本立场上的本质历史性联系。这些联系表现为：笛卡尔将人视为表象着的自我性（Ichheit）意义上的主体；尼采则将人视为以本能和情绪为表征的身体意义上的主体。笛卡尔将存在者的存在状态理解为通过自我主体并且对自我主体而言的被表象状态，而尼采将这种固定的持存性的被表象状态理解为存在状态的假相。生成才是存在状态的真实特征，但生成需要以持存性为假相。而生成的真实特征乃是强力意志。由此，对笛卡尔而言，真理乃是表象活动的确信，尼采却将这种确信理解为生命体借以固定化自身，掌握强力之提高所需要的假相。于是，对笛卡尔来说，人是存在者的尺度，这一尺度的僭越体现为以人为标准，使表象

---

① 〔德〕海德格尔：《尼采》下卷，孙周兴译，商务印书馆，2008，第 800 ~ 801 页。
② 〔德〕海德格尔：《尼采》下卷，孙周兴译，商务印书馆，2008，第 797 页。
③ 〔德〕海德格尔：《尼采》下卷，孙周兴译，商务印书馆，2008，第 816 页。

活动失去限制。而对尼采来讲，"不光被表象者本身是人的一个产物，而且任何种类的每一种构形和赋形都是人的产物和所有物；这个人乃是任何种类的透视角度的无条件主宰，而正是在此类透视角度中，世界被构形，被赋权而成为无条件的强力意志"①。由此可见，尼采把笛卡尔这种无条件的主体性形而上学发展到了极致，即"强力意志的无条件主体性的形而上学"。在这种哲学中，人的主体性发挥到了极致，一切存在者不仅成为主体表征自身的"对象"，更成为"价值"，即强力意志借以保存提高自身的条件。

所以，对海德格尔而言，尼采从来都没有从生存论角度思考过问题，而是从形而上学角度展开思考。尼采不仅是一位形而上学家，而且是形而上学的完成者。因为"在强力意志这个思想中，尼采预先思考了现代之完成过程的形而上学基础。在强力意志这个思想中，形而上学思想本身首先得以完成自己。尼采，这位强力意志思想的思想家，乃是西方的最后一个形而上学家。在尼采思想中展开其完成过程的这个时期，即现代，乃是一个最后时代"②。换言之，在强力意志思想中，现代主体性发挥到了极致，存在者的"存在"被彻底地解释为价值，即有利于保存和提高人的强力的条件。也即，在尼采的哲学中，存在本身完全被遗忘了。

（3）在此意义上，无条件的主体性形而上学只追问存在者，却遗忘了存在。这源于存在者与存在的未经区分，以存在者代替了存在，也源于人的主体性的过分拔高。这是现代性的内在危险。海德格尔讲道：

　　形而上学是关于存在者之为存在者整体的真理。……作为主体性形而上学，现代形而上学——我们的思想也处于它的魔力中，或者看起来倒是不可避免地处于它的魔力中——不假思索地认为，真理的本质和存在解释是由作为真正主体的人来规定的。③

① 〔德〕海德格尔：《尼采》下卷，孙周兴译，商务印书馆，2008，第822页。
② 〔德〕海德格尔：《尼采》上卷，孙周兴译，商务印书馆，2008，第470页。
③ 〔德〕海德格尔：《尼采》下卷，孙周兴译，商务印书馆，2008，第824页。

人成为主体性的实行者和承担者，甚至管理者和占有者，这是人的"狂妄僭越"。一方面，从人与其他存在者的关系而言，人为每个存在者"赋予尺度"，由此，人从根本上支配和控制着存在者之为存在者整体。所以，海德格尔讲道："人本身是那个东西，他包含着这样一种支配，以之为有意识的任务。主体之所以是'主观的'，是因为对存在者的规定——因而人本身亦然——不再被束缚到任何限制中，而是在任何角度上都失去了限制的。与存在者的关系乃是一种进入世界征服和世界统治的控制行动。人赋予存在者以尺度，因为他从自身而来、并且向着自身来规定什么可以被视为存在者。这种标尺乃是尺度的狂妄僭越。"① 另一方面，从人本身而言，成为无限制的主体并不意味着人的本质的展现，恰恰相反，人越来越远离自己的本质和意义之源。换言之，人的本质应该由存在本身来规定的，但是，"关于存在之为存在的问题处于主体－客体关系之外"。②

这意味着，形而上学的历史即遗忘存在的历史，换言之，现代性的历史就是遗忘存在的历史。对存在的遗忘蕴含着巨大的危险：人超出自身尺度的狂妄僭越以及人对自身本质的日渐疏离。而这一危险对海德格尔而言是现代性的"致命之处"。它意味着生命意义之源的遮蔽和阻塞，意味着现代性之自我确证出现了根本性的危机，意味着人自身根基和规范的丧失。

（4）海德格尔把虚无主义理解为存在的遮蔽与遗忘，由此，虚无主义是现代性的内在危险。众所周知，海德格尔关于虚无主义的思想根植于其与尼采的争辩之中。他认为，尼采的形而上学立场和价值视角使之无法洞察到虚无主义的真正本质。在海德格尔看来，

> "虚无"说的是：某个事物、某个存在者的非现成存在和非存在。因此，"虚无"和 nihil 是指在其存在中的存在者，从而是一个存在概念，而不是一个价值概念。③

---

① 〔德〕海德格尔：《尼采》下卷，孙周兴译，商务印书馆，2008，第803页。
② 〔德〕海德格尔：《尼采》下卷，孙周兴译，商务印书馆，2008，第826页。
③ 〔德〕海德格尔：《尼采》下卷，孙周兴译，商务印书馆，2008，第688页。

从存在之命运来思考，"虚无主义"的虚无（nihil）意味着：根本就没有存在。存在没有达到其本己的本质的光亮那里。在存在者之为存在者的显现中，存在本身是缺席的。存在之真理失落了。它被遗忘了。①

而尽管尼采把虚无主义把握为"欧洲历史的基本运动"，但他把这种历史运动理解为最高价值的自行贬黜过程，并试图通过强力意志重估一切价值，创立新的价值体系。海德格尔看到了这种强力意志哲学的本质——一种彻底的无限制的主体主义。由此，尼采仍处于主体性形而上学的轨道和区域内，并把这种主体性的形而上学发展到了极致。于是，在整个形而上学的历史上，存在之真理一直被遮蔽着。换言之，西方形而上学的历史就是虚无主义的历史："形而上学本质上就是虚无主义。此外，如果形而上学是欧洲的和由欧洲所决定的世界历史的历史根据，那么，这种世界历史就在一种完全不同的意义上是虚无主义的。"②

在这个意义上，虚无主义不仅是尼采意义上的"恐怖来客"，根本而言，它还是根植于现代性的内在危险。换言之，对海德格尔而言，虚无主义即危险，它关涉的是终极性问题——意义的源发问题。也即，在现代性的历史境域中，人远离和丧失了自己的生存和意义根基，处于"无家可归"的状态。

二 "技术是最高意义上的危险"

这是海德格尔在《技术的追问》系列短文中提出的一个重要思想。它内含两个逻辑层面：第一，技术本质上是虚无主义；第二，技术是最高程度上的虚无主义。第一个层面是对技术本质的界定，第二个层面是对程度的把握。将技术与虚无主义问题关联起来，甚至将技术的本质理解为虚无主义，海德格尔慧眼独具。根本而言，这与海德格尔从生存论角度对技术的追根溯源相关。具体分析如下。

---

① 《海德格尔选集》下卷，孙周兴选编，上海三联书店，1996，第816页。
② 《海德格尔选集》下卷，孙周兴选编，上海三联书店，1996，第816页。

1. 技术源于古希腊的"技艺"

技术指一种认知的方式，其本性在于解蔽，让存在者显现出来。如海德格尔所言：

> 希腊文 τεχνικόν（技术）意味着 τέχνη（技艺，technē）所包含的东西。……τέχνη 不只是表示手工行为和技能的名称，它也是表示精湛技艺和各种美好艺术的名称。τέχνη 属于产出，属于 ποίησις（poiēsis）；它乃是某种创作（etwas Poietisches，poietic）。①

一方面，希腊词 technē（技艺）来源于印欧语词干 techn，本义为"木制品""木工"。与自然生成能力相对的、人工的、有目的的生成和创制力量就被称作技艺。技艺既包括制鞋、木工等生产实用物品的技术，也包括绘画、雕刻、作诗等文艺创作的艺术。因此，技艺不只是纯粹的操作或工具的使用，还是某种创作，属于产出（bringing‑forth），它使遮蔽者进入无蔽领域。就此而言，技艺是一种解蔽方式。② 另一方面，技艺既包括具有某种性质、功能、目的之创制活动，也包括指导此行动的知识本身。在古希腊早期直到柏拉图时代，技艺（technē）一词就与认识（epistēmē）密切相关，意指对某物的精通和理解；至亚里士多德，才把技艺（technē）从广义的认识（epistēmē）中区分出来。③ 技艺"使某种事物生成。……〔是〕使一种可以存在也可以不存在的事物生成的方法"④。由此，技艺之根本不在

---

① 《海德格尔选集》下卷，孙周兴选编，上海三联书店，1996，第 931 页。
② 在海德格尔看来，产出与解蔽根本相关，"产出从遮蔽状态而来进入无蔽状态中而带出。唯就遮蔽者入于无蔽领域到来而言，产出才发生。这种到来基于并且回荡于我们所谓的解蔽（das Entbergen）中"（《海德格尔选集》下卷，孙周兴选编，上海三联书店，1996，第 930 页）。在这个意义上，解蔽又与真理（无蔽）相关。"它们都是与终极的原发境域打交道的纯揭示的而非普遍化、抽象化的方式。"（张祥龙：《海德格尔思想与中国天道：终极视域的开启与交融》，中国人民大学出版社，2010，第 314 页）
③ 亚里士多德区分了 ἐπιστήμη（epistēmē，认识）和 τέχνη（technē，技艺）。在《形而上学》中，亚里士多德回溯了人类理智认识的五个发展阶段：感知觉—记忆—经验—技艺—智慧。由此，技艺属于人类历史认识的第四个发展阶段。而在《尼各马可伦理学》中，他假设灵魂肯定和否定真的五种方式：技艺（technē）、知识（epistēmē，科学）、明智（phronesis，实践智慧）、智慧（sophia）、努斯（nous，直觉理性）。
④ 〔古希腊〕亚里士多德：《尼各马可伦理学》，廖申白译注，商务印书馆，2004，第 171 页。

于制作，而在于产出和解蔽，使存在者显现出来。

2. 现代技术也是一种解蔽方式，其本质特征是"座架"

海德格尔强调，现代技术也是一种解蔽方式，"解蔽贯通并统治着现代技术"①。只不过这种解蔽方式与技艺有着巨大的差别，海德格尔把这种解蔽方式的本质特征称为"座架"，其具体表现如下。

首先，从方式上而言，它不再是具有原初意义的纯揭示，而是演变为普遍化、抽象化的方式，并具有强制性和事先规范性。也就是说，座架并不把自身展示为 $\pi o i \eta \sigma \iota s$（poiēsis）意义上的产出，使事物一概达乎显露，达到无蔽状态，而是展示为促逼（Challenging, Herausforden）的摆置（Setting–upon, Stellen）。它蛮横地将自然当作可订造（ordered）的能源和资源，摆置着自然，即"它用某种现成形式来构成现实"②。其次，从现实之物的角度而言，通过促逼的摆置，现实被揭示为持存物。而持存意义上的东西，就不再作为对象与人相遇。这意味着，现实之物被从世界的整体因缘联系中割裂并独立出来，丧失了一切自然的和社会的规定性，成了可随意摆置的，可开发、改变、贮存、分配和转化的"可订造之物"。最后，从人本身的角度而言，人通过从事技术而参与作为订造着的解蔽方式中，同样也受到促逼。"现代技术作为订造着的解蔽决不是纯粹的人的行为。……那种促逼把人聚集于订造中。此种聚集使人专注于把现实订造为持存物。"③ 也就是说，他完全让自身为技术的本质所控制，从而使得自己可以融入技术所规定的场域当中，操作具体的技术过程。由此导致的后果是，座架是人做出来的东西，但人在座架面前失去了自由。人受到座架的威胁，这种威胁是对人的本质性的危害，因为它使得"生活有变成单向度的、无选择余地的危险。它使生活遗忘了与世界的另外一种交往邂逅的方式，把另外一种驻留于世界之中的方式的

---

① 《海德格尔选集》下卷，孙周兴选编，上海三联书店，1996，第 932 页。
② 参见张祥龙《海德格尔思想与中国天道：终极视域的开启与交融》，中国人民大学出版社，2010，第 316 页。
③ 《海德格尔选集》下卷，孙周兴选编，上海三联书店，1996，第 937 页。

回忆忘记得干干净净"①。

由此，在座架中，人与现实之物的关系表现为：人处于（座架）这种解蔽方式中，被促逼的人以订造的方式把现实事物作为持存物解蔽出来。座架所解蔽出来的无蔽状态并不是人的产品。这不仅仅是人的行为，人只是回应无蔽状态的呼声。在这种解蔽方式中的人，同样作为持存物参与其中。

3. 现代技术是"完成了的形而上学"，它最大限度地遮蔽了存在，是最高意义上的危险

首先，从现代技术的解蔽方式，以及这种解蔽方式中人与现实之物及其关系的状况而言，现代技术的本质与形而上学的本质是一致的："机械技术始终是现代技术之本质的迄今为止最为显眼的后代余孽，而现代技术之本质是与现代形而上学之本质相同一的。"② 前文已经分析过，现代形而上学是主体性形而上学，它只追问存在者，而遮蔽了存在，因而其本质是虚无主义。在此意义上，现代技术与主体主义本质相关。根本而言，现代技术将存在者的存在揭示为表象着的持存物，这是对存在的遮蔽！换言之，"技术构架与缘构境域的分离就是这种存在者与存在的分离、概念对象与语言言说本身的分离的历史体现"③。由此，现代技术的本质也是虚无主义，是现代性的内在危险。

其次，在海德格尔看来，座架是绝对的无条件主体性的体现："在以技术方式组织起来的人的全球性帝国主义中，人的主观主义达到了它的登峰造极的地步。"④ 因此，"技术这个名称本质上应被理解成'完成了的形而上学'"是"形而上学历史的最后形态"，"存在之天命的最后形态"。⑤ 海德格尔在《尼采》第五章"欧洲虚无主义"中分析过，强力意志的无条件的

---

① 〔德〕吕迪格尔·萨弗兰斯基：《来自德国的大师——海德格尔和他的时代》，靳希平译，商务印书馆，2008，第 500 页。
② 《海德格尔选集》下卷，孙周兴选编，上海三联书店，1996，第 885 页。
③ 张祥龙：《海德格尔思想与中国天道：终极视域的开启与交融》，中国人民大学出版社，2010，第 145 页。
④ 《海德格尔选集》下卷，孙周兴选编，上海三联书店，1996，第 921 页。
⑤ 《晚期海德格尔的三天讨论班纪要》，〔法〕F. 费迪耶等辑录，丁耘摘译，《哲学译丛》2001 年第 3 期，第 57 页。

主体性形而上学作为"西方形而上学的终结"，与现代技术是同一的。① 如哈贝马斯所分析的，"当代极权主义的本质特征在于蔓延到全球的技术，因为它主要用于控制自然、发动战争以及种族繁衍。在这些技术当中，'一切行为和计划的计算性'的绝对的目的理性得到了集中体现，但这反过来又是建立在一种特殊的现代存在理解基础上的。而且，从笛卡尔到尼采，这一存在理解被推向了极端"。②

总而言之，现代技术最大限度地遮蔽了存在，是"最高意义上的危险"。这具体表现在两个方面。一方面，在座架中，人将自身、其他存在者（包括自然）都当作可订造的持存物，因而，座架在人与自身及一切存在者的关系上危害着人，其后果是"人由此降落到被组织的千篇一律状态的层面上，并在那里设立自身。这种千篇一律状态成为对地球的完全的（亦即技术的）统治的最可靠的工具。现代的主体性之自由完全消溶于与主体性相应的客体性之中了"③。另一方面，座架对持存物的控制和保障遮蔽了其他的解蔽方式，甚至使其自身作为解蔽的本质也一并被遮蔽了，即座架不仅遮蔽了其他解蔽方式，而且遮蔽了解蔽本身。如海德格尔所言，"座架伪装着真理的闪现和运作"④。其后果是"在一切正确的东西中真实的东西自行隐匿了"⑤。由此，技术成了最高意义上的虚无主义。

三　危险之救度与虚无主义之克服：技术的转向

技术作为最高意义上的虚无主义是现代性的内在危险。而这种危险并不是现代性的某种现象或特征，而是现代性的内在命运。⑥ 在海德格尔看

---

① 参见〔德〕海德格尔《尼采》下卷，孙周兴译，商务印书馆，2008，第798页。
② 〔德〕哈贝马斯：《现代性的哲学话语》，曹卫东等译，译林出版社，2004，第154页。
③ 《海德格尔选集》下卷，孙周兴选编，上海三联书店，1996，第921～922页。
④ 《海德格尔选集》下卷，孙周兴选编，上海三联书店，1996，第946页。
⑤ 《海德格尔选集》下卷，孙周兴选编，上海三联书店，1996，第944页。
⑥ 但命运不等于宿命，也不意味着强制的厄运。对海德格尔而言，命运恰恰赠予人自由。因为人恰恰是通过从属于命运成为一个"倾听者"而不是一个被促逼的"奴隶"而言，才是自由的。但是，"自由为自己准备了不自由的可能性。这样的不自由也是命运，而且就是'危险'（Gefahr）作为危险的真实含义"（吴国盛：《海德格尔的技术之思》，《求是学刊》2004年第11期，第40页）。

来，任何解蔽方式都是一种危险，因为它很容易引导人走向遮蔽其他可能性之路。而座架这种解蔽方式不仅遮蔽了其他解蔽方式，而且遮蔽了解蔽本身，因而是最高意义上的危险。但是，海德格尔引用了荷尔德林的诗：

> 但哪里有危险，哪里也有救。

换言之，就在这一危险中，闪烁着救度的光芒——"恰恰是技术之本质必然于自身中蕴含着救渡的生长"[①]。即危险之救度与虚无主义之克服的希望在于"技术的转向"[②]。这一转向内含以下三个层面。

第一，仅仅依靠人类的行为，无法单独祛除这一最高意义上的危险。"人不能凭自力离弃其现代本质的这一命运，或者用一个绝对命令中断这一命运。"[③] 但是，人类自身的救度能够开启这一希望之光。人自身的救度表现在，人能够意识到自身并非世界上的唯一的绝对的主体。这种绝对主体的意识是现代主体性自我确证所赋予自身的，它所为之建立起来的根基存在问题。它将人从众多"一般主体"中抬升而出，赋予人这一特殊主体以绝对的权力，使得人僭越为自然的主人，妄图支配和统治自然，这样的后果是，人自身与自然的原初关系被破坏了，人在自我确证的同时失去了其原始根基。因而，当人从"绝对主体"退回"一般主体"，与自然和其他存在者和谐相处时，当人不再妄图成为真理的确立者，而只是真理的守护者时，救度的希望之光才绽露。

第二，人自身的救度首先就在于对技术本质的洞察。对座架本质的洞察能够使救度显露出来。我们知道，$τέχνη$（technē，技艺）不仅意指技术，

---

① 《海德格尔选集》下卷，孙周兴选编，上海三联书店，1996，第 946 页。

② 齐默尔曼在《海德格尔论虚无主义与技术》（"Heidegger on Nihilism and Technique," *Man and World*, Vol. 8, No. 4, pp. 394–414）一文中竟然提出，如何走出技术虚无主义这一危险之魔障，海德格尔没有给出明确的答案。这样的误解出自一位海德格尔思想研究专家，委实令人惊讶。究其根源，一方面可能是作者只局限于《尼采》一书论虚无主义与技术，忽略了《技术的追问》；另一方面也可能是作者认为，海德格尔所谓"技术转向"并不是一条真正的超越之路。

③ 《海德格尔选集》下卷，孙周兴选编，上海三联书店，1996，第 922 页。

而且意指艺术创作，即那种使真进入美的产出。这是唯一一种更原初的和多样的解蔽方式，它把真理带入闪现者之光辉。换言之，救度的出路在于"审美"。对海德格尔而言，审美救赎的方式在于"运思"和"作诗"。"思"和"诗"这两种合乎"道说"的本真语言，能够道出主体性形而上学所未思和未言说之物——存在。即人自身救度的希望在于通过审美对存在的关注和顺应。

第三，人对存在的关注和顺应具体表现为：对物的泰然任之和对神秘的虚怀敞开。首先，所谓"泰然任之"是对技术对象既说"是"也说"不"的态度。需要明确的是，海德格尔并不是一位"反技术主义者"。如他所言，"盲目抵制技术世界是愚蠢的。欲将技术世界诅咒为魔鬼是缺少远见的"①。海德格尔所做的是从生存论角度揭示现代技术时代里人的生存处境，即生命根基和意义之源的丧失。对技术的依赖与被奴役是现代性的命运，但是，我们也能有所作为，即"我们可以利用技术对象，却在所有切合实际的利用的同时，保留自身独立于技术对象的位置，我们时刻可以摆脱它们"②。换言之，对技术的态度就类似于中国哲学所说的"有所为有所不为"。其次，在技术世界里，存在的意义隐而不现，遮蔽自身，因而对这种隐蔽的意义需要保持开放的态度，即"对于神秘的虚怀敞开"。老子的"知其白守其黑"非常形象地展示了海德格尔所要表达的意思。③ 对海德格尔而言，"对于物的泰然任之与对于神秘的虚怀敞开是共属一体的"④。它们使得人的全新的生存根基得以可能，使得人能以一种全新的方式栖居于世，并能够在现代性的危险中立身和持存，并获得生命之意义。

按照张祥龙先生的分析，海德格尔前后思想之"转向"真义在于以"先行的决断"或"去除遮蔽"为特征的真态生存方式学说转向以"开合互

---

① 《海德格尔选集》下卷，孙周兴选编，上海三联书店，1996，第1239页。
② 《海德格尔选集》下卷，孙周兴选编，上海三联书店，1996，第1239页。
③ 参见张祥龙《海德格尔思想与中国天道：终极视域的开启与交融》，中国人民大学出版社，2010，第335～336页。
④ 《海德格尔选集》下卷，孙周兴选编，上海三联书店，1996，第1240页。

构"为特征的缘构发生说。① 从危险自身而言，它正是这种"开合互构"，其内在包含着光与影、解蔽与遮蔽、危险与救度、虚无主义及其克服的争执。光与影都不可能脱离对方而存在，两者相互依存转化，而解蔽与遮蔽、危险与救度、虚无主义及其克服之间的关系亦然。如海德格尔所言，"阴影乃是光的隐蔽的闪现的证明，这种证明虽然是不透明的，却是可敞开的"②。现代性的问题在于人不再能够"安守本分"地有所为有所不为，知其白守其黑，而是一味地去追求那"一片赤裸裸的光亮中的澄明"，破坏了那"黑暗的清澈"。如张祥龙先生所言，"作为缘在，人只能从自己的实际生存缘境中获得意义和生命来源；也就是说，他必须让自身先'没入深深泉源的黑暗中'，取得天然的缘发势态，然后才能与这个已经与自己相缘生的世界发生知识的、实用的、价值的关联。他的真正切身的存在方式就在于不离开这黑暗泉源、境域的势能所在"③。简言之，"生存的智慧就意味着穿透理智和实用的白昼世界而看到神意之星"。④ 此乃危险之救度、虚无主义之克服的真义。

从以上的分析可以看出，海德格尔的"技术的转向"本质上是从一种以主客体二元对立的认知机制为基础的认知方式向超越主客体二元对立的认知方式的转变。换言之，这是以主客体二元对立为认知模式的理性认识方式向超越主客体维度的审美方式的转变。也就是说，在海德格尔看来，审美认知和理性认知都是认识事物的方式，都是解蔽的方式，它们的原初功能都是使存在者显现出来，达到无蔽状态。但是，理性认知方式以主客体二元对立的机制为基础，是一种主体主义的认知模式，这种模式是建立在人对自然和其他存在者的僭越的基础上的，它将自身标准化，以此为自

---

① 详见张祥龙《海德格尔思想与中国天道：终极视域的开启与交融》，中国人民大学出版社，2010，第一部分第 7、8 章，第二部分第 17 章。
② 《海德格尔选集》下卷，孙周兴选编，上海三联书店，1996，第 922~923 页。
③ 张祥龙：《海德格尔思想与中国天道：终极视域的开启与交融》，中国人民大学出版社，2010，第 336 页。
④ 张祥龙：《海德格尔思想与中国天道：终极视域的开启与交融》，中国人民大学出版社，2010，第 336 页。

我确证的根基和规范，但结果恰恰适得其反。这种以统治和支配为特征的对世界"拟人化"的认知方式割裂了人与自然的原初关系，是人的狂妄僭越。它导致的结果是人和其他存在者的存在状态的"虚无"、自我确证根基的"虚无"、生命意义的"虚无"。因而，要克服这种虚无主义，最根本的方式就是改变这种建立在主客体二元对立基础上的以统治和支配为特征的认知方式。而这一转变的希望就在技术身上。技术是以主客体二元对立为基础的理性认知模式在最高程度上的体现，它表现了座架的特征。座架展示了人的极端的无限制的主体主义。这种主体主义将自然和人本身都作为其运转机制的因素和工具，将一切都视为可量化计算的"可订造之物"和资源，由此，人与其他存在者的存在状态被彻底遮蔽了，存在处于虚无状态。更甚者，座架这种解蔽方式遮蔽了其他的解蔽方式，摇身一变成为解蔽本身，从而使得自身成为真理的化身。由此，座架成了最高意义上的危险，技术虚无主义成为现时代最高程度的虚无主义。

　　但是，海德格尔在这一最高意义上的虚无主义当中看到了它自我克服的希望。这一希望就在技术自身之中，即在技术的原初方式当中。由此，我们再次看到了海德格尔一贯的好古风格以及在西方思想源头寻求解决之道的方式，尽管这种方式是以对词源的追溯来完成的。技术之源——技艺为海德格尔提供了救度之光。技艺所内含的审美认知方式是海德格尔借以克服虚无主义的"最后一根稻草"。我们知道，尼采借以克服虚无主义的方式也是审美救赎。但海德格尔看到了尼采的审美救赎所隐藏的重大问题。具体而言，尼采仍然从形而上学立场上思考虚无主义，这使得他借以克服虚无主义的审美救赎思想也仍旧囿于形而上学的范围。换言之，形而上学立场的主体主义使得尼采的审美救赎无法真正超越主体主义所内含的困境。更甚者，尼采不仅是一位形而上学家，更是西方两千多年形而上学历史的完成者，他的强力意志乃是一种极端的无限制的主体主义。强力意志作为形式创造力量的陶醉，强力意志所创造的伟大风格究其本质都是无限制的主体性的表征。所以，尼采的审美救赎究其本质是一种极端的无限制的主体主义。它不仅不能真正克服虚无主义，反而成为虚无主义的最高表现。

　　由此，海德格尔所做的工作是，一方面入木三分地刻画出主体性哲学、主客体二分的认知方式与虚无主义的本质关联，另一方面召唤出一种原初的超越主客体二分的认知方式——审美。海德格尔力图摒弃尼采的审美救赎所内含的主体主义色彩，强调审美认知方式的原初特征——让事物如其所是地达乎显露，进入无蔽领域。审美所揭示的，乃是"更原初的真理"。如萨弗兰斯基所解释的，"这就是自由的任其所是的眼光中观物的真理。任树木繁茂生长，鲜花盛开，或者在柏拉图的洞穴中去发现通向阳光之路，以便在太阳下，在存在的开放的光明中，能使实存变得更实存。这是真理惊恐的傍晚时分。这里期待着，如果我们换一种方式对自然加以提问，自然也能够以另外的方式给予回答"①。这也正是海德格尔在《关于人道主义的书信》中所谈到的，也许就在自然背向人类的技术性掠夺的那一面中，恰恰就蕴藏着自然的本质。所以，在海德格尔看来，这样的审美认知方式优越于理性认知方式。因为后者是建立在统治与支配的关系之上的，而前者是建立在人与自然的和谐关系之上的；后者以概念和范畴的方式表征存在者，遮蔽了存在者的存在状态，而前者让存在者如其所是地显露，达到无蔽状态；后者将自身标榜为唯一的至高无上的解蔽方式，摒弃了其他的解蔽方式，而前者保留着其他解蔽方式的可能性。因此，在此意义上，海德格尔认为这种原初的审美认知方式可以治愈理性认知方式所带来的虚无主义问题。但是，海德格尔成功了吗？恐怕未必。在后人看来，海德格尔克服虚无主义的尝试照样存在诸多问题。海德格尔对虚无主义的克服反而成为虚无主义的表达，即海德格尔以不同的方式重陷虚无主义的窠臼。

第三节　生存论困境及其引发的争辩

　　如萨弗兰斯基所言，"海德格尔关于技术的思想触及到时代的恐惧，这

---

① 〔德〕吕迪格尔·萨弗兰斯基：《来自德国的大师——海德格尔和他的时代》，靳希平译，商务印书馆，2008，第500~501页。

在当时已是公开的秘密"①。而这一恐惧是无家可归的恐惧，是自我确证、自我规范根基丧失的恐惧，是身陷虚无主义黑暗深渊的恐惧。海德格尔看到了这一恐惧的巨大风险，也看到了先哲尤其尼采在应对这一恐惧时所产生的困境。海德格尔力图在与尼采的争辩中走出尼采式的困境，探索出一条克服虚无主义的新路径。但是，令人遗憾的是，海德格尔以另一种方式重新坠入虚无主义的历史深渊。

一　海德格尔的困境

可以说，在虚无主义问题上，针对海德格尔的批评并不比尼采少。海德格尔在技术虚无主义思想上所集中暴露的问题，体现在以下几个方面。

第一，海德格尔把技术虚无主义视为西方形而上学本质上的主体主义发展的必然结果，即按照罗森的解读，这是以往的哲学选择的结果②，同时它又是人类的现代性命运，有其必然性。由此，技术所带来的现代性危险的根源就被最大限度地追溯到了古人身上，而今人只不过是被引着"误入歧途"罢了。这种理论本身就是一种"危险"，因为它以近乎完美的方式为现存的社会秩序辩护，顺应现存的一切，甚至倾向于为恐怖和毁灭性的灾难"辩护"。③ 海德格尔对技术之本质的思考所导致的"危险"最直接的体现就是被谴责为"令人发指""混淆黑白"罪状的三个文本，即"农业文本""中国文本""东德文本"。④ 根据沃林的论证，海德格尔把现代性的虚

① 〔德〕吕迪格尔·萨弗兰斯基：《来自德国的大师——海德格尔和他的时代》，靳希平译，商务印书馆，2008，第494页。
② 参见 Stanley Rosen, *Nihilism: A Philosophy Essay*, New Haven and London: Yale University Press, 1969, 序言部分。
③ 尽管在反思技术之时海德格尔与纳粹的关系已日渐疏远，其政治热情也逐渐降温，更甚者，海德格尔已洞察到纳粹政权是更为疯狂的主观主义和消极的虚无主义，但是他对技术本质的追问遭到了比参与纳粹政权更为强烈的谴责。这些谴责来自沃林、洛苏尔多、齐默尔曼、卡普托、列维纳斯、德里达、利奥塔等。（参见〔美〕朱利安·扬《海德格尔、哲学、纳粹主义》，陆丁、周濂译，辽宁教育出版社，2002）
④ 参见〔美〕朱利安·扬《海德格尔、哲学、纳粹主义》，陆丁、周濂译，辽宁教育出版社，2002，第6章。

无主义视为始于古希腊时期的存在的堕落史的最后阶段，按照这种视角，二战因而被海德格尔视为一个"征象"，一个虚无主义时代正走向其灾难性的终结，由此，这种哲学对二战表示了欢迎，并申明人类无力加速、减缓或者避免这一毁灭性的灾难。对此，沃林的谴责非常明显："在战后，这种'宿命论'对于海德格尔来说成为一种非常称心应手的东西，因为它使得他能够取消牺牲品和作恶者之间的差别，从而把德国和他自己从所有的罪责的污迹中解脱出来。"① 而利奥塔分析，海德格尔通过把本体论彻底地置于伦理学之上，使自己成了一名非道德主义者。此外，齐默尔曼通过分析海德格尔关于技术、政治和艺术的思想，论证了海德格尔的政治行动在其哲学上的根源。海德格尔把西方历史理解为虚无主义的历史，把现代性的危机等同于虚无主义，现代技术作为最高意义上的危险是虚无主义历史的终结阶段，这种理论立场使得海德格尔面对纳粹使用高科技手段对犹太人进行惨无人道的屠杀时保持了所谓"高贵的沉默"。②

第二，海德格尔对技术与虚无主义的思考大部分是在词源的追溯和转化层面上的，这只是语言层面上的解构，局限于精神层面，而缺乏经济、政治和社会伦理层面的思考。换言之，"这只是语词游戏，它转移了对'重大的政治'问题的注意"③。对此，以工具理性批判闻名的法兰克福学派自然无法认同。其中，阿多诺的观点颇具代表性。首先，"此在的这种独特的'我属性'阻止任何社会性的视角，除了否定性的表述，即：与他人共在时，此在成为非本真的"④。其次，海德格尔拒斥存在者层次上的知识，如政治学的、经济学的知识，但恰恰就是这些知识乃是反抗法西斯主义的必

---

① 〔美〕朱利安·扬：《海德格尔哲学纳粹主义》，陆丁、周濂译，辽宁教育出版社，2002，第 209 页。

② 参见 Michael E. Zimmerman, *Heidegger's Confrontation with Modernity: Technology, Politics and Art*, Bloomington: Indiana University Press, 1990; "Heidegger on Nihilism and Technique," *Man and World*, Vol. 8, No. 4, pp. 394–414。

③ 〔英〕杰夫·科林斯：《海德格尔与纳粹》，赵成文译，朱刚、张祥龙校，北京大学出版社，2005，第 106 页。

④ 〔英〕杰夫·科林斯：《海德格尔与纳粹》，赵成文译，朱刚、张祥龙校，北京大学出版社，2005，第 47 页。

需。最后，海德格尔的催眠式的断言逃避了经验证据或合理性的审查。① 尽管海德格尔批评马克思将技术视为中性的工具是一种流俗的观点，但是马克思确实敏锐地注意到了技术在经济政治和制度因素的影响下所产生的消极作用，即技术的资本主义使用导致了技术对人的奴役。海德格尔的弟子马尔库塞也注意到了其导师的技术之思缺乏社会批判维度。他结合马克思的理论从社会批判的层面洞察了现代技术在发达工业社会中执行着意识形态的功能："作为一个技术世界，发达工业社会是一个政治的世界，是实现一项特殊历史谋划的最后阶段，即在这一个阶段上，对自然的实验、改造和组织都仅仅作为统治的材料。"② 然而，面对现代技术对社会的全面控制和对人的严重奴役，马尔库塞只能悲观地求助于"感性大拒绝"。哈贝马斯不仅不赞同马尔库塞面对现代技术的悲观和绝望，更反对马尔库塞将现代技术视为本质上的意识形态理解。哈贝马斯一反海德格尔和马尔库塞对现代技术和现代性的消极和负面理解，强调现代技术不能被理解为传统的意识形态，它一方面成了"第一生产力"，另一方面成了统治的合法性基础。现代技术确有其可能的副作用，如因滥用高科技给人类社会和生态环境带来的灾难问题以及政治的科学化问题，但是，哈贝马斯乐观地希望通过技术反思、对话、讨论和规范来避免这些负面影响。无论如何，不管是马克思、马尔库塞还是哈贝马斯对技术问题的经济、政治和社会制度的思考，都从侧面展示了海德格尔技术之思在社会批判维度上的缺乏，而这种社会批判维度在现代性问题域内是必不可少的。

第三，海德格尔力图超越传统形而上学的主体主义，但是，他本身是否能够完成这一任务呢？换言之，技术作为最高意义上的虚无主义是当代社会中的绝对无条件的主体主义的"载体"，海德格尔的技术转向能否走出主体主义的魔障呢？哈贝马斯的论断是："海德格尔只是在宣扬要把主体性哲学的思维模式颠倒过来，其实，他仍然局限于主体哲学的问题而不能自拔。"③ 或者

① 阿多诺这些观点来自其《本真性的行话》，在《否定的辩证法》中也能找到相似的理论资源。
② 〔美〕马尔库塞：《单向度的人》，刘继译，译文出版社，2008，导言第 7 页。
③ 〔德〕哈贝马斯：《现代性的哲学话语》，曹卫东等译，译林出版社，2004，第 186 页。

说，海德格尔只是把认识论的问题转换成本体论的问题。海德格尔后期的
技术之思本质上是"把技术在本体论历史上的概念当作一种框架（Gestell，
座架）概念加以阐明"①。由此，法西斯主义被归为"形而上学技术统治的
表现形式"，而"放任自在和百依百顺的激情取代了主体性"②。卡洪明确地
把海德格尔的哲学指认为"没有主体的主体主义"③："虽然海德格尔几乎完
全肃清了主体主义的语言，但是事实上，他所提出的是一幅关于世界中的
人的极端主体主义的图画，只是和胡塞尔的那幅图画各有千秋而已。"④ 而
这种主体主义的证据在于：此在和世界、世界上其他存在者表现出了不可
区分物的二分法，但随后这两者又悖谬般地像两条渐进线一样被等同起
来。⑤ 而这种悖论的后果就是卡洪所质疑的问题："在主体主义学说的范围
之内，主体就是最终的地基，可是主体必定要么等同于显现之物，要么什
么也不是。但是如果地基是虚无的，那么，那个只是因为这个不存在的地
基而存在的世界又是个什么样子？"⑥ 言下之意，海德格尔并没有如自己所
预想的真正走出传统形而上学的主体主义的魔障，他对技术虚无主义的克
服远未达到他自己所期望获得的程度。在海德格尔奠基性的理论逻辑中，
孕育着更为严重的虚无主义。⑦

---

① 〔德〕哈贝马斯：《现代性的哲学话语》，曹卫东等译，译林出版社，2004，第 185 页。
② 〔德〕哈贝马斯：《现代性的哲学话语》，曹卫东等译，译林出版社，2004，第 186 页。
③ 卡洪只着重分析了早期的《存在与时间》，并没有考察海德格尔的晚期著作。他认为，海
德格尔早期和晚期著作的差异和转折被不适当地夸大了。对早期哲学的主体主义和自恋的
指责并不意味着不适用于晚期。他赞同大卫·克勒尔的观点，即《存在与时间》为海德格
尔后来所有的研究提供了主要动力。
④ 〔美〕劳伦斯·卡洪：《现代性的困境》，王志宏译，商务印书馆，2008，第 228 页。
⑤ 齐默尔曼同样批评海德格尔的主体主义特征，他把批评的焦点定在海德格尔通过此在开启
存在这个事实，并把主体主义视为海德格尔早期著作的基本特征。但卡洪认为这种批评证
据不足，"只有借助于主体主义的方式而使此在以及此在和其他实在物的关联得到阐释的
时候，此在才是主体主义的证据"（〔美〕劳伦斯·卡洪：《现代性的困境》，王志宏译，
商务印书馆，2008，第 224 页）。
⑥ 〔美〕劳伦斯·卡洪：《现代性的困境》，王志宏译，商务印书馆，2008，第 285 页。
⑦ 海德格尔在试图克服虚无主义的同时又陷入更严重的虚无主义当中，这已成为诸多思想家
的共识。洛维特、罗森等皆有详细的论证，见其代表作：Karl Löwith, *Martin Heidegger and
European Nihilism*, translated by Gary Steiner, New York: Columbia University Press, 1995;
Stanley Rosen, *Nihilism: A Philosophy Essay*, New Haven and London: Yale University Press,
1969。

第四，海德格尔的"技术转向"本质上是审美救赎的生存论路线。在近代哲学中，真善美分属不同的领域，且彼此交叉。海德格尔致力于在美中发现真。这在古希腊哲学中有一定的传统。"审美者"被认为是"旁观者"，他可以破除城邦之中群氓认知的魔障，超脱世俗，成为人与神之间的沟通桥梁。因此，"审美"自身蕴含着巨大的认知能量。

首先，现代性本身的逻辑演变使审美救赎能力越发凸显。众所周知，现代性具有明确的古今意识之区分。现代性乃是从神之根基向人之根基的过渡。由此，经由宗教改革进入现代之后，宗教所具有的统治和释义的地位被褫夺了。于是，艺术和理性等一道从宗教的统治和支配中解放出来并具有了自主性地位。然而，其实现代性的自我确证首先是在审美批判领域力求明确自己的合法地位的。造就现代性的古今之争发轫于现代艺术摆脱古代艺术范本的要求。如哈贝马斯所解释的，"尽管名词'modernitas'（同表示相反意思的复合形容词一道，'antiqui/moderni'），早在古代后期即已具备一种编年意义，但现代欧洲语言中的'modern'一词很晚（大约自十九世纪中叶起）才被名词化，而且首先还是在纯艺术范围内。因而，'Moderne'、'Modernitaet'、'modernite'和'modernity'等词至今仍然具有审美的本质涵义，并集中表现在先锋派艺术的自我理解中。"① 其中，波德莱尔最为典型。他这样理解现代性与艺术的关系：

> 现代性就是过渡、短暂、偶然，这是艺术的一半，另一半是永恒和不变。……构成美的一种成分是永恒的，不变的，其多少极难加以确定；另一种成分是相对的，暂时的，可以说它是时代、风尚、道德、情欲，或是其中一种，或是兼容并蓄，它像是神糕有趣的、诱人的、开胃的表皮，没有它，第一种成分将是不能消化和不能品评的，将不能为人性所接受和吸收。②

---

① 〔德〕哈贝马斯：《现代性的哲学话语》，曹卫东等译，译林出版社，2004，第10页。
② 转引自〔德〕哈贝马斯《现代性的哲学话语》，曹卫东等译，译林出版社，2004，第10~11页。

由此可见，在波德莱尔看来，现代性的自我确证与现代艺术的自我确证是一致的。现代性的自我确证可以在艺术的自我确证中完成，因为，现代艺术的特征在于本质性和暂时性的统一，是现实性和永恒性的融合。正是在此意义上，在现代性的境域内，审美的独特地位得以彰显。

其次，随着现代化的发展，理性取代神性获得了独一无二的尊崇地位。神学沦为哲学的婢女，而艺术的独立领域也日渐受到理性的侵蚀。更为根本的是，现代主体理性是建立在主体和客体二元对立的基础上的人对自然的统治与支配。人自身僭越为凌驾于万物之上的绝对主体，以自身为标准表征和衡量万物。自然不再如其所是地存在，而沦为人的工具和手段。甚而，这种统治与支配的机制一经形成，自身便具有了魔幻般的力量，成为独立于人的东西。它的作用机制从自然领域扩展到人类历史领域甚至作用于人自身。于是，现代虚无主义应运而生。现代性借由理性自我确证，自我规范。但显然，现代主体理性走向了悖反。它不仅不能建构起人的意义根基，反而使人丧失了其普遍意义、内在价值和目的。由此，就在理性身陷囹圄、自我悖反之时，审美所独具的认识论优越性便越发彰显了。审美是一种感性的非抽象的认知方式。它与理性认知方式的差异之处在于，它不是建立在暴力的整合基础上的，不是建立在主体对客体的抽象的、强制的表征和对象化基础上的。艺术的认知是一种合目的性的整体性的认知方式。在此意义上，它更为"亲近自然"，更能体现人与自然的和谐关系。由此，这种以和谐为特征的认知方式在一定程度上可以缓解主体理性对自然进而对人本身的统治和支配所带来的虚无主义。

通过重新挖掘审美自身的认知能量，将有可能揭示传统理性认知所遮蔽的东西。尼采和海德格尔都看到了审美认知的优越性，并不约而同地将之作为应对虚无主义的希望。但就海德格尔而言，审美救赎的生存论路径依然存在两个问题。一是海德格尔并没有注意到，在现实的社会制度下，艺术也有可能被"座架"，成为虚无主义的表征之一。与海德格尔一样，阿多诺走的也是审美救赎路线。不过他比海德格尔警觉得多。阿多诺非常关注艺术得以发挥救赎功能的前提，即本真艺术的存在。换言之，本真艺术与非本真艺术（文化工业）的区分非常重要。在文化工业中，生命意义在商业操纵中退场了，取而代之的是物质利益和低俗情趣。因此，阿多诺将意义的萌发诉诸艺术之否定辩证法。二是海德格尔颇为武断地把马克思的理论视为"虚无主义的极致"，并进而彻底否决了马克思所提出的克服虚无主义的方案：历史性的实践救赎。由此，海德格尔完全放弃了历史唯物主义克服虚无主义的理论资源。尽管马克思的实践救赎仍然有诸多需要注意的问题，但海德格尔的彻底拒斥导致了其审美救赎完全缺乏现实的社会历史根基的支撑。这种毫无现实社会历史维度的思考最后只能沦为"诗人的呓语"。

二 海德格尔之后的争辩

可以说，海德格尔与尼采的争辩以及二人共同的困境引发了后人对虚无主义问题的空前关注。关于虚无主义的内涵、形式和历史不断为后继者重新解释和发展，对虚无主义的本质及克服的争辩之源在于克尔凯郭尔、尼采和海德格尔三位思想大师之间的跨时空对话。而海德格尔在与尼采争辩过程中所暴露的问题，尤其海德格尔理论的内在矛盾——对虚无主义的克服成了虚无主义的表达，引发后继者新一轮的争辩，并在此基础上重新理解虚无主义。关于这些争辩，可大致归纳为四大路向：一是海德格尔的弟子对其的解释与发展；二是后现代主义者的思考；三是主张回归古典的施特劳斯对虚无主义的诊断；四是西方马克思主义者在反对基础本体论的基础上对虚无主义的批判。

如沃林所言，"在希特勒独揽大权以及海德格尔同纳粹政权短暂的——然而是串通一起告发他人的——共谋之后，他的'弟子'竭力用将海德格尔哲学化的办法来抵抗海德格尔，借此希望挽救能够被挽救的东西，同时所有弟子都千方百计地摆脱他们的导师长期的强有力的影响"①。总体上，

---

① 〔美〕理查德·沃林：《海德格尔的弟子：阿伦特、勒维特、约纳斯和马尔库塞》，张国清、王大林译，江苏教育出版社，2005，第3页。

海德格尔的弟子们皆认同其导师对尼采的判断，即尼采对虚无主义的克服反倒成了虚无主义的完成。有意思的是，他们也一致批判，海德格尔对虚无主义的克服也成了虚无主义的表现，尽管他们各自的出发点和立场都不同。

以洛维特为例，他从基督教的救赎世界与世俗的历史世界的内在联系入手，展示了虚无主义的基督教源头。通过对历史观、上帝观及人观史的审理，洛维特得出结论，现代历史观在德国近代思想中处于核心位置。"历史哲学的出现，表明思想已不再信赖自然宇宙的理性或上帝之国，而是信赖时代精神、'未来之轮'、'历史的命运'。"① 但问题是，如何在现代性处境中获得个体生命的意义？历史的进步观取代了古代的世界秩序观，这成了"虚无主义的基因"。在这个意义上，现代性与虚无主义紧密相关："虚无主义就是时代精神，它的另一种表述法即现代性思想危机。这一危机体现在政治思想、哲学思想和神学思想三个层面，其症候性思想家分别是马克思、尼采和基尔克果。"②

海德格尔的徒孙斯坦利·罗森（Stanley Rosen）发展了海德格尔"好古"的特点，试图从柏拉图传统中找到应对虚无主义的理论契机。在虚无主义与现代性的关系上，罗森并不认同其导师洛维特甚至海德格尔的观点。罗森将虚无主义理解为理性与善的分离。虚无主义只是现代性的一个方面，源于"以往的一系列特殊的哲学决定"，因此，虚无主义本质上是"恒久的人类可能性"，而非内在于人性之中，由此，虚无主义是一种长期的潜在的危险，而非人的本质危险。在这个意义上，虚无主义无法一次性根除。在不同的历史阶段，它将表示为不同的形式。③ 从罗森为理性辩护的动机出发，缓解虚无主义的方法就是回到柏拉图传统中，保持诗与哲学的张力关系。

---

① 〔德〕洛维特：《世界历史与救赎历史——历史哲学的神学前提》，李秋零、田薇译，三联书店，2002，导言第9页。
② 〔德〕洛维特：《世界历史与救赎历史——历史哲学的神学前提》，李秋零、田薇译，三联书店，2002，导言第10页。
③ 参见 Stanley Rosen, *Nihilism：A Philosophy Essay*, New Haven and London：Yale University Press, 1969，前言部分。

与罗森持类似观点的是吉莱斯皮（Michael Allen Gillespie）。他将虚无主义的起源解释为理性与启示的关系的断裂，并批判尼采未能抓住虚无主义的本质，因此也未能体现它的真正意义。实质上，尼采所表述的"欧洲虚无主义"并非宗教信仰的丧失，而是建立于理性（reason）与启示（revelation）之间关系的断裂。这一断裂源于14世纪唯名论对上帝的重新理解：上帝作为全能的神圣的意志，不受任何理智关于善的观念的限制。意志逐渐分离于理性，理性取代意志的地位，这就是欧洲的虚无主义过程。在思想上，它表现为从笛卡尔到费希特、德国浪漫派、叔本华直至尼采的哲学传统。因而，解决虚无主义问题的关键在于重建理性与启示之间的关系。①

此外，后现代主义者诸如德里达与德勒兹等人以"解构"应对虚无主义，这也是海德格尔之后解决虚无主义问题的代表性路径之一。但我们在此想略为介绍的是另一位不为国内学界熟知的后现代主义者斯洛科姆（Will Slocombe）所提出的方案。斯洛科姆看到了虚无主义内含的自我消解性之积极的解放力量。他认为，虚无主义必须矛盾地存在哲学和文化当中，对它的根除将引来一种新的基础主义，一种可能比已发生的第一次启蒙运动更具有毁灭性的新启蒙运动。对虚无主义的重估必须先在虚无主义内部进行严格的区分，即"现代虚无主义"②与"后现代虚无主义"。历史上的虚无主义（从古希腊到启蒙时代）都可以归于"现代虚无主义"范畴。其本质在于对存在者的拒斥。它是一种极权主义的无，除了虚无主义，别无其他可存在。历史上的虚无主义由宗教转到政治，至尼采时，才转向哲学。而"后现代虚无主义"的本质在于自我反思和解构，它割裂了与历史上所有的虚无主义的联系，不仅反对整个西方文化传统，而且反对自身。斯洛科姆批判尼采和海德格尔对虚无主义的理解仍然是外在的，尚未进入核心，因其仍囿于"现代虚无主义"领域。在此区分的基础上，他赋予后现代虚无主义重要的

---

① 参见 Michael Allen Gillespie, *Nihilism before Nietzsche*, Chicago and London: The University of Chicago Press, 1995。

② 需要注意的是，斯洛科姆的"现代虚无主义"与我们所论述的现代虚无主义内涵是不同的。本书所述的现代虚无主义是指在现代性境域下所产生的虚无主义问题，即普遍的生命意义的缺失，这与现代性之自身规范性基础的建立是紧密相关的。

伦理性：通过其自身的反思性和消解性达到绝对的他异性。①

　　海德格尔的另一位杰出弟子汉斯·约纳斯（Hans Jonas）同样把虚无主义视为现代文化危机的根源。他通过对古代虚无主义（即诺斯替主义）和现代虚无主义的类比性研究，为海德格尔的困境和现代虚无主义寻找一个富有特色的诊治方案。这正是本章第四节所要介绍的。此外，洛维特的好友、著名的古典主义者施特劳斯也将虚无主义理解为现代文明的产物，是特殊的德国现象。他把海德格尔的思想看作激进的历史主义，这种激进的历史主义是极端的虚无主义，而极端的虚无主义的实践结果就是盲目的蒙昧主义，唯一的希望是返回到前现代的德国传统中。施特劳斯提供了一条克服虚无主义的古典主义路线。这正是本章第五节所要论述的内容。

　　值得注意的是西方马克思主义者在批评海德格尔的基础上对虚无主义的批判思想。这是思考虚无主义的一大批判资源，却至今未得到足够重视。与海德格尔将虚无主义等同于现代性本身不同，西方马克思主义者将虚无主义视为现代性生长过程中产生的危机。这一共同诊断一定程度上来自他们对海德格尔困境的自觉规避，但更来自他们对马克思主义遗产的继承以及批判理论的独特旨向。卢卡奇秉承了马克思主义的政治经济学批判传统，从资本主义的经济结构和经济制度层面进行分析，挖掘了虚无主义产生的经济制度因素。阿多诺贯彻了批判理论的主旨，从启蒙理性的误用角度寻求答案，挖掘了虚无主义的认识论根源。马尔库塞从技术理性的角度揭示根由，挖掘了虚无主义产生的技术和意识形态因素。卢卡奇、阿多诺和马尔库塞都把艺术作为生命本真状态的显现方式，重视审美独特的认识论优势。但西方马克思主义的特殊立场使他们有别于尼采和海德格尔，力图走出一条独特的审美救赎路径。这正是本书第四章所要阐释的内容。

---

① 参见 Will Slocombe, *Nihilism and the Sublime Postmodern: The (Hi) Story of a Difficult Relationship from Romanticism to Postmodernism*, New York & London: Routledge, 2006。

第四节 约纳斯：存在主义是更绝望的虚无主义

汉斯·约纳斯与洛维特、马尔库塞、阿伦特等一道，是海德格尔的杰出犹太籍弟子。20 世纪 20 年代，约纳斯在海德格尔和神学家布尔特曼的指导下完成了关于古代诺斯替宗教研究的博士学位论文。其在古代诺斯替主义研究方面的影响甚大，以至于国际学术界几乎将他的名字等同于诺斯替主义。约纳斯最具独创性的地方在于，他对古代诺斯替主义和现代虚无主义进行了类比性研究，既挖掘了现代虚无主义的古老形式，又揭露了存在主义的虚无主义本质。他从存在主义的视角出发解释古代诺斯替主义，又利用古代诺斯替主义来分析存在主义，发现了二者的共同的本质特性，即两者都表达了神与世界之间、人类与世界之间的极端二元论。这种反宇宙主义的本体论进一步导致了反律法主义的伦理学。约纳斯认同海德格尔对虚无主义产生根源的分析，但批判其思想中内在的伦理真空。这一伦理真空使海德格尔的存在主义成为更绝望的虚无主义。针对此，约纳斯强调恢复自然的伦理原则，以此恢复人与自然的伦理关系，进而克服虚无主义。正如沃林所评价的，"通过与海德格尔纳粹主义的直接对抗——那个事件在当时更有争议，通过探讨这位哲学家的政治失误和他的思想缺陷之间的直接联系，约纳斯展示了成为其生命和著述之标志的坚定的道德完整性"[1]。

张新樟指出，"诺斯替主义与现代虚无主义的对照研究，是约纳斯终其一生的学术活动的出发点"[2]。约纳斯将古代诺斯替主义与存在主义之间的亲近关系形象地比喻为锁与钥匙的互换。一开始，约纳斯以从海德格尔处学到的见解和眼光来透析诺斯替主义。在诺斯替这片遥远土地上的长期逗

① 〔美〕理查德·沃林：《海德格尔的弟子：阿伦特、勒维特、约纳斯和马尔库塞》，张国清、王大林译，江苏教育出版社，2005，第 114 页。
② 〔美〕汉斯·约纳斯：《诺斯替宗教：异乡神的信息与基督教的开端》，张新樟译，三联书店，2006，第 27 页。

留使他越发感到一种朦胧的亲切感。"就好像一个炼金术士相信自己拥有一把钥匙可以打开每一扇门：我来到这扇门前，试了这把钥匙，奇怪！刚好合适，这扇门就洞开了。于是，这钥匙就证明了它的价值。只是到了后来，在我成熟起来并不再相信万能钥匙之后，我就开始想知道何以这把钥匙如此好地适用于这把锁。是我碰巧地拿到了配这把锁的钥匙吗？如果真是这样，那么存在主义与诺斯替主义之间有何种东西，使得前者一碰后者就开呢？"① 可以说，二者的相遇正显示了虚无主义体验中的偶然性与必然性的关联。与其说这是一种普遍有效性的论证，不如说是一方提供了范畴，另一方则顺势做出了回应。就这样，钥匙和锁进行了互换，方法与对象之间成了相互解释。二者在间隔千年的历史时空中产生了共鸣，同样表达了人类生存的意义危机，以及随之而来的无家可归感。

诺斯替主义（Gnosticism）是一个现代术语，来源于希腊词 gnostikos[即"知者"（knower），指拥有"诺斯"（gnosis）或"秘传知识"的人]，用于指称希腊化晚期世俗文化向宗教文化转型过程中的一场大范围的宗教运动，又被称为"灵知运动"。诺斯替主义普遍体现于当时的新柏拉图主义、斐洛主义、犹太教和神秘宗教中。从这些哲学宗教思想中独立出来的诺斯替教被视为早期基督教的一种极端和异端形式，并成为诺斯替主义精神原则的最集中和典型的体现。古代诺斯替主义的首要基本特征就是极端的二元论思想。人与他所处其中的世界、世界与神之间处于绝对的分裂之中。神不是我们这个世界的创造者，而是超世界的，异在于我们这个世界的另一个神性世界中。因此，他既不参与也不关心这个宇宙。"诺斯替的神，不同于德穆革，是一个完全不同者、他者、未知者。正如他的内在于人的对应物，反宇宙的自我或普纽玛（pneuma）那样，其隐藏的本质只有在异在性、不同性与不可名状的自由等否定性体验中揭示出来，这个神的概念也更是一个虚无（nihil）而不是实有（ens）。撤出了与这个世界之任

---

① 〔美〕汉斯·约纳斯：《诺斯替宗教：异乡神的信息与基督教的开端》，张新樟译，三联书店，2006，第 296 页。

何正规关系的超验，就等同于丧失了效力的超验。换言之，就人与其周遭实在之关系的任何目的而言，这个隐藏的神是一个虚无主义的概念：没有规范从他那里流溢出来，也没有自然的律法以及作为自然秩序之一部分的人的行为的律法从他那里流溢出来。"① 我们这个世界的产生不是源于神的意志或者某种目的，而是一场错误，是神性世界的分裂和堕落的结果。人是从神性世界流落到这个世界的异乡人。他居于此的世界，不再具有古希腊意义上的神圣庄严和崇高伟大，而是知识的反面产物、统治的律法、敌意的秩序和压迫自由的异己力量。"布满星星的天空，对于自毕达哥拉斯以来的希腊人而言，乃是理性在可感宇宙中的最纯粹体现，是它的和谐的保证；而现在，它以异己的能量与必然性的仇视目光注视着人类。"② 人与自然的原初纽带断裂了，他的存在不再具有某种特殊的神圣的既定的目的和意义，而是一种纯粹的无情的偶然性。"在这个无情的星空下，在这个不再引起崇敬的信赖感的星空下，人逐步意识到他的极度孤苦。"③

　　人从生存整体中被剥夺出来的孤独感、陌生感以及由此引发的恐惧感，正是虚无主义的首要情绪体验。但更为根本的是，这种反宇宙主义的本体论导致了反律法主义的伦理学。由于自然不再带有任何先在的目的和神圣的意义，它也就不再能够为人类目的和意义提供支持。相应地，价值秩序也就失去了本体论的支撑。自我在追求意义和目的时，不能再依靠外在的客观力量，而只能完全依靠自身。由此，目的和意义不再是被发现的，而是被"赋予"和"创造"的。这意味着，人类生存的目的和意义不再具有"自在之善"的客观性和永恒性，而沦为纯粹的主观性和暂时性。当个体生存与普遍意义之间的联系被割裂后，就只剩下人类主体性的严重自我膨胀。对人的处境的恐惧之感是诺斯替主义中一再出现的主题。这种恐惧之感标

---

① 〔美〕汉斯·约纳斯：《诺斯替宗教：异乡神的信息与基督教的开端》，张新樟译，三联书店，2006，第 307 页。

② 〔美〕汉斯·约纳斯：《诺斯替宗教：异乡神的信息与基督教的开端》，张新樟译，三联书店，2006，第 302～303 页。

③ 〔美〕汉斯·约纳斯：《诺斯替宗教：异乡神的信息与基督教的开端》，张新樟译，三联书店，2006，第 303 页。

示着人的内在自我的警醒。人的内在自我，即"普纽玛"（pneuma，或译为"灵"，与"魂"相对）"是存在的无可名状的精神核心、外来的火花"①，它并不是这个世界的一部分，或者自然界的创造物，而是一种完全超验的、不可用任何世俗范畴加以认识的，正如完全外在的、超验的神一样。普纽玛使人优越于其他自然存在物甚至自然，标示着人的独特性和优越性，同时也标示着人与其他存在物甚至自然之间的不可逾越的鸿沟。对诺斯替主义来说，只有人与世界之间的疏离感加深并达到极点时，才能获得自我解放。知识——诺斯承担了这一救赎功能。诺斯替教的教义目的就是提供这么一种神秘知识。它使人荡涤自身的一切世俗性，将自身与先验的神和遥远的神性世界联系起来。这样，人就分为属魂的人与属灵的人。属魂的人是自然秩序的一部分，遵守律法和秩序，因而与真正的自由无关。属灵的人，才是与自由相关的。"属灵的人并不属于任何客观的框架，他高于律法，超越善恶，在他的知识的能量中，他就是自己的律法。"②

人与自然的绝对二元论思想及其相应的拒斥客观准则构成了古代诺斯替主义、存在主义和虚无主义三者之间的本质性联系。"自然观的变化，即人的宇宙环境观的变化，乃是产生了现代存在主义及其虚无主义意蕴的那种形而上处境的根本。"③ 古代诺斯替主义正是现代存在主义的古代类型，二者都是虚无主义的表现形式。而"律法（nomos）的颠覆，导致了伦理上的后果，其中诺斯替反宇宙的虚无主义意蕴及其与某些现代思路的相似性，变得甚至比在宇宙论方面还要明显"。④ 诺斯替主义的"神之死"是宇宙之神的死亡，而存在主义的"神之死"是基督教上帝的死亡。因此，如果说诺斯替主义所清除的乃是西方古代文明一千年以来的道德遗产，存在主义

---

① 〔美〕汉斯·约纳斯：《诺斯替宗教：异乡神的信息与基督教的开端》，张新樟译，三联书店，2006，第309页。
② 〔美〕汉斯·约纳斯：《诺斯替宗教：异乡神的信息与基督教的开端》，张新樟译，三联书店，2006，第310页。
③ 〔美〕汉斯·约纳斯：《诺斯替宗教：异乡神的信息与基督教的开端》，张新樟译，三联书店，2006，第299页。
④ 〔美〕汉斯·约纳斯：《诺斯替宗教：异乡神的信息与基督教的开端》，张新樟译，三联书店，2006，第306页。

所清除的则是西方两千年来作为道德观念之来源的基督教形而上学。

对诺斯替主义来说，这个异乡的世界是虚假的，是堕落之乡，当下的生活是虚无的。而对存在主义来说，当下更毫无疑问是个派生的"缺陷"的生存样态，是常人的沉沦状态，也是虚无。在诺斯替主义与存在主义之间的对照性研究中，最精彩的当属约纳斯对海德格尔极端时间性的生存论框架的分析。约纳斯尖锐地指出，与诺斯替主义类似，在存在主义的"生存性范畴"中，在过去－现在－未来的时间性框架里，时间是一种纯粹的流变，没有任何永恒尺度的指引。因此，"并没有一个当下留给真正的生存去安息其中。……我重复一遍，并没有可以逗留的当下，只有过去与未来之间的转折点（crisis），其间的尖尖的瞬间，立在向前刺的决定之剃刀的锋尖上"①。当下是空的，虚无的。约纳斯进一步分析道："正是永恒的丧失导致了真正的当下的丧失。这样一种永恒的丧失乃是理念与理想世界的丧失……因此，虚无主义的根源也同样是海德格尔极端时间性的生存框架的根源，在这个框架中，当下不是别的，只是过去与未来之间转折的一瞬间。"② 在价值上，这就是从虚无到虚无的设计。

诺斯替主义是存在主义的古代形态，存在主义是诺斯替主义的现代形式。二者分别归属于虚无主义的古今表现形式。与诺斯替主义的粗糙天真相比，存在主义的概念和历史反省更为精致和高深。虽然皆以人与自然的二元论思想为形而上学背景，但二者具有一个不容忽视的核心差异："诺斯替主义者被扔进一个敌对的、反神明的、因而是反人性的自然之中，而现代人则被扔进一个漠不关心的自然之中。只有后一种情况才代表了绝对的空虚、真正无底的深渊。"③ 诺斯替主义中的敌对性自然还带有某种拟人性色彩，即便在陌生之中也有几分熟悉，在这种人与自然的对立中还提供了

---

① 〔美〕汉斯·约纳斯：《诺斯替宗教：异乡神的信息与基督教的开端》，张新樟译，三联书店，2006，第312页。
② 〔美〕汉斯·约纳斯：《诺斯替宗教：异乡神的信息与基督教的开端》，张新樟译，三联书店，2006，第313页。
③ 〔美〕汉斯·约纳斯：《诺斯替宗教：异乡神的信息与基督教的开端》，张新樟译，三联书店，2006，第314页。

生存的方向；而存在主义的自然则是彻底抹掉任何人化色彩的冷漠的自然，在其中，甚至任何敌对性都没有，因而也找不到任何方向。总而言之，"漠不关心的自然是真正的深渊。只有人忧虑着，只有人在他的有限性中孤独地面临死亡，他的偶然性以及他所投射的意义之客观无意义性，实在是一种前所未有的处境"①。在此意义上，现代存在主义代表了绝对的空虚，表现为一种更为绝望的虚无主义。

　　冷漠的自然概念来源于现代物理科学。现代物理科学使人彻底从自然中剥离出来，人与自然之间构成了彻底对立的关系。自然本身毫无价值可言，自然被贬低为"广延实体"，只有相对于人而言，自然才具有价值。于是，自然甚至包括人本身都沦落为人类谋划自身利益的工具，降低为一种单纯的可利用的材料和资源。对于现代科学技术的批判，约纳斯并没有超出导师海德格尔的"技术之思"的范畴。但与海德格尔的解决路径不同，约纳斯强调恢复自然的责任伦理以克服虚无主义。他与亚里士多德等古希腊哲学家们一样，坚持自然本身就是最高的善。自然寓有目的，寓有价值，乃是确立价值的客观实在标准。生命世界的一切层面中都存在着某种程度的"心灵"或"自由"，一切有机生命体都是有目的和意义的。人类具有类上的独特性，因为只有人类能够自我设定并选择目标。这使得人类作为一个道德主体具有特别的尊严。但人类的特殊性并不意味着他可以对其他生命体和自然采取工具主义的立场，将之视为满足利益需求的手段和资源。人类参与自然的"价值决定"，并不是一种随意的也不能仅仅为利己的决定，而是出于责任的约束。换言之，人类需要主动对自然和自己的未来承担责任，并不仅仅是为了人类自身的可持续发展（这仍然是一种功利主义思维），还出于对自然本身价值的尊重和敬畏。因此，约纳斯的"责任律令"正面表述就是："你行动的标准是，你的行动后果要与真正人类生活的持久性保持兼容。"② 反面表述就是："你

---

① 〔美〕汉斯·约纳斯：《诺斯替宗教：异乡神的信息与基督教的开端》，张新樟译，三联书店，2006，第314页。

② Hans Jonas, *The Imperative of Responsibility*：*In Search of an Ethics for the Technological Age*，Chicago & London：The University of Chicago Press，1984，p. 11.

行动的标准是，你的行动后果不能破坏过上这种生活的未来可能性。"①

　　约纳斯认为，包括康德在内的传统伦理学都是"近距离的伦理学"，其实质就是以邻人伦理学为基础发展出来的人与人之间关系的规范和要求。这种伦理学本质上是以人类中心主义为原则的，它已经无法应对现代科学技术所导致的伦理难题。解决问题的根本在于，倡导一种"远距离的伦理学"。它所面对的不只是个人或社会的道德要求，而是面向包括人类在内的整个自然未来的生存问题。它所倡导的道德律令，是无条件的责任和行动，是一种客观实在的要求，不仅面对的是当下和当代性，而且指向的是将来的后世性（posterity of a distant future）。正如沃林所指出的："与大多数现代伦理体系的纯主观性和无约束性相反，通过在生命中寻求伦理学的根据，约纳斯试图为道德提供一个客观基础。"②

　　有学者认为，约纳斯对海德格尔充满了敌视和误解，这种敌视和误解源于其犹太背景，只不过是情绪的宣泄和道义上的捍卫。李章印指出："海德格与纳粹的牵连，也不能不影响到他对海德格尔及其思想的看法。但由于在哲学层面上受到海德格尔的影响，故约纳斯难以从哲学上来对抗他的这位德国老师，其负面情绪在哲学本身也找不到出路。不过，在宗教和神学的问题上，情形就大不相同了。"③ 确切地说，就其导师在哲学领域上的突破，约纳斯确实很难与之比肩。他也确实没有超越海德格尔，但这并不妨碍他对海德格尔困境的思考和探索。在虚无主义问题域中，约纳斯最大的贡献体现在以下两点。一是他发现了虚无主义的古代类型——诺斯替主义。通过二者的类比性研究，他揭示了存在主义的虚无主义本质。这是海德格尔众多弟子中富有勇气、具有体系性和独创性的探索。二是他明确地指出了存在主义的伦理真空。约纳斯晚年接受采访时，曾谈及驱使海德格

①　Hans Jonas, *The Imperative of Responsibility*: *In Search of an Ethics for the Technological Age*, Chicago & London: The University of Chicago Press, 1984, p. 11.

②　〔美〕理查德·沃林:《海德格尔的弟子: 阿伦特、勒维特、约纳斯和马尔库塞》，张国清、王大林译，江苏教育出版社，2005，第 129 页。

③　李章印:《约纳斯对海德格尔的敌视和误解》，《云南大学学报》（社会科学版）2011 年第 3 期，第 25 页。

尔走向希特勒的哲学习性。他认为此在的本真展开状态，即"决心"（Ents-chlossenheit）扮演了关键的角色。"决心"概念的问题在于其不满足性，它在道德标准上是空洞而茫然的，无法提供任何内在的标准来判断何为合乎道德的政治行为，何为不合乎道德的政治行为。约纳斯对海德格尔的批评并未流于情绪和道义上的宣泄，而是深入其哲学内部的拷问。在海德格尔哲学的基地上，约纳斯实际上发展了一种自然主义伦理学。正如汪行福所评价的，"他的绝对命令成功地把道德命令的绝对性与它对时代回应的相对性结合在一起，推动了绝对命令哲学的发展。……与马克思、叔本华与阿多诺一样，约纳斯强调，道德不仅针对个人行为提出要求，而且对社会制度和人类集体活动提出要求。在他看来，他的绝对命令主要不是针对私人行为的，而是主要针对公共政策的，因而代表着一种新的绝对命令的类型"①。

第五节　施特劳斯：虚无主义的历史主义根基

施特劳斯早年从学于海德格尔，其哲学思想中充斥着对海德格尔的询问与对抗。施特劳斯对海德格尔的直接批评，主要体现在《现代性的三次浪潮》《作为严格科学的政治哲学》《海德格尔式生存主义导言》三篇文章里。有学者指出，《自然权利与历史》一书，虽未提及海德格尔的名字，但也可视为对《存在与时间》的隐晦批判。② 与许多海德格尔的后继者一样，施特劳斯看到了海德格尔在克服虚无主义时所面临的困境。施特劳斯得出的结论是：海德格尔是一个尼采意义上的历史主义者，因而也是一个虚无主义者。施特劳斯认为，海德格尔对纳粹运动的同情，绝不是一时的冲动或个人的政治观点，而是与其哲学思想的核心内在相关。由于海德格尔从

---

① 汪行福：《从康德到约纳斯——"绝对命令哲学"谱系及其意义》，《哲学研究》2016 年第 9 期，第 84 页。
② 参见〔美〕施特劳斯《自然权利与历史》，彭刚译，三联书店，2003，导言第 14 页。

未相信有一种伦理学的可能性，因此也没有在其思想中为政治哲学留下任何空间。施特劳斯从政治哲学的角度探究了虚无主义的产生根源，由此形成了个人关于虚无主义的独特理解以及相应的解决方案。

施特劳斯关于现代性危机、历史主义、虚无主义与存在主义之间的批判是内在一致的。施特劳斯认为，现代性发轫于"古今之争"，即现代政治哲学对古典政治哲学的背离。古今之争的核心问题在于：是否存在任何独立于一切流变的好坏标准、善恶标准、是非标准、正义与否的标准，是否善恶对错、是非好坏的标准皆随历史的变化而变化？古今之间的答案是对立的。古人相信唯一的客观的善恶标准，今人则认为完全不存在。现代政治哲学的这一主张来自其历史主义的根基。这一历史主义思想推动了现代性的开展，同时也一步步加剧现代性的危机。在《现代性的三次浪潮》里，施特劳斯将西方现代性的开展过程划分为三次浪潮。第一次浪潮是由马基雅维利、霍布斯和洛克等人掀起的全面拒斥西方古典思想传统的浪潮；第二次浪潮是由卢梭等掀起的前期的对现代性的全面批判浪潮，这是现代性的第一次危机，但实际上又推动了现代性的开展；第三次浪潮是由尼采和海德格尔等掀起的更大规模的现代性批判浪潮，这是现代性的第二次危机，它同时也暴露了西方现代性的本质就是虚无主义。简言之，按照施特劳斯的逻辑，尼采和海德格尔等对虚无主义的克服反而成了虚无主义的表达，根本原因在于其历史主义的根基。现代性以历史主义为根基，因而产生虚无主义的危机，存在主义本质上是一种极端的历史主义，因而也成为虚无主义的极端表现形式。

关于历史主义，施特劳斯这样说道："如果说，对古典派而言，哲学化就是要走出洞穴的话，那么对我们的同代人来说，所有的哲学化本质上都属于某一'历史世界'、某一'文化'、'文明'或'世界观'——那也就正是柏拉图所称之为洞穴的。我们把这种观点叫做'历史主义'。"① 历史主义的核心特征就是：没有唯一正确的范畴和价值体系。既然没有一个恒定的客观

---

① 〔美〕施特劳斯：《自然权利与历史》，彭刚译，三联书店，2003，第13～14页。

的价值标准，那么也就不存在一个人类生存的终极意义和目标。因为一切都是转瞬即逝的，一切都是当下且即将消解的。"我们可以把历史主义看做是比之18世纪法国的激进主义远为极端的现代此岸性的形式。它的所作所为像是要使得人们在'此世'就有完完全全的家园感。由于某些普遍原则至少是使得大多数人隐隐地无家可归，它就贬斥普遍原则而崇尚历史原则。它相信，人们一旦理解了他们的过去、他们所禀有的遗产和他们的历史处境，他们就能够达到与那些更古老的、在历史主义之前的政治哲学所声称的同样客观的原则。并且，这些原则不会是抽象的或者普遍的以至于会妨碍明智的行动或真实的人生，而是具体的或特殊的——它们是适合于特定时代或特定民族的原则，是与特定时代或特定民族相关联的原则。"①

这种"历史观念"主导了西方现代文明的发展，同时也使得西方人不再确信自己的目标。在此意义上，历史主义必然走向虚无主义。极端历史主义的本质就是虚无主义。"尼采首先直面这一情形。那无根基的希望（思想原则与行动原则的历史系列是进步的，或者历史过程有个内在的意义、内在的方向）无法消磨这样一个洞见：一切思想原则与行动原则都是历史性的。一切理想都是人类创造性活动的结果，是自由的人类筹划的结果，这种筹划形成了一个境遇，特殊文化正是在这一境遇中得以可能；这些理想并不被安置进一个体系；对这些理想的真正综合乃是不可能的。然而，一切已知的理想都宣称拥有客观支持：这支持或者是自然，或者是神，或者是理性。历史性洞见摧毁了这些宣称，因而也摧毁了一切理想。"②

在施特劳斯看来，海德格尔号称超越了尼采的虚无主义困境，但其实仍然是一个尼采意义上的极端历史主义者。存在主义与历史主义、虚无主义的本质关联体现在以下三个方面。

首先，海德格尔的极端历史主义体现在其核心概念"时间性"的理解上。在《存在与时间》中，海德格尔通过此在的本质性生存结构的描述裹

① 〔美〕施特劳斯：《自然权利与历史》，彭刚译，三联书店，2003，第17页。
② 〔美〕施特劳斯：《苏格拉底问题与现代性——施特劳斯讲演与论文集》卷二，彭磊、丁耘等译，华夏出版社，2008，第44页。

开对存在的时间性理解。在最高意义上，存在意味着"去生存"（to exsit）。但人作为有死者在时间中生存，且本质上需要通过其历史造就其自身，或成为历史。这样，海德格尔将永恒理念转化为历史时间中生成变化的"去生存"，这既剥夺了永恒、超越的哲学基础，也否定了形而上学之维。按照施特劳斯的观点，"海德格尔之回溯到古希腊，乃是受了彻底的现代性精神的支配，即关于人类生存的历史主义情怀"①。

其次，海德格尔取消了理性与启示的永恒张力。海德格尔不仅消除了哲学领域的永恒性和超验性，而且摒弃了启示信仰的前提，即上帝的超验存在。在海德格尔看来，存在是自我启示的，哲学乃是思的沉沦。施特劳斯说道："老实说，对于那些人、那些期望从'历史'与未来本身得到所有问题答案的人；那些把对现在、过去或将来的分析误当作哲学的人；那些信奉朝着一个自身就是进步的因而无法界定的目标进步的人；那些并不受已被了解的、稳定的标准（这个标准稳定不变，被了解而非仅仅被信奉）引导的人：我不知道这些人如何才能抵御塞壬歌声的诱惑。换言之，对虚无主义缺乏抵抗，其最终缘故似乎是对理性与科学的贬低与轻视（理性要么是唯一的、不变的，要么不存在）。"②

最后，海德格尔彻底否定了道德哲学和政治哲学存在的必要性。由于海德格尔取消了永恒性和超验性，道德准则的普适性和客观性也随之失效。当一个社会失去了普遍有效的道德标准和价值判断，人自身的无意义感和人与人之间的疏离感也随之滋生蔓延。其结果要么是如法西斯主义的反理性主义，要么是如施特劳斯眼里的极权主义。可以说，在哲学理论层面上，存在主义拒斥永恒、超验、自在之善的理念，在道德实践层面上，存在主义拒斥道德标准的客观性和普遍性。存在主义正是极端历史主义的表现，而这实质上就是虚无主义。

① 梅耶斯：《施特劳斯与海德格尔——古希腊与现代性的意义》，徐英瑾译，载《施特劳斯与现代性危机》，刘小枫选编，华东师范大学出版社，2010，第210页。
② 〔美〕施特劳斯：《苏格拉底问题与现代性——施特劳斯讲演与论文集》卷二，彭磊、丁耘等译，华夏出版社，2008，第115页。

施特劳斯对存在主义、历史主义的理解决定了其关于虚无主义内涵的理解。首先，虚无主义意味着对绝对价值标准的摒弃。这是由历史主义的相对性特征决定的。虚无主义否认永恒真理，认为价值的评价标准是随历史情境的变化而变化的。其次，虚无主义意味着对价值背后的客观依据和自然根基的摒弃。决定善恶、好坏的依据不是来自某种客观法则或者先验标准，而是来自人的喜好，以个体的选择为前提。"如果我们所依据的原则除了我们盲目的喜好之外别无根据，那么凡是人们敢于去做的事就都是可以允许的。当代对自然权利论的拒斥就导向了虚无主义——不，它就等同于虚无主义。"① 再次，虚无主义意味着对理想的应然状态的摒弃。现代政治哲学对古典政治哲学的背离，核心体现就在于放弃对最佳政治状态的描绘与探究。这使得现代人再也不知道自己要什么，再也不知道自己能够要什么。因而要么沉溺于庸俗的享乐主义；这是一种"文雅"的虚无主义，要么以绝对自我为中心，试图摧毁一切最高原则，这是一种"野蛮"的虚无主义。

最后，虚无主义的本质规定性在于"对文明本身的拒斥"。按照施特劳斯的思路，从字面上来说，虚无主义指的是"意欲虚无"（velle nihil），即意欲万物（包括自身在内）的毁灭。然而，虚无主义的典型形态——德国虚无主义并非绝对的虚无主义，它只意欲特殊事物的毁灭，也即现代文明的毁灭。德国虚无主义是一种有所限制的虚无主义，它虽然反对现代文明，但并不反对一切文明，它虽然反对道德价值文明，但并不反对技术文明。德国虚无主义以现代文明为解构对象，因而，这种意义上的虚无主义是以文明化的发展为前提的。"一位虚无主义者便是知晓文明原则的人，哪怕只是以一种肤浅的方式。一个单纯的未开化者、野蛮人，并不是虚无主义者。"② 德国虚无主义不仅体现在后果上，还体现在动机和意向上。这体现在施特劳斯对德国虚无主义的智识与道德环境的判断分析中。德国虚无主

---

① 〔美〕施特劳斯：《自然权利与历史》，彭刚译，三联书店，2003，第 4 ~ 5 页。
② 〔美〕施特劳斯：《苏格拉底问题与现代性——施特劳斯讲演与论文集》卷二，彭磊、丁耘等译，华夏出版社，2008，第 116 页。

义与德国人（以德国年轻人为主体）对时局的失望和期待未来却看不到希
望直接相关。一战后的德国弥漫着对自由民主制的失望，他们急切地寻找
新的出路。但摆在面前的只有两条，要么干干脆脆地反动，要么革命。德
国年轻人简单地理解了共产主义，认为无产阶级革命实践成功后所描绘的
图景太过可怕，"他们厌憎的，是对这样一个世界的期待：那里每个人都幸
福而满足，每个人都有他渺小的日间快乐、渺小的夜晚快乐，不再会有伟
大心脏的跳动、不再会有伟大灵魂的呼吸，没有真实的、非隐喻意义上的
牺牲，也就是，一个没有血、汗与泪水的世界。对共产主义者而言似乎实
现了那人类梦想的东西，对于这些德国年轻人来说，好像恰恰是人性的最
大堕落，是人性的完结，是末日的来临"①。因此，对德国年轻人来说，他们
并还不知道自己要的是什么，但可以确定的是，随便什么都优于那个"共产
主义—无政府主义—和平主义的未来"。所以，德国虚无主义又是一个与期待
直接相关的产物。德国年轻人迫切需要指导，需要有人向他们解释理想信念
的肯定意义，而不仅仅是消解性意义。但当时德国所盛行的思想界大师是斯
宾格勒、施密特、海德格尔等人，这些人的理论有意无意地为希特勒铺平了
道路。结果是，对虚无主义的反驳反而加强了虚无主义的信念。此外，德国
思想中有追求崇高荣耀和非功利性德性的传统。但现代文明（以英国工业文
明为主导）中的功利主义大大降低了道德的标准，导致了利益至上和平庸化，
这使得德国精神对现代文明产生了排斥。在此意义上，德国虚无主义正是德
国精神反抗现代性观念、力图返回古典观念的结果。尼采和海德格尔正是这
一尝试的典型。但德国精神因拒斥功利性道德而过分强调武德，导致了德国
军国主义。在此意义上，德国军国主义的儿子就是德国虚无主义。简言之，
在意向上，德国虚无主义者试图从平庸无奇的现在返回激动人心的过去，但
在结果上，非虚无主义的动机导向了虚无主义。

　　从对虚无主义内涵的理解来看，施特劳斯更接近于尼采，他们所谈论

---

① 〔美〕施特劳斯：《苏格拉底问题与现代性——施特劳斯讲演与论文集》卷二，彭磊、丁耘
　　等译，华夏出版社，2008，第 109 页。

的都是价值虚无主义。而在对虚无主义的克服上，施特劳斯则分享了海德格尔的"好古情结"，他们都希望在古希腊传统中寻找解决虚无主义的出路。"在一个全然朽坏的时代，唯一可能的诊治是摧毁朽坏的整座大厦——'das System'〔系统、体系〕——回到未曾朽坏、不可朽坏的源头，回到潜在而非现实的文化或文明状况。"① 但海德格尔认为出路在于回到"前苏格拉底问题"，施特劳斯则认为出路在于重新解释"苏格拉底问题"。海德格尔走向的是哲学的审美化，施特劳斯走向的则是古典政治哲学。梅耶斯指出："施特劳斯思想方式的最大特点就是：在其对哲学史中'苏格拉底转向'作出自己的理解的情况下，拒绝走海德格尔的路。"② 在施特劳斯看来，海德格尔回溯古希腊，仍然受到彻底的现代性精神的支配，乃是关于人类生存的历史主义情怀。摒弃尼采的癫狂和海德格尔的神秘，施特劳斯希望彻底跳出现代性的根基，返回他们力图颠覆和摆脱的传统，即回到古典政治哲学对自然权利的推崇和追求上。自然权利概念提供了一种终极的价值依据和有关价值判定的客观标准，从而为人们的生存提供道德准则，使人们获得生命的意义和终极目标，以此克服虚无主义。

可以看出，与尼采和海德格尔对理性主义的失望和摒弃不同，施特劳斯对古典理性主义仍抱着巨大的希望。他试图通过古典理性主义的审慎和节制抵御现代理性主义的狂妄和僭越。罗森指出："施特劳斯也分享了具有尼采特性的模糊性，他眼中的哲学摇摆在作为无法满足之爱欲的纯粹理论静观与极端非理性的一致行为之间。我认为，施特劳斯与尼采的基本差异是：尼采拒绝理论真理而倾向于艺术，施特劳斯拒绝理论真理而倾向于谨慎。尼采就像施特劳斯一样，捍卫古典的贵族知觉。但施特劳斯把这种知觉跟理论与实践的一种不稳定的混合相关联，尼采把它与生产相关联。'③

---

① 〔美〕施特劳斯：《苏格拉底问题与现代性——施特劳斯讲演与论文集》卷二，彭磊、丁耘等译，华夏出版社，2008，第125页。

② 梅耶斯：《施特劳斯与海德格尔——古希腊与现代性的意义》，徐英瑾译，载《施特劳斯与现代性危机》，刘小枫选编，华东师范大学出版社，2010，第229页。

③ 〔美〕罗森：《施特劳斯与古今之争》，宗成河译，载《施特劳斯与古今之争》，刘小枫选编，华东师范大学出版社，2010，第90页。

施特劳斯所走向的是一条精英主义的道路。自然权利原则的证成需要依靠哲学精英与政治精英来完成。这在理论上看似很精彩，但在实践中则必须面临这样的问题，即它如何获得广泛的合法性、获得社会共同体的认同。换言之，重拾绝对主义和普遍主义本身并没有问题，但如何在实践中避免霸权主义？因此，对于施特劳斯的古今之争，仍需保留谨慎的态度。正如伽达默尔在评论施特劳斯时所指出的："人们可以承认柏拉图和亚里士多德优越于我们，但这不意味着人们便必须认为，他们的思想是可恢复的。"①

---

① 〔德〕伽达默尔：《访谈：伽达默尔论施特劳斯》，田立年译，载《回归古典政治哲学——施特劳斯通信集》，迈尔编，华夏出版社，2006，第 487～488 页。

第三章

马克思的历史性实践方案

在虚无主义的批判史中，马克思的身影是一道独特的风景。马克思从未直接论述过虚无主义问题，但马克思及马克思主义哲学却与虚无主义问题有着某种特殊的"缘分"，甚至引发了学界长期的争论。从思想立场和理论特征来看，马克思不是虚无主义者，而必然是虚无主义的批判者。马克思没有像尼采和海德格尔那样对虚无主义著书论述，但并不意味着在他的思想发展过程中没有对作为现代性危机的虚无主义进行反思和批判，甚至提供另一种解决方案。正如伊格尔顿所指出的："人类不断异化，社会生活愈发'商品化'，我们的文化鼓吹贪婪、攻击性、不加思考的享乐主义和日益严重的虚无主义，我们正逐渐失去自身存在的意义和价值：要对上述问题进行富有成果的讨论，离不开马克思主义传统的积淀。"① 因此，无论是回应海德格尔、伯曼和施特劳斯等人对马克思的批评，还是我们反思和克服虚无主义，审视马克思与虚无主义的关系图景，提取马克思关于批判和克服虚无主义的思想资源都是不可忽视的重要工作。

马克思之于虚无主义批判史的重要贡献在于以下两点。第一，他从经济制度层面揭示了虚无主义的深层根源。虚无主义的真正秘密不在于精神史中，而在于现实的物质生产关系中。资本逻辑是虚无主义产生的根本原因，资本主义是虚无主义的制度屏障。因此，对虚无主义问题的反思和克服，不仅是理论问题，更是实践问题。第二，无论是尼采还是海德格尔等人关于虚无主义的思考，皆遵循一种非历史性逻辑理路，而唯有马克思基于总体性的历史视角，将虚无主义理解为历史性的产物。由此，克服虚无主义也就拥有了历史性的实践空间。马克思将自我及其价值建构奠定于社会历史性的劳动实践基础之上，这使得虚无主义的克服不再仅限于精神层面上的审美救赎，而成为切切实实的历史性实践活动。

---

① 〔英〕伊格尔顿：《马克思为什么是对的》，李杨、任文科、郑义译，新星出版社，2011，第4页。

第一节　关于马克思与虚无主义问题的论争

有一种观点认为，马克思的思想就是一种虚无主义的表现形式。如海德格尔把马克思的思想判定为"新时代人的无家可归状态"，并得出"马克思将虚无主义推到极致"的结论。马歇尔·伯曼提出了"共产主义的虚无主义"一词，并认为它比"资本主义的虚无主义"破坏性更强。施特劳斯和斯坦利·罗森把马克思的历史主义指认为虚无主义的一种形式。另一种观点则认为，马克思致力于批判和克服虚无主义。其思想中蕴含着批判甚至超越虚无主义的资源。如卡尔·洛维特认为，马克思在社会实践领域内尝试克服虚无主义，却走向了外在性的极端。戴维·麦耶反驳，马克思并非施特劳斯和罗森意义上的历史主义者，通过对马克思哲学人类学的正确理解可以判定马克思主义并非虚无主义。国内学者如刘森林、邹诗鹏、张有奎等认为，马克思更深刻地揭示了虚无主义的根源、本质和克服路径。他们从马克思对旧形而上学、异化劳动、资本逻辑的批判和对人的解放的追求中考察出马克思主义批判和克服虚无主义的理论资源。对这些争论和观点的简要回顾和分析，有利于我们澄清马克思与虚无主义的本质性关系。

一　马克思达到了虚无主义的极致？

海德格尔关于马克思的论述很少，但提出了一个著名论断："我对马克思的解释……并非政治的。这个解释向着存在而思，向着存在送出自己的方式而思。从这个观点和角度来看，我可以说，马克思达到了虚无主义的极致。"① 海德格尔的判断自然不是凭空而来，而是由其存在论的理论立场和语境所决定的。从海德格尔的思路来看，"马克思达到了虚无主义的极致"这一判断蕴含着三层逻辑。

第一，虚无主义乃是西方形而上学历史的本质脉动。二者一体同构。海德格尔认为，整部西方形而上学的历史都是主体主义哲学的发展史。这种主体性形而上学的本质特征就是只追问"存在者"，却忽视了"存在'。然而，存在才是人之源初意义所在。存在的自行隐匿而始终未曾被思，即人之意义的虚无状态。所以，"虚无主义的本质植根于那种历史，根据这种历史，在存在者之为存在者整体的显现中并没有发生存在本身及其真理，而且其情形是，存在者之为存在者的真理是由于存在之真理的缺席才适合于存在"②。在海德格尔看来，追问什么是存在者，是西方哲学的"主导问题"，而追问什么是存在，才是哲学的"基础问题"。西方哲学对存在的遮蔽使得虚无主义成为其本质脉动和内在规律。"形而上学本质上就是虚无主义。此外，如果形而上学是欧洲的和由欧洲所决定的世界历史的历史根据，那么，这种世界历史就在一种完全不同的意义上是虚无主义的。"③ 在此意义上，海德格尔将虚无主义称为存在的天命、现时代人的命运。

第二，马克思哲学属于形而上学，马克思主义本质上是虚无主义。"纵观整个哲学史，柏拉图的思想以有所变化的形态始终起着决定性作用。形而上学就是柏拉图主义。尼采把他自己的哲学标示为颠倒了的柏拉图主义。随着这一已经由卡尔·马克思完成了的对形而上学的颠倒，哲学达到了最极端的可能性。哲学进入其终结阶段了。"④ 在海德格尔看来，尼采是柏拉图主义的反动者，他揭示了发端于柏拉图的主客二分的形而上学所造成的虚无主义。由于尼采局限于价值维度，只是将形而上学的二分命

---

① 〔法〕F. 费迪耶等辑录《晚期海德格尔的三天讨论班纪要》，丁耘摘译，《哲学译丛》2001年第3期，第59页。
② 《海德格尔选集》下卷，孙周兴选编，上海三联书店，1996，第816页。
③ 《海德格尔选集》下卷，孙周兴选编，上海三联书店，1996，第816页。
④ 《海德格尔选集》下卷，孙周兴选编，上海三联书店，1996，第1244页。

题作了颠倒，即将感性世界看成真实的而超感性世界是不真实的。这种做法仍然逃不出形而上学的窠臼，并将主体性形而上学推向了极致。由此，尼采对虚无主义的克服反而成了虚无主义的表达。而马克思以自己的方式对黑格尔哲学进行了颠倒。但由于马克思还拘泥于他所反对的东西的本质之中，马克思哲学本质上还处于黑格尔哲学的地基上。因此，作为黑格尔主义的承继者，马克思是最后一位形而上学家，马克思主义哲学本质上是虚无主义。海德格尔以上的论断基于这样的依据：马克思哲学的核心概念是劳动。如果说黑格尔用绝对精神来把握现实的本质，马克思则通过劳动来把握现实的本质。劳动与绝对精神的对立，构成了马克思与黑格尔的对立。但马克思的劳动概念是在黑格尔劳动概念意义上来讲的，它表现为生产自身和生产生活资料的人对现实的掌控，因而本质上是一种反思性的生产。这种反思性的生产与作为座架的技术本质相契，都是把一切存在者（包括自然、他人甚至他自身）作为劳动的材料。由此，唯物主义的本质仍处于形而上学的规定之中，马克思哲学根本上仍然是黑格尔意义上的"主体性形而上学"，因而也是一种虚无主义。在此意义上，"无家可归状态变成了世界命运。因此有必要从存在的历史的意义去思此天命。马克思在基本而重要的意义上从黑格尔那里作为人的异化来认识到的东西，和它的根子一起又复归为新时代的人的无家可归状态了。这种无家可归状态是从存在的天命中在形而上学的形态中产生，靠形而上学巩固起来，同时又被形而上学作为无家可归状态掩盖起来"①。

第三，马克思哲学处于形而上学的末端，因而达到了虚无主义的极致。在《关于人道主义的书信》中，海德格尔肯定了马克思哲学优越于其他形而上学之所在。"因为马克思在体会到异化的时候深入到历史的本质性的一度中去了，所以马克思主义关于历史的观点比其余的历史学优越。但因为胡塞尔没有，据我看来萨特也没有在存在中认识到历史事物的本质性，所以现象学没有、存在主义也没有达到这样的一度中，在此一度中才有可能

---

① 《海德格尔选集》上卷,孙周兴选编，上海三联书店，1996，第383页。

有资格和马克思主义交谈。"① 马克思超越了黑格尔的意识领域，将人的优先性提升到历史生产层面上。但由于马克思仍然继承了传统形而上学中人的优先性，并将人解读为不断"生产以及隶属于生产的消费的人"，这使马克思的"人"更加远离了存在本身。"而人的根本就是人本身。全部马克思主义都以这个论题为依据。马克思主义把生产设想为：社会之社会性生产（gsellshaftliche Produktion der Gesellshaft）——社会生产其自身——与人作为社会存在体（soziales Wesen）的自身生产。既然马克思主义这么想，它就正是当今之思想，在当今进行统治的就是人的自身生产与社会的自身生产。"② 从海德格尔的存在论视角来看，马克思所理解的"人"是以主体性形而上学为基础的，其本质就是"不断进行生产的人"。正是这种"不断进行生产的人"实施着当代现实的全部统治，由此带来了人类"自身毁灭的危险"。因为人不断地进行生产，这是由人类社会的进步强制所引起的生产强制。而生产强制又与新的需求强制相关联，从而陷入不断的生产和消费之中。这种强制逻辑与座架——最高程度上的虚无主义具有共同性。"在这一天命中，人已经从对象性的时代进入了可订造性（Bestellbarkeit）的时代：在我们未来时代的这种可订造性之中，凭借订造的估价，一切都可以不断地被支取。严格地说，再也没有'对象'了，只有为了每一位消费者的'消费品'，而消费者自己也已经被置于生产与消费的运转之中。"③ 由此，在海德格尔看来，马克思改变世界的主张结果是带来了人自身的毁灭。而人自身的毁灭是最高程度上的虚无主义。正是在此意义上，海德格尔得出结论：马克思达到了虚无主义的极致。

海德格尔对马克思的批评看似逻辑分明、自圆其说，但其实充满了对马克思思想的误解和误判。这使海德格尔错失了与马克思的真正对话，同时也使他无法看到历史唯物主义在虚无主义问题上所开启的崭新视域。这

① 《海德格尔选集》上卷，孙周兴选编，上海三联书店，1996，第383页。
② 〔法〕F. 费迪耶等辑录《晚期海德格尔的三天讨论班纪要》，丁耘摘译，《哲学译丛》2001年第3期，第57页。
③ 〔法〕F. 费迪耶等辑录《晚期海德格尔的三天讨论班纪要》，丁耘摘译，《哲学译丛》2001年第3期，第57页。

是存在主义的遗憾。对历史唯物主义而言，问题是如何回应海德格尔的批评。一种普遍而简单化的看法是，海德格尔所批判的"形而上学"的马克思仍处于费尔巴哈人本主义时期的思想发展阶段。马克思在以后的著作中通过批判费尔巴哈实现了从人本主义向历史唯物主义的飞跃。以青年马克思与晚年马克思之间的思想差别来回应这一问题，看似直接却有些过于简单。后果是，一些深层次的问题，如马克思与形而上学、马克思与虚无主义、马克思思想发展的延续性与总体性等都被简单化甚至规避掉了。

国内一些学者通过挖掘历史唯物主义克服虚无主义的思想资源来回应海德格尔的批评。例如，刘贵祥和宋友文都从马克思的感性活动论出发展示马克思对虚无主义的规避和超越。他们指出，马克思不只是把超感性世界颠倒为感性世界，还诉诸具体的作为感性活动的物质生产的二重性来表征人的生存方式的二重性和矛盾性，由此规避了形而上学和虚无主义的厄运。[①] 邹诗鹏和张有奎从马克思的资本逻辑批判和人的解放思想入手，展示马克思对虚无主义的批判。[②] 邹诗鹏指出，马克思对虚无主义的批判从属于观念论和意识形态批判，是与对无政府主义、民粹主义和行动哲学等的批判关联在一起的。从历史唯物主义的视角看，虚无主义是人自身面向世界历史生成过程中必然伴随的病理症候，是人的解放必然经历的环节。"社会精神的建设、面向未来之历史感的建构、精神生活之人民主体性的确立、坚持不懈的实践探索及其实践批判，乃合理理解马克思关于人的解放并遏制虚无主义思想的关键环节。……在虚无主义的历史批判上，马克思唯物史观及其资本批判仍然比海德格尔的存在论及技术批判优越。"[③] 张有奎分

---

① 参见刘贵祥《历史唯物主义何以超越虚无主义？——从海德格尔对马克思的一个论断谈起》，《南京大学学报》（哲学·人文科学·社会科学版）2011 年第 1 期；宋友文《重新理解马克思与形而上学问题——兼驳海德格尔对马克思"达到了虚无主义的极致"的批评》，《中国人民大学学报》2012 年第 1 期。

② 参见邹诗鹏《现代性的物化逻辑与虚无主义课题——马克思学说与西方现当代有关话语的界分》，《天津社会科学》2009 年第 3 期；张有奎《资本逻辑与虚无主义的批判》，《哲学动态》2011 年第 8 期。

③ 邹诗鹏：《虚无主义的极致与人的解放问题——重思马克思对虚无主义的批判》，《复旦学报》（社会科学版）2015 年第 5 期，第 1 页。

析了尼采、屠格涅夫、陀思妥耶夫斯基、海德格尔等基于观念的逻辑克服虚无主义的局限，指出马克思的革命性贡献在于认识到虚无主义的政治经济根源，通过反对资本逻辑实现对虚无主义之产生基础的克服。由此，基于资本批判的实践逻辑是终结虚无主义的真实力量。① 刘森林指出，在对施蒂纳的虚无主义进行批判后，马克思发现了保持神圣性维度与价值内在性的必要性，因而致力于在普遍与特殊、神圣性与世俗性、本质与实存、超感性与感性之间保持一种辩证的张力结构，这不仅使马克思在根本上避免了虚无主义的窠臼，而且使之开拓了一条与施蒂纳克服虚无主义的不同方案，即将个人的非例行化劳作与解救例行化劳作的大众有机结合起来的马克思方案。② 郗戈指出，现代虚无主义问题与马克思的哲学革命有着本质性的联系。马克思哲学革命的思想起点正是以自我意识哲学超越虚无主义的尝试，这使他仍然处于西方哲学传统之中。但需要注意的是，诞生于西方哲学传统的马克思最终走向了扬弃虚无主义问题的纯哲学形式，走向了对现代资本主义社会的根基性破解与总体性变革，实现了对虚无主义问题的转化。

以上研究从不同视角回应了海德格尔对马克思的批评，既呈现了马克思与虚无主义的问题图景，又有力地反驳了将马克思思想误解为虚无主义的看法，展示了历史唯物主义在克服虚无主义问题上所开启的视域。但明显可以看出，现有的研究成果皆只立足马克思思想的局部或者某一个侧面来反驳海德格尔的批评，视角明确但系统性与整体性有待完善。马克思思想与虚无主义问题的牵扯，并非偶然的思想碰撞或外在的问题介入，而是时代精神对时代危机的自觉反应和主动探索。因此，若要彻底全面地把握虚无主义问题与马克思思想的本质关联，这需要我们立足思想史的整体性

① 参见张有奎《虚无主义的终结与人的解放——基于马克思主义实践逻辑的考察》，《南京大学学报》（哲学·人文科学·社会科学版）2015 年第 3 期。
② 参见刘森林《马克思与虚无主义：从马克思对施蒂纳的批判角度看》，《哲学研究》2007 年第 7 期；《遏止虚无的两种路径：马克思批评施蒂纳的启示》，《学术月刊》2008 年第 6 期；《虚无主义与马克思：一个再思考》，《马克思主义与现实》2010 年第 3 期；《追寻主体》，社会科学文献出版社，2008；《物与无》，江苏人民出版社，2013。

视域，系统地考察虚无主义如何介入马克思的问题域，以什么样的形式存在马克思思想的生成、发生和展开过程中。如果说海德格尔的论断"马克思达到了虚无主义的极致"体现了存在论对历史唯物主义的介入，那么从历史唯物主义的视角来系统把握存在论对历史唯物主义的介入，正是我们有待进行的工作。

二　"共产主义的虚无主义"？

马歇尔·伯曼在其著作《一切坚固的东西都烟消云散了——现代性体验》中提出了"共产主义的虚无主义"概念。他说道："很容易想像，一个致力于每一个人和所有的人的自由发展的社会，会怎样地发展出它自己的独特的各种虚无主义的变种。的确，一种共产主义的虚无主义或许表明要比它的资产阶级先驱更具有破坏性——尽管也更加大胆更具原创性，因为当资本主义用基本的限制消除了现代生活的无限可能性时，马克思的共产主义会将被解放的自我投入到没有任何限制的巨大的未知的人类空间中去。"① 从伯曼的论述中可以看出，所谓"共产主义的虚无主义"是与"资本主义的虚无主义"相对应的，二者从性质上而言皆是虚无主义，差别在于类型不同，且前者的危险要比后者大得多。② 何以被视为虚无主义终结的共产主义不仅被归为虚无主义的变种，而且是更为严重的虚无主义形态？这显然与伯曼对共产主义和现代主义的理解有关。

首先，伯曼认同并且赞许马克思对资本主义的虚无主义的批判。"晚近的一代人会用'虚无主义'予以命名的那些无法无天、无法衡量、爆炸性的冲动——尼采和他的追随者会将那种冲动归因于如上帝之死的那种宇宙性创伤——被马克思放到了市场经济的表面上看来平常乏味的日常运作之中。他揭示了，现代资产阶级是一些技艺高超的虚无主义者，其程度远远超出了现代知识分子的想像能力。这些资产阶级已经使自己的创造性异化

---

① 〔美〕马歇尔·伯曼：《一切坚固的东西都烟消云散了——现代性体验》，徐大建、张辑译，商务印书馆，2003，第 147 页。
② 伯曼的立场和视角与海德格尔的不同，却得出了几乎一致的结论。这值得我们深入探讨。

了，因为他们无法忍受去考察他们的创造性所开辟的道德的、社会的和心理的深渊。"① 伯曼敏锐地注意到，尼采对虚无主义的批判具有"一种令人吃惊的马克思主义调子"，尼采已经意识到，"现代的政治和经济就其本身来说具有深刻的虚无主义色彩"，但尼采从来没有揭示"现代灵魂与现代经济两者之间的这些联系；并且尼采的追随者（除极少数之外）甚至都没有注意到这些联系"。但马克思做到了。唯有马克思从政治经济学的层面挖掘了虚无主义的发生机制。"当马克思说其他的价值都'变成了'交换价值时，他的意思是说，资产阶级社会并没有抹掉而是吞并了旧的价值结构。旧的尊严方式并没有死亡；相反，它们并入了市场，贴上了价格标签，套得了一种作为商品的新的生命。于是，任何能够想像出来的人类行为方式只要在经济上成为可能，就成为道德上可允许的，成为'有价值的'；只要付钱，任何事情都行得通。这就是现代虚无主义的全部含义。陀思妥耶夫斯基、尼采和他们 20 世纪的继承者们会将之归罪于科学、理性主义和上帝的死亡。马克思则会说，其基础要远为具体和平凡得多：现代虚无主义被化入了日常的资产阶级经济秩序的机制之中——这种秩序将人的价值不多也不少地等同于市场价格，并且迫使我们尽可能地抬高自己的价格，从而扩张我们自己。"② 正是在此意义上，伯曼评价，马克思对资本主义的虚无主义力量的理解，要比尼采深刻得多。

其次，伯曼认为共产主义是一种更具破坏性的虚无主义。其根据在于，第一，"没有道德的"自由贸易原则的许诺使马克思和共产主义陷入资产阶级意识形态的陷阱中。马克思虽然对资产阶级的虚无主义的野蛮破坏感到震惊，但仍然乐观地相信它有超越自己的内在倾向。这一倾向蕴含于资产阶级对"没有道德的"自由贸易原则的许诺中。它使得反对资产阶级虚无主义的敌人获得了存在空间，使得革命和共产主义的观念获得了存在和流通的权利，而

---

① 〔美〕马歇尔·伯曼：《一切坚固的东西都烟消云散了——现代性体验》，徐大建、张辑译，商务印书馆，2003，第 129 页。

② 〔美〕马歇尔·伯曼：《一切坚固的东西都烟消云散了——现代性体验》，徐大建、张辑译，商务印书馆，2003，第 143 页。

一旦革命和共产主义的理念为大众所知，即能焕发革命的力量。所以，马克思"能长期地与资产阶级虚无主义共处，因为他认为这种虚无主义是积极的、生气勃勃的，即尼采所谓的一种有力量的虚无主义"①。但事实上，能粉碎掉一切价值和观念的商品化原则也能使革命者变成出售革命的商人和推销员，只要能获得利润即可。资产阶级在对自由市场的歌颂中其实隐藏着操纵和控制市场的倾向和本性。共产主义的理念事实上很难在资本主义的社会扎根，甚至很有可能被资产阶级意识形态"牵着鼻子走"。第二，缺乏基本的限制将给共产主义带来更严重的虚无主义。虽然共产主义会把我们从资产阶级虚无主义的恐惧中解放出来，但共产主义的无限制的"解放的主体"带来的未必是安宁的和谐统一，反而会是新的恐惧。"共产主义要实现无限追求财富的现代理想，于是共产主义社会将解放'全部的需要、能力、快乐、生产力……自称目的的人的力量的发展'；人将'生产自己的全部'，并且生活'在生成的绝对运动'中。"②伯曼认为，这不仅使共产主义深陷商业行为及逐利逻辑，还使得个人成为"无限制的主体"。这种无限制的主体带来的后果是"追求每个人的无限发展必然会产生严重的人际冲突，它们也许不同于资产阶级社会中的阶级冲突，但至少可能同样深入。马克思仅仅拐弯抹角地承认了有可能产生这种麻烦，而对于共产主义社会将怎样处理这个问题则闭口不言。这也许就是帕斯为什么会说，马克思的思想，'虽然在精神上是普罗米修斯式的、批判的和博爱的……然而却是虚无主义的'，但可惜，'马克思的虚无主义并没有意识到它自己的性质'"③。此外，伯曼还引证阿伦特的观点来说明共产主义的虚无主义问题。阿伦特批判了马克思的共产主义含有深刻的个人主义基础。过分地强调个人，以至于丧失了共同体的基础，这种个人主义的共产主义将导向虚无主义。

---

① 〔美〕马歇尔·伯曼：《一切坚固的东西都烟消云散了——现代性体验》，徐大建、张辑译，商务印书馆，2003，第144页。

② 〔美〕马歇尔·伯曼：《一切坚固的东西都烟消云散了——现代性体验》，徐大建、张辑译，商务印书馆，2003，第477页。

③ 〔美〕马歇尔·伯曼：《一切坚固的东西都烟消云散了——现代性体验》，徐大建、张辑译，商务印书馆，2003，第477~478页。

可以说，伯曼对马克思关于虚无主义的批判的论述是精彩而深刻的，他洞察了马克思关于虚无主义批判的独特视角和重大贡献。但其关于"共产主义的虚无主义"的立论和分析是站不住脚的。张有奎和白锡能指出，伯曼提出"共产主义的虚无主义"源于其过分强调马克思的现代主义者形象。① 笔者认为，更根本性的原因在于，伯曼在关于马克思思想尤其一些核心概念的理解上是片面的甚至是错误的。如关于资产阶级对自由市场的操纵和控制，以及这种操纵和控制如何演变为自由的意识形态，谁也没有马克思的拜物教理论所揭示的深刻和彻底。再如，将共产主义的主体理解为"无限制的个体"更是显而易见的误解。但凡对马克思的"现实的个人"概念有所了解的话便不会得出如上结论。马克思强调通过实践改变世界，但同时也深刻地指出具体的社会历史条件对当下个体的制约作用。在《共产党宣言》中，马克思和恩格斯明确指出："人们的观念、观点和概念，一句话，人们的意识，随着人们的生活条件、人们的社会关系、人们的社会存在的改变而改变，这难道需要经过深思才能了解吗？"② 在《〈政治经济学批判〉序言》中，马克思概括了其研究工作的核心之点在于："物质生活的生产方式制约着整个社会生活、政治生活和精神生活的过程。不是人们的意识决定人们的存在，相反，是人们的社会存在决定人们的意识。"③ 由此可见，系统地考察马克思批判虚无主义的逻辑进程，尤其展示马克思如何克服虚无主义，这不仅是历史唯物主义的自我澄清，更是破除误解的有力证明。

三　历史主义的虚无主义？

施特劳斯在进行现代性批判时将马克思纳入其思想图景中。施特劳斯认为，历史主义是现代思想的根本特征和现代性危机的标志，历史主义的顶峰就是虚无主义。根据施特劳斯对现代性的三次浪潮划分，马克思主义处于第二次和第三次浪潮之中，其本质上是历史主义。施特劳斯指出，虽

---

① 参见张有奎、白锡能《"共产主义的虚无主义"及其批判》，《现代哲学》2016 年第 3 期。
② 《马克思恩格斯选集》第 1 卷，人民出版社，1995，第 291 页。
③ 《马克思恩格斯选集》第 2 卷，人民出版社，1995，第 32 页。

然历史唯物主义的意向并非虚无主义的，其结果却会导致虚无主义，走向尼采所谓"人的极端堕落状态"和忽视道德价值的"末人社会"。其批判逻辑如下。

第一，历史主义是虚无主义的现代根基，是现代人所深陷的"第二洞穴"。施特劳斯认为，西方现代性的危机根本上是现代政治哲学的危机。这一危机表现为："现代西方人再也不知道想要什么——再也不相信自己能够知道什么是好的，什么是坏的；什么是对的，什么是错的。"① 对与错、善与恶之间的价值标准被消解了，终极性的价值标准也没有了。这样的现代文明社会是虚无主义的。施特劳斯以马克思的名义抨击了这一时代景象："正如马克思曾预言过的，它确实意味着一个更完全地都市化、技术化了的西方对全球的胜利——完全的牧平与一律，而丝毫不去注意它是由严酷的强制抑或大规模生产产量之谄媚广告引起。它意味着人类在最低水准上的统一、生命的完全空虚、无聊的自我不朽学说；没有从容、没有专注、没有崇高、没有淡泊；除了工作与休闲，一无所有；没有个体（individuals）也没有民族（peoples），只有'孤独的一群'。"② 与尼采将之归咎于"上帝之死"或海德格尔的"存在之退隐"不同，施特劳斯认为，现代虚无主义的产生根基在于历史主义。原因在于，现代性源于"古今之争"，乃是现代政治哲学对前现代政治哲学的激进变更乃至拒绝。这种拒绝表现为将彼岸的圣经信仰此岸化、世俗化。也就是说，现代人不再向往天堂生活，而是试图凭借纯粹人类的手段在尘世建立天堂。这一思想根基正是历史主义。在施特劳斯看来，历史主义是以反对"一切的彼岸性或超验性"的姿态出场的。历史主义拒斥永恒真理和自然正当，强调价值的流变性、主观性。它主张，所有人类思想都是具体的或特殊的历史时期的产物，因而并不存在任何超越时间的、普遍永恒的思想准则和终极价值。价值的确立和标准

---

① 〔美〕施特劳斯：《苏格拉底问题与现代性——施特劳斯讲演与论文集》卷二，彭磊、丁耘等译，华夏出版社，2008，第 32 页。

② 〔美〕施特劳斯：《海德格尔式生存主义导言》，载贺照田主编《西方现代性的曲折与展开》（上），吉林人民出版社，2011，第 123 页。

的设定都是人类在创造历史过程中根据人们的生存环境和自身利益诉求而构建的，其背后并没有一种自然性的客观基础，因而价值具有生成性和主观性。与古典政治哲学不同，历史主义"发现的是属于某一时空的价值、魅力和内在性，或者说，他们发现了属于特定时空的东西相对于普遍物的优越性"①。其对事物的正当性和合理性的评价，仰赖于以新旧为标准的进步信仰。尤其在极端历史主义者看来，人类历史是一个优胜劣汰、不断进步和发展的过程，新的总是比旧的好，现代优于古代。这导致了"关于可能的或可欲的未来的问题，取代了有关最好的或正当的政治秩序的问题"②。在施特劳斯看来，历史主义消解了终极价值，使善恶无从分辨，使价值标准置于个人的喜好之下。一旦价值话语权为个人所控制，将极大可能给社会带来毁灭性的后果。希特勒就是一个明显的例证。历史主义的进步逻辑将遮蔽历史进程中除"新旧"标准之外的其他标准，尤其"好坏"标准。这一方面使人们沉迷于现代性的成就而难以反思困境；另一方面崇今贬古，从而忽略了古典思想的闪光和可借鉴之处。正是在此意义上，历史主义"要使得人们在这个世界上有完完全全的家园感的努力，结果却使得人们完完全全地无家可归了"③。施特劳斯指出，历史主义乃是现代人所深陷的"第二洞穴"④，这个"第二洞穴"比柏拉图所喻的洞穴还要深，还要危险。

第二，马克思主义本质上是历史主义，其意向并非虚无主义，其结果却必然导向虚无主义。施特劳斯提出，西方现代性的第一次浪潮是由马基雅维利、霍布斯和洛克等掀起的拒斥古典浪潮。现代性的第二次浪潮起源于卢梭，发展于康德和黑格尔。他们对历史意识和历史感的发现和伸张使其成为现代性自我理解的基础，也彻底使理性取代了自然。现代性的第三次浪潮始于尼采和海德格尔。尼采和海德格尔深刻地意识到"对历史的发现"已成"思想的深渊"。"那无根基的希望（思想原则与行动原则的历史系列是进步的，或

---

① 〔美〕施特劳斯：《自然权利与历史》，彭刚译，三联书店，2003，第 16 页。
② 〔美〕施特劳斯：《什么是政治哲学》，李世祥译，华夏出版社，2011，第 59 页。
③ 〔美〕施特劳斯：《自然权利与历史》，彭刚译，三联书店，2003，第 19 页。
④ 参见〔美〕施特劳斯等《回归古典政治哲学》，朱雁冰等译，华夏出版社，2006，第 57 页。

者历史过程有个内在的意义、内在的方向）无法消磨这样一个洞见：一切思想原则与行动原则都是历史性的。一切理想都是人类创造性活动的结果，是自由的人类筹划的结果……一切已知的理想都宣称拥有客观支持：这支持或者是自然，或者是神，或者是理性。历史性洞见摧毁了这些宣称，因而也摧毁了一切理想。"① 现代历史意识和历史感发展到了顶峰，走向了自我否定，成就了"极端的历史主义"。"极端的历史主义"就是虚无主义的代名词。根据施特劳斯的论述，马克思隶属于历史主义的发展脉络中，是现代性三次浪潮中的重要一环。其针对马克思的批评主要集中在以下三点。

一是在"对历史的发现"上，马克思走向了它的真正顶点。在历史意识和历史感方面，施特劳斯认为马克思承继了黑格尔的思路，依赖于历史意识和进步理念来展开其思想。一个明显的例证是，马克思将社会意识（道德、宗教、思想和哲学等）视为特定历史阶段的生产力和经济基础的产物，这是将古典政治哲学视为自然正当（natural right）的绝对价值相对化、主观化，因而历史唯物主义本质上就是历史主义。"历史的标准——也即由这个毫无意义的过程所抛出来的标准，不再能够号称是由那一过程背后的神圣权利赋予了神圣性。唯一能够继续存在的标准，乃是那些纯属主观性的标准，它们除了个人的自由选择之外别无其他依据。从而，在好的与坏的选择之间的分别并无任何客观标准可言。"②

二是在自由问题上，马克思无条件地接受自由对于自然的优先性。按照施特劳斯的古典观点，自然绝对地高于人为，自然乃是规范。历史主义颠倒了自由与自然的关系，现代性用人取代自然，用人权取代自然法，人为自然立法，强调人的世界是自由的领域、历史的领域。自由与历史主义互为因果：推崇自由对于自然的优先性，必然是历史主义的；强调一切都是历史性的，必然只能以自由的名义为人性的崇高辩护。这正是导致现代性危机的一个根源，海德格尔深切地体会到了这一点：现代人的自由乃是

① 〔美〕施特劳斯：《苏格拉底问题与现代性——施特劳斯讲演与论文集》卷二，彭磊、丁耘等译，华夏出版社，2008，第44页。

② 〔美〕施特劳斯：《自然权利与历史》，彭刚译，三联书店，2003，第19页。

毫无意义的深渊。马克思追求"自由劳动"和"自由人的联合体"，将自由看成人的最高价值，在这一点上，自然而然落入施特劳斯的批判视野。在此意义上，施特劳斯将马克思主义和自由主义视为表面对立、实则秘密结盟的启蒙传统的两个分支。①

三是在理论与实践问题上，马克思主张哲学必须实现"从解释世界到改变世界"的转变，希望通过无产阶级革命实践实现人的解放。马克思的这段论述颇具代表性："哲学把无产阶级当作自己的物质武器，同样，无产阶级也把哲学当作自己的精神武器；思想的闪电一旦彻底击中这块素朴的人民园地，德国人就会解放成为人。……德国唯一实际可能的解放是以宣布人是人的最高本质这个理论为立足点的解放。……德国人的解放就是人的解放。这个解放的头脑是哲学，它的心脏是无产阶级。哲学不消灭无产阶级，就不能成为现实；无产阶级不把哲学变成现实，就不可能消灭自身。"② 首先，施特劳斯站在古典精英主义的立场上反对哲学的大众化，他认为哲学从精英个体对知识和永恒的沉思变成公共化的政治工具是一个"下降过程"，马克思的无产阶级解放思想无疑是这个下降过程的极致。其次，施特劳斯认为只有少数精英才能达到高贵的道德标准境界，"智者"与"俗众"之间的沟壑不可能随着历史的发展而随之缩小甚至自行消除。而马克思的共产主义设想全阶级的普遍民众都能通过革命实践达到"完美道德境界"，但其实这些"未来人"不过是尼采意义上的"末人"，他们是"最低下、最堕落的人，无理想无渴望的畜群人，但他们有的是好吃好穿好居所，且身心皆有好治疗"③。正是在此意义上，施特劳斯指出："如果共产主义革命是虚无主义的，这是就其结果而非意向而言。"④

---

① 参见张文喜《列奥·施特劳斯：政治哲学与历史唯物主义》，《浙江工商大学学报》2005年第3期，第12页。

② 《马克思恩格斯选集》第1卷，人民出版社，1995，第15~16页。

③ 〔美〕施特劳斯：《苏格拉底问题与现代性——施特劳斯讲演与论文集》卷二，彭磊、丁耘等译，华夏出版社，2008，第45页。

④ 〔美〕施特劳斯：《苏格拉底问题与现代性——施特劳斯讲演与论文集》卷二，彭磊、丁耘等译，华夏出版社，2008，第120页。

可以说，这些判断源于施特劳斯特有的政治立场和现代性批判思路，其关于历史主义的理解充满个人色彩，其对马克思主义的理解更充斥着主观预设和误解。施特劳斯把历史主义理解为一种极端的相对主义，其"相对性"的实质在于现代价值规范摒弃了其背后的自然基础，即施特劳斯所谓"自然正当"，这使得历史丧失了其客观性基础。"历史之为历史，它所呈现给我们的是这样一幅让人沮丧的画面：各种思想和信仰五花八门，最要命的是，种种人们曾有过的思想和信仰不断地烟消云散。……由于所有的人类思想都属于特定的历史情形，所有的人类思想就都注定了要随着它所属于的历史情形而衰落，被新的、不可预料的思想所取代。"① 可以说，对历史主义的具体内涵的理解，施特劳斯只能算是一家之言。

历史主义是一个聚讼纷纭的概念，美国的德怀特·李与罗伯特·贝克在《"历史主义"的五种含义及其评价》一文中梳理了历史主义的五种含义。（1）一种立足历史进行解释和评价的方式。如莫里斯·柯亨认为历史主义是"一种——历史是在人类事物中获取智慧的主要途径——信念"。弗里德里斯·恩格尔-加纳西将之视为"一种围绕历史而展开的态度，即认为大多数理智活动都被历史所渗透，即奉历史为导师"②。这种历史主义主张要依照历史进行解释和评价，相信历史知识对人类活动的重要性，倾向于以发展和个体性概念代替自然权利学派对人类的本质和理性的先在性信仰。（2）一种立足当下生活审视历史的方式。这样的历史主义是一种对历史和生活的诠释，一种世界观。麦纳克在此意义上理解历史主义，将之视为一种审视生活和世界的方式，而不是决定论的历史哲学。（3）一种观念论的哲学。以贝内德托·克罗齐为代表的意大利学派将重点由历史转到哲学上。他自称其"精神哲学"为"绝对历史主义"。他认为历史主义是对启蒙时代"抽象理性主义"的回应，坚信人们只能理解他们自己的创造物，

---

① 〔美〕施特劳斯：《自然权利与历史》，彭刚译，三联书店，2003，第20页。
② 转引自〔美〕德怀特·李、罗伯特·贝克《"历史主义"的五种含义及其评价》，载复旦大学当代国外马克思主义研究中心编《当代国外马克思主义评论》第7辑，人民出版社，2009，第310页。

因而真正的知识都是历史性的，人们对当前问题的思考本身就是历史性的。由此，历史主义是一种关于思想和行为的观念论哲学。柯林武德也在类似意义上理解历史主义，但他对"自然"和"心灵"领域做了明晰的区分。因此，一切历史都是思想史，而思想之外的一切事物是不能有历史的。[①]（4）历史相关主义和相对主义。这种历史主义否认历史中绝对原则的有效性，认为各种观念与历史环境相关。（5）历史预言。卡尔·波普尔在《历史主义贫困论》中把历史主义严格限定为历史决定论。这种历史主义主张，历史的进程遵循客观的必然规律，因而人们可以根据这一客观规律预言未来。由此，历史主义可被描述为"一种强调人们的历史个性和以预言历史为目的的社会科学方法论"。可以看出，除了第五种历史主义外，前面第一种至第四种历史主义的形式都有这样一种共识：历史主义是对 20 世纪实证主义和自然主义的一种批判性回应，在一定程度上继承了 18 世纪末 19 世纪初观念论的反理性主义；历史主义是一种信念，主张任何事物的真实性、意义、价值和评价都涵盖于历史之中。

施特劳斯所批判的历史主义，与第三种和第四种相关。他也曾针对柯林武德发表过批判性评论。[②] 有意思的是，第五种即波普尔所理解的历史主义与施特劳斯所批判的历史主义是截然对立的，但无论施特劳斯还是波普尔都同时针对了马克思。与施特劳斯将马克思的历史主义理解为极端的相对主义不同，波普尔将之描述为一种历史决定论："他相信'历史本身'，或者'人类的历史'，是由其内在的规律、我们自己、我们的问题、我们的未来乃至我们的观点所决定的。代替历史认识的历史解释，应该回答我们所面临的实践问题以及同我们照面的决断，历史主义者相信它们存在于我们对历史诠释的渴望中，它们表达了我们深刻的直觉，通过这种历史之思我们或许能发现人类命运的本质秘密。历史主义力图发现人类冥冥之中的

---

① 参见〔英〕柯林武德《历史的观念》，何兆武等译，北京大学出版社，2010。

② 参见〔美〕施特劳斯《关于柯林武德的历史哲学》，《形而上学评论》第 5 卷，1952，第 559~586 页。

必由之路；并试图去揭示历史的线索（如 J. 麦考莱所说）或者意义。"① 如果说施特劳斯抓住了历史主义的相对性特征，将之绝对化并加以批判，波普尔则突出了历史主义的规律性特征，将之绝对化并加以批判。这看似矛盾的两家之言不约而同将矛头指向马克思。以历史主义的某个单一的极端的特征来等同于马克思主义，显然难以摆脱片面武断之嫌。张文喜指出："施特劳斯不太了解马克思"，施特劳斯的批评来自"以苏联为中心的马克思主义政治运动蕴涵的基本预设"，这意味着"整个所谓马克思主义的危机实际上是柏拉图主义化的马克思主义的危机（或者如奥克肖特那样称之为'政治理性主义'的马克思主义危机）"，而实际上，施特劳斯对于共产主义与西方文明体系所具有的存在论意义上的原则区别相当无知。但值得注意的是，施特劳斯对共产主义革命与共产主义运动所做的细致甄别，从另一个侧面透露出共产主义对虚无主义的挑战。②

值得注意的是，斯坦利·罗森在其论著《虚无主义：哲学论集》③ 中也将马克思的历史主义视为虚无主义的形式之一。按照罗森的分析，虚无主义是指"一切都是被允许的"，而历史主义指的是善内在于历史当中，或将善等同于所发生的事情。马克思将善等同于历史中所发生的事情，人的劳动创造了他自身的本质，构成历史和意义。人是自然的支配者与创造者，具有至高无上的地位，因此一切都是被允许的。由此，马克思的历史主义本体论的结果就是虚无主义。可以看出，罗森所指的"虚无主义"只是施蒂纳意义上的虚无主义，它所表彰的是个体的至高无上和完全不受束缚的状态。而罗森将此意义上的历史主义和虚无主义冠到马克思的头上，显然是不成立的。因为马克思恰恰强调历史规律与现实的社会历史条件对人的

---

① 转引自〔美〕德怀特·李、罗伯特·贝克《"历史主义"的五种含义及其评价》，载复旦大学当代国外马克思主义研究中心编《当代国外马克思主义评论》第 7 辑，人民出版社，2009，第 317 页。

② 参见张文喜《列奥·施特劳斯：政治哲学与历史唯物主义》，《浙江工商大学学报》2005 年第 3 期。

③ Stanley Rosen, *Nihilism: A Philosophy Essay*, New Haven and London: Yale University Press, 1969.

限制。换言之，也许我们可以指责马克思的历史主义有虚无主义的形式之嫌，但绝对不是罗森意义上的"历史主义"和"虚无主义"。美国的大卫·B. 迈耶早就注意到了罗森对马克思的误解，其《马克思与虚无主义问题》一文即针对罗森的错误判断进行了针锋相对的辩驳，并得出结论："如昊虚无主义是'一切都是被允许的'，那么马克思主义，至少马克思自己所珇解的马克思主义就不是虚无主义。"①

四 马克思走向克服虚无主义的外在性极端？

洛维特在《从黑格尔到尼采：19 世纪思维中的革命性决裂》一书中提出，德国古典哲学的集大成者黑格尔是一个"极大的错误"，他为了完成现代性的自我确证，构建了一个庞大的哲学体系。这看似解决了历史的存在和意义问题，却召唤出德意志虚无主义。于是，抵制和解决虚无主义问题，成为后"德国古典哲学"的基本思想脉动。洛维特描述了黑格尔的完成与尼采的新开端之间的转折性历史图景。作为黑格尔的杰出弟子，马克思赫然在列，且位于醒目的位置上。根据洛维特的判断，在意向上，马克思是虚无主义的克服者；在结果上，马克思走向了克服虚无主义的外在性极端。

洛维特评价克尔凯郭尔（又译基尔克果）与马克思的一段话语值得关注。

> 取代黑格尔的能动精神的，在马克思那里是一种社会实践的理论，在基尔克果那里则是内在行动的反思，二人都以此用认知和意志避开了作为人类最高活动的理论。他们彼此有多遥远，也就有多接近，处于对现存事物的共同攻击中，处于从黑格尔的起源中。无论什么把他们区别开来，都又在对世俗的东西与神圣的东西的那种彻底的分裂的同样关注中证实他们的共同性。②

---

① David B. Myers, "Marx and the Problem of Nihilism," *Philosophy and Phenomenological Research*, Vol. 37, No. 2, pp. 193 – 204.
② 〔德〕卡尔·洛维特：《从黑格尔到尼采：19 世纪思维中的革命性决裂》，李秋零译，三联书店，2006，第 218 页。

　　显然，所谓马克思与克尔凯郭尔同样面对的是这样的问题：现代化世俗化进程中凸显的现代虚无主义，换言之，即如何在世俗化生活中建构生命本身的意义。对此，克尔凯郭尔走向了内在性的极端，力图通过寻求个体的内在信仰遏制虚无主义。问题在于，马克思是在怎样的意义上走向外在性的极端呢？按照洛维特的阐释，落实到具体层面，马克思所关注的视角是国家、社会和经济领域里的人的自我异化问题。其政治表述是市民社会与国家之间的矛盾，社会表述即无产者的实存，经济表述则是作为我们利用对象的商品性质。如果说马克思在社会政治层面上处理虚无主义问题，与克尔凯郭尔相比是一种外在性的方案，那么该方案在哪些地方具体体现了马克思的"极端"呢？倘若洛维特的判断成立的话，那么马克思真的彻底放弃了内在性维度吗？答案是否定的。在笔者看来，洛维特的论证有待细化和考量，而他关于马克思的判断也过于武断。在这一方面，刘森林的研究成果提供了严谨而富有说服力的论据。

　　在马克思与虚无主义问题研究中，刘森林澄清了虚无主义与马克思发生链接的两条路径：一是马克思在批判施蒂纳时与虚无主义的遭遇，二是通过黑格尔与诺斯替主义的链接。在对施蒂纳的批判过程中，马克思发现了保持神圣性维度与价值内在性的必要性，克服虚无主义的关键不在于如施蒂纳般拒斥一切普遍性、本质性与永恒性的维度，而在于在普遍与特殊、神圣性与世俗性、本质与实存、超感性与感性之间保持一种辩证的张力结构。由此，如何使得超验的价值理想扎根于现实的大地，奠基于现实的社会关系之中，是马克思所要完成的工作。[①] 换言之，马克思并没有如洛维特所言，走向了外在性的极端，而是保留了内在性与超验性。而按照沃格林的阐释，马克思的神圣、超验维度是经由黑格尔来自灵知主义的。沃格林的如下表述值得我们重视。

---

① 参见刘森林《马克思与虚无主义：从马克思对施蒂纳的批判角度看》（《哲学研究》2007年第7期）与《虚无主义与马克思：一个再思考》（《马克思主义与现实》2010年第3期）及《追寻主体》（社会科学文献出版社，2008）相关内容。在马克思与虚无主义问题上，刘先生做出了开创性和奠基性的研究，这也是国内学界在该问题上的最为系统的研究，为本书提供了重要的参考资源。

基督教意义上的逻各斯甚至在黑格尔那里就已经稀释成了观念……马克思是中世纪宗派式的圣灵附体的安慰者（Paracletes），是一个逻各斯道成肉身的人，通过他在世间的活动，人类将普遍地成为盛装逻各斯的器皿。不过，对这样一个刻画必须予以限定，因为马克思认为逻各斯不是降临到人身上的一个超验的灵，而是在历史过程中实现的人的真正本质。人，即真正的人，必须从一直束缚着他的历史羁绊中"解放"出来，以达到他在社会生存中的完全自由。人的真正本质，他的神圣的自我意识，作为酵素存在于世界之中，以富有意义的方式推动历史前进。到了某个时刻，这个本质会爆发——一开始是在一个人身上，随之在一小撮人身上，最后大革命将会带来真正的人的充分的社会实现。①

这意味着，马克思所保留的超验性维度与内在性价值并非传统形而上学意义上的凌驾于现实生活之上，在现实大地上永远无法实现的东西，而是建立于现实的社会历史和物质根基之上的。

马克思的内在性不再是内在于自我意识之中了，而是以社会生活为基础，甚至可以说就是内在于社会生活之中，也就是跟现实的、世俗的、日益系统化合理化的那些关系和力量内在关联在一起，并随着历史的前进而逐步摆脱羁绊，获得更大程度的实现。社会物质根基和历史主义使得这种内在性维度区别于传统形而上学那种绝对、永恒的内在性。②

根据马克思的理论，根植于现实的社会历史关系，在普遍与特殊、神圣性与世俗性、本质与实存、超感性与感性之间保持一种辩证的张力结构的就是具体的现实社会历史条件下的个人的劳动实践。③ 但问题在于，在当

---

① 〔美〕沃格林：《没有约束的现代性》，张新樟等译，华东师范大学出版社，2007，第136页。
② 刘森林：《虚无主义与马克思：一个再思考》，《马克思主义与现实》2010年第3期，第22页。
③ 这里采用的是"劳动实践"概念，而不是"劳动"概念或"实践"概念，意在避免将之理解为简单的物质生产性活动而强调其超验性与价值性层面。后文详论之。

下的社会历史条件下，现实的个人的劳动实践表现为异化劳动。因此，对马克思而言，扬弃异化劳动是遏制虚无主义的关键。而在现实的社会条件下，扬弃异化劳动的根本在于超越资本逻辑。

　　总之，从以上的论争可以发现，马克思主义与虚无主义问题有着某种深层次的关联。首先注意到这一关联的，并不是马克思主义的研究者，而是虚无主义问题的思考者。他们在探索和解决虚无主义问题时，无论是从思想史的发生轨迹，还是从问题域本身出发，都不可避免地与马克思相遇。基于各自的视角和理论需要，他们都不约而同地对马克思进行了重构。这一方面使马克思的思想资源在虚无主义问题上获得了展现，另一方面也使我们不得不审视这一重构的合法性。他们所呈现的马克思及其与虚无主义的关联，在多大程度上切中了理论的本质？或者这只是一种"我注六经"的方式，其所树立的"靶子"不过是一种理论的臆测？对这些问题的思考，是我们审视其结论确切与否的重要论据。从历史唯物主义的角度来说，若再回避马克思主义与虚无主义问题的关系，将错失历史唯物主义对现代虚无主义的真正介入和反思。而对于来自多方关于马克思主义是虚无主义的质疑，仅仅基于简单的立场反驳，到底有些无力。真正的回应在于，立足思想史的整体性视域，考察虚无主义与马克思的历史性遭遇；立足马克思的思想发生轨迹，考察虚无主义问题如何寄寓于马克思的思想演变逻辑中。换言之，马克思的虚无主义批判是以什么样的问题形态出现于其思想发展过程中，并获得怎样的回应和解决，这正是下文所要进行的工作。

第二节　马克思与虚无主义问题的相遇图景

　　从上文关于马克思与虚无主义问题的论争中可以看出，各方批评者皆默认了马克思与虚无主义问题的关联，却几乎没有论述马克思是如何与虚无主义问题相遇的。但这恰恰是思考马克思与虚无主义问题时必须完成的前提性工作。究竟是马克思主动走向虚无主义问题域，还是虚无主义成为一个横亘于马克思面前必须解决的问题？虚无主义问题与马克思问题域的链接，是一种必然的还是偶然的事件？虚无主义问题之于马克思，是一种原生问题还是次生问题？马克思之于虚无主义问题，扮演了怎样的角色？二者之间的相遇与碰撞，局限于哪些问题和层面？如何防止对马克思与虚无主义问题的过度解读或者回避漠视？只有深入考察马克思与虚无主义的相遇图景和链接机制，才能澄清以上问题。从宏观历史语境来看，马克思与虚无主义问题的相遇源于现代性的自我伸张所导致的历史性困境。从微观理论视野来看，马克思遭遇虚无主义问题源于后黑格尔时期的时代精神危机。

一 现代性的"阿喀琉斯之踵"①

自启蒙运动以来，现代性的两面性就为人们所认识，对现代性的批判也应运而生。早在 18 世纪，思想家们就开始对什么是启蒙，对启蒙的问题、情景和后果进行反思。如早在 1783 年 12 月，神学家和教育改革家约翰·弗里德里希·策尔纳（Johann Friedrich Zöllner）就在《柏林月刊》上发表了一篇论文，讨论纯粹根据民法规定的婚姻仪式的可取性问题。在该文中，策尔纳提出了著名的"启蒙之问"："什么是启蒙？这个就像什么是真理一样重要的问题，在一个人开始启蒙之前就应该得到回答！但是我还没有发现它已经被回答！"② 一年之内，摩西·门德尔松和康德分别在《柏林月刊》上撰文对此问题进行了回答。门德尔松在《论这个问题：什么是启蒙？》中提出，启蒙关系到（客观的）理性知识，关系到人类生活进行理性反思的（主观的）能力。但启蒙的滥用会削弱道德情感，导致铁石心肠、利己主义、无宗教和无政府主义。③ 1784 年 9 月 30 日，康德在《对这个问题的一

---

① 欧洲谚语。阿喀琉斯是古希腊神话中的海神之子，荷马史诗中的英雄。传说其母曾把他浸在冥河里使其能刀枪不入。但因冥河水流湍急，母亲捏着他的脚后跟不敢松手。未浸到神水的脚踝成为阿喀琉斯的唯一弱点和致命之处。在特洛伊战争中，阿喀琉斯被太阳神阿波罗一箭射中了脚踝而死去。后人以"阿喀琉斯之踵"比喻人或事物致命的弱点或要害。
② 参见〔美〕詹姆斯·施密特编《启蒙运动与现代性：18 世纪与 20 世纪的对话》，徐向东、卢华萍译，上海人民出版社，2005，第 2 页。
③ 参见〔美〕詹姆斯·施密特编《启蒙运动与现代性：18 世纪与 20 世纪的对话》，徐向东、卢华萍译，上海人民出版社，2005，第 56～59 页。

个回答：什么是启蒙？》开篇就明确指出："启蒙就是人类脱离自我招致的不成熟。"① 随后，这场讨论吸引了更多的思想家加入，形成了 18 世纪关于启蒙的著名争论。这些争论聚焦于理性的公共使用、信仰与理性、启蒙与革命之间的关系等问题，同时开启了人们对启蒙和现代性的反思序曲。

到 19 世纪，人们更深刻地意识到，在启蒙所折射的光芒中有一些阴暗危险的东西。黑格尔在《精神现象学》中对启蒙进行了反思，他指出，启蒙运动试图将人类从信仰中解放出来，获得普遍的自由。但普遍的自由只能制造"毁灭的狂暴"，"普遍的自由所能作的唯一事业和行动就是死亡，而且是一种没有任何内含、没有任何实质的死亡，因为被否定的东西乃是绝对自由的自我的无内容的点；它因而是最冷酷最平淡的死亡，比劈开一颗菜头和吞下一口凉水并没有任何更多的意义"②。黑格尔虽然不是第一位反思启蒙和现代性的哲学家，但如哈贝马斯所评价的，"黑格尔是第一位清楚地阐释现代概念的哲学家"，"是使现代脱离外在于它的历史的规范影响这个过程并升格为哲学问题的第一人"，"他首先提出了现代性自我批判和自我确证的问题"。③

如果说康德、黑格尔所处的时代只是启蒙和现代性的萌芽和起步时期，那么马克思所处的历史时代，正是现代性肆意伸张、启蒙精神大力张扬的黄金时期。机器大工业所带来的生产力的巨大发展使马克思得以见证和体会现代性给人类带来的多重效应。如卡洪所指出的，"马克思……对现代欧洲的政治、社会和文化的原则作了批判，指出它们来源于现代经济的本性——资本主义。马克思是理解了——在这方面许多当代的马克思主义者却不甚了了——资本主义具有永远都既是压迫力量又

---

① 转引自〔美〕詹姆斯·施密特编《启蒙运动与现代性：18 世纪与 20 世纪的对话》，徐向东、卢华萍译，上海人民出版社，2005，第 61 页。

② 〔德〕黑格尔：《精神现象学》下卷，贺麟、王玖兴译，商务印书馆，1997，第 119 页。

③ 〔德〕于尔根·哈贝马斯：《现代性的哲学话语》，曹卫东等译，译林出版社，2004，第 5、19、59 页。

是解放力量这种根深蒂固的矛盾的本性的第一人"①。可以说，启蒙的缺憾与矛盾、现代性的负面效应是潜藏于时代洪流下的重大隐忧。而被誉为"启蒙之子"的马克思，更是深刻地体会到了这一时代问题。对于现代性和启蒙的反思和批判，则必然要遭遇虚无主义问题。从本质上而言，现代虚无主义产生于现代性的自我确证和发展过程中，乃是现代性的"阿喀琉斯之踵"。其发生逻辑如下。

首先，现代性导致了古今之断裂。现代（Modern）的拉丁语形式为 modernus，来源于"modo"，是当下、此时（just now）的意思。它最早出现于公元 5 世纪，最初被用于区分皈依基督教的现代社会与仍隶属于"异教"的罗马社会。② 但直到 17 世纪，这个词才获得普遍的使用。这源于 17 世纪 90 年代法国著名的"古今之争"，争论的核心在于"现代文化是否优于古典文化"。③ 由此可见，"现代"一词首先强调的是一种富有时间意识的古今之断裂。按照库尔珀的考察，"Modern"这一英语单词迅速演变为两个层面的意思：一是意味着"当代""当今"；二是现代世界已不同于古典的和中世纪的世界。而这种区分演变至今，蕴含着一种更为精致的关于现代和传统生活方式的对立。

在此，"现代"乃是一个历史概念，"现代性"（Modernity）则成为现代这一历史概念和现代化这一社会历史进程的总体性特征。它寓示着与传统的决裂、对新起点的欢迎以及对历史起源的重新阐释。对这一总体性特征的言说有诸多方式，如合理化进程（韦伯），"一切坚固的东西都烟消云散了"（马克思），世界的图像化（海德格尔），宏大叙事（利奥塔），独特的社会生活和制度模式（吉登斯），未完成的启蒙计划（哈贝马斯），等等。其中有两点最为明确。第一，现代性的最主要的构成因素就是线性历史观。如卡林内斯库所言，"只有在一种特定时间意识，即线性不可逆的、无法阻

---

① 〔美〕劳伦斯·E. 卡洪：《现代性的困境：哲学、文化和反文化》，王志宏译，商务印书馆，2008，第 18 页。

② 参见〔德〕哈贝马斯《后民族结构》，曹卫东译，上海人民出版社，2002，第 178 页。

③ http://en.wikipedia.org/wiki/Modernity.

止地流逝的历史性时间意识的框架中，现代性这个概念才能被构想出来。在一个不需要时间连续型历史概念，并依据神话和重现模式来组织其时间范畴的社会中，现代性作为一个概念将是毫无意义的"①。第二，现代性之断裂寓示了自我确证的要求。用哈贝马斯的话来说，"由于要打破一个一直延续到当下的传统，因此，现代精神必然就要贬低直接相关的前历史，并与之保持一段距离，以便自己为自己提供规范性的基础"。② 也就是说，现代性的核心问题在于重新寻找自己的立足点，重建根基与意义，并以此为基础建立完备的价值规范体系。这是现代性得以开展的前提和基础，是现代性必须完成的历史性任务。

其次，现代性通过世俗化和主体性原则获得自我确证。现代性之断裂寓示着传统与现代的差异，这不仅是时间维度上的差别，更为根本的是意义根基的相异。用海德格尔的话来讲，这是一个弃神的过程。"上帝和教会圣职的权威消失了，代之而起的是良知的权威，突兀而起的是理性的权威。反抗这种权威而兴起社会的本能。向着超感性领域的遁世为历史的进步所取代。一种永恒的幸福的彼岸目标转变为多数人的尘世幸福。对宗教文化的维护被那种对于文化的创造或对于文明的扩张的热情所代替。创造在以前是神圣的上帝的事情，而现在则成了人类行为的特性。人类行为的创造最终转变为交易。"③ 弃神之过程乃是世俗化之进程。意义根基与规范基础不再是"神"，而是"人"；不再是超感性领域里的先验决断，而是尘世生活的幸福追求。这是一个从天上降落到大地的过程，上帝与诸神都丧失了发言权与裁决权，超感性领域所建构的理想世界随之崩塌。这就是尼采所高呼的"上帝死了"。

值得注意的是，弃神与世俗化的苗头早已深埋在基督教之中。耶稣基督是上帝之"神性"世俗化为"人性"的最基本依据。《约翰福音》中说，"道成了肉身，住在我们中间"，道成肉身者，耶稣也。耶稣是人，具有人

---

① 〔美〕马泰·卡林内斯库：《现代性的五副面孔》，顾爱彬、李瑞华译，商务印书馆，2010，第 18 页。
② 〔德〕哈贝马斯：《后民族结构》，曹卫东译，上海人民出版社，2002，第 178 页。
③ 《海德格尔选集》下卷，孙周兴选编，上海三联书店，1996，第 774 页。

性，但他同时也是神，兼具神性。如帕斯卡尔所言，"认识上帝而不认识自己的可悲，便形成骄傲。认识自己的可悲而不认识上帝，便形成绝望。认识耶稣基督则形成中道，因为我们在其中会发现既有上帝又有我们的可悲。耶稣基督就是一个我们与他接近而不骄傲、我们向他屈卑而不绝望的上帝"①。这一世俗化因子经启蒙运动与宗教改革得以发扬壮大，使得对"人性"的关注取代了对"神性"的关注。"主体的特殊性求获自我满足的这种法，或者这样说也一样，主观自由的法，是划分古代和近代的转折点和中心点。"② 意义的根基和规范的基础从天上降到地上，从神身上转换到人身上。人从"一般主体"中脱颖而出，成为世界的主体，自然的主人。

人借以成为万物之主的乃是主体性原则。正是主体性原则，现代性得以自我确证，人得以为自身立法。黑格尔指出："现代世界是以主观性的自由为其原则的，这就是说，存在于精神整体中的一切本质的方面，都在发展过程中达到它们的权利的。"③ 而人为自身立法，具体是通过理性来完成的。作为时代精神的哲学承担了这一历史使命。如哈贝马斯所言，"自笛卡尔以降，现代哲学集中关注的是主体性和自我意识。理性是用认知主体的自我指涉概念来加以解释的；认知主体似乎又回到了自身，以便清楚地认识到自己是一个认知主体。精神通过自我反思而把握住了自己，在自我反思过程中，意识不仅被揭示为一个对象领域，更多地还被当作是一个对象的想像领域"④。哈贝马斯深刻分析了以理性的自我反思来确定主体存在根基的机制。这在笛卡尔那里表现为"我思故我在"中的抽象主体性，在康德那里则体现为先验的主体意识。主体通过反躬自问，推己及人而确立自身存在的自明性和肯定性并同时保障其反思性和批判性。在此意义上，主体性不仅是一个基础主义的概念，更具有普遍主义和个人主义的意义。

① 〔法〕帕斯卡尔：《思想录：论宗教和其他主题的思想》，何兆武译，商务印书馆，1997，第 234 页。
② 〔德〕黑格尔：《法哲学原理》，范扬、张企泰译，商务印书馆，1961，第 126 ~ 127 页。
③ 〔德〕黑格尔：《法哲学原理》，范扬、张企泰译，商务印书馆，1961，第 291 页。
④ 〔德〕哈贝马斯：《后民族结构》，曹卫东译，上海人民出版社，2002，第 180 页。

　　然而，究其本质，先验反思乃是一种主观唯心主义，它所塑造的是内生性的主体。黑格尔看到了这种先验反思对客观性的忽视及隐藏的暴力。对黑格尔来说，现代批判就是主观唯心主义批判，批判的目标就是使主体性和自我意识达到这样的标准："它既是从现代世界中抽取出来的，同时又引导人们去认识现代世界，即它同样也适用于批判自身内部发生了分裂的现代。"① 黑格尔的方案是，通过绝对精神在主体与客体、主动性与被动性、主观性与客观性的调和与辩证运动中达到完美的同一。唯有如此，现代才能自我确证，从内部巩固自身。唯有如此，主体性原则才能真正成为现代性的原则，为科学、道德、艺术和宗教等奠定基础。

　　最后，主体性原则带来了虚无主义。这体现在以下三个层面。第一，当理性以主体性原则建构现代性的根基时，它所遵循的原则是主客二分的认知结构。这一结构的内在机制是，主体以自身为标准表征客体。这是一种"对象化"模式。这种模式在人与自然关系上，表现为人对自然的统治与支配。这一点被库尔珀精辟地描绘出来了："我们的一个自我形象就是，我们的生活与那些被先前时代甚至也许还被世界上其他一些社会视作当然的东西之间存有一种间距。"② 与间距一道而来的是控制。人类妄图成为世界的"主人和主宰"。更有甚者，"我们把周围的一切事物，包括我们自己，都认定为计划和控制的可能对象"③。这道出了主体性原则的本质：它是主体对自然的支配与统治，是世界的"拟人化"。而以此建立起来的现代性根基无法避免虚无主义的苛责，因为它直接斩断了人与自然之间的源初关系。

　　第二，当这种"拟人化"运用到历史维度时，它产生的问题更为严重。在历史维度当中，被表征的"客体"乃是另一个活生生的"他者"！这就涉及第二点，即主体的合法性问题。谁有权力去作为合法的"主体"来表征

---

① 〔德〕哈贝马斯：《现代性的哲学话语》，曹卫东等译，译林出版社，2004，第24页。
② 〔美〕大卫·库尔珀：《纯粹现代性批判——黑格尔、海德格尔及其以后》，臧佩洪译，商务印书馆，2006，第22页。
③ 〔美〕大卫·库尔珀：《纯粹现代性批判——黑格尔、海德格尔及其以后》，臧佩洪译，商务印书馆，2006，第23页。

其他的"主体"？凭什么"他者"就必须是被表征的"客体"？如果说主体是先验设定（如神，或者被神选中的人）的话，那这一切也许无从争论，但当主体只是经验世界的人时，选取的标准和合法性就有待商榷了。以此建立起来的意义根基在普遍维度与自由公正问题上便面临着质疑与挑战。随之而来的疑问便是，普遍意义的建构是否可能？

第三，线性发展的历史意识问题。线性历史观是现代性的构成要素，它首先预设了一个理性的人类创造主体。创造与被创造的关系寓示着作为客体的世界是一个可以被理性所把握的统一的整体，更甚者，主体（人自身）也是可以被纳入这一对象化的整体中，成为对象化的"客体"。按照这种思路，人类历史发展的过程是一个同一的主体－客体过程。这实质上是以一种固定不变的逻辑公理、普遍有效的原则阐释世界与历史，并以此衡量一切价值观念与思想体系。在此，异质性与个别性被压制甚至被泯灭了。此外，线性历史观预设了历史的发展是一个不断上升的线性的发展进程。但是，现实的社会历史事件已表明，必然领域的发展不等于自由领域的发展。自由领域的事件无法像必然领域那样成为一个单一的线性发展进程。并且，必然领域的发展有可能反过来压制自由领域。韦伯将这一问题表述为工具理性不断膨胀并建立霸权，价值理性不断萎缩与被贬抑的过程。另外，线性历史观预设了一个人类总体的宏大目标，整个人类历史发展都是为这一目标服务的"过程"。这造成的问题是，自由与幸福被无限制地推向未来，当下的灾难与牺牲可以被合法地理解成为实现未来承诺的必然代价。以历史为名义的暴力与独裁顺势滋生发展，并且拥有了冠冕堂皇的理由。当下现实个体的生命意义呈现虚无状态。

总之，被视为现代性自我确证原则的主体性，在最初表现了自由与解放，但同时又展现了欺骗性与支配性，并表现为一种野蛮的客观化。这是黑格尔之后的现代性批判所面临的共同问题。针对此，青年黑格尔派着力于解放被黑格尔的理性所压制的批判性，重构历史维度，反对黑格尔仅限于思想领域达成的和解。费尔巴哈强调自然的感性存在，克尔凯郭尔坚持个体的历史存在，马克思则强调立足日常生活经济基础的物质存在。可以说，现代性批判构成了马克思与虚无主义问题相关联的历史语境。马克思在反思和批判现代性时，必然要遭遇虚无主义问题。马克思的独特之处在于，他从生产方式和社会经济运动的角度阐释了现代性特征，这同时也从另一个侧面展示了虚无主义在经济和制度层面上的病症、病根甚至药方。

二　后黑格尔时期的时代精神危机

虚无主义如何在马克思的思想中出场，这是一个思想史事件，是与马克思同时代的哲学家们共同面临的时代问题。如黑格尔所言，"哲学的任务在于理解存在的东西，因为存在的东西就是理性。就个人来说，每个人都是他那时代的产儿。哲学也是这样，它是被把握在思想中的它的时代"①。作为时代精神的核心，黑格尔的总体性哲学承担了这一历史任务。黑格尔哲学调和了个体与总体，调和了形式和内容，统一了宗教信仰与理性认识，使个人得以自在地生活在现时代。"存在于作为自我意识着的精神的理性和作为现存的现实世界的理性之间的东西，分离前者与后者并阻止其在后者中获得满足的东西，是未被解放为概念的某种抽象东西的桎梏。在现在的十字架中去认识作为蔷薇的理性，并对现在感到乐观，这种理性的洞察，会使我们跟现实调和；哲学把这种调和只给与那些人，他们一度产生内心的要求，这种要求驱使他们以概念来把握，即不仅在实体性的东西中保持主观自由，并且不把这主观自由留在特殊的和偶然的东西中，而放在自在自为地存在的东西中。"② 一方面，人就是自由意志。自由意志使人作为自在自为的存在与其他存在者区别开来。自由是理性的本质和追求的目标。另一方面，理性的崛起和宗教的衰退导致信仰和知识的分离。尽管主体性原则能够塑造出自由的主体进行反思，从而削弱了迄今为止宗教所发挥的绝对的一体化力量，但它只是一个片面性的原则，并不能利用理性来复兴

---

① 〔德〕黑格尔：《法哲学原理》，范扬、张企泰译，商务印书馆，1961，第 12 页。
② 〔德〕黑格尔：《法哲学原理》，范扬、张企泰译，商务印书馆，1961，第 12~13 页。

宗教的一体化力量。那么，如何调和四分五裂的现代社会？

用哈贝马斯的话来讲，黑格尔是在主体哲学范围内克服主体性的。但是，"作为绝对知识，这种理性最终采取的形式是如此的势不可挡，以致现代性自我确证的问题不仅得到了解决，而且得到了太好的解决：现代性的自我理解问题在理性的嘲笑声中迷失了方向。因为，理性取代了命运，并且知道每一事件的本质意义早被预定。所以，黑格尔的哲学满足了现代性自我证明的要求，但付出的代价是贬低了哲学的现实意义，弱化了哲学的批判意义。最终，哲学失去了其对于当前时代的重要意义，毁灭了自己对时代的兴趣，拒绝了自我批判和自我更新的天职"[1]。洛维特则更直白地指出，在黑格尔的调和哲学中蕴含着虚无主义的内在危机。其问题在于，他把现实世界理解为一个"符合"精神的世界，这一方面抬高了哲学的精神意义，使十字架从属于蔷薇，但另一方面也使思想不再批判性地与现实对立，而是作为理想的东西与实在的东西达成了和解。究其本质，黑格尔只是以"理解"的方式使信仰和理性、形式和内容、个体和总体在现实中达成和解。正是在此意义上，黑格尔哲学构成了一个终结，是"精神和欧洲教养的历史中的一个转折点"[2]。

在后黑格尔时代，总体性哲学走向崩溃，人们面临着新的抉择，这种抉择将黑格尔所结合起来的东西，即古代与基督教、上帝与世界、内在性与外在性、本质与实存分离开了。哲学的崩溃意味着普遍性的信仰和价值体系的坍塌，意味着总体性的时代精神和生存意义的缺失，同时也导致了个体在精神上的连根拔起、无处安身和无所适从。上帝死了，诸神退隐，时代精神的总体性危机具有整体性效应，波及政治和社会生活，造成了思想理论、价值信念、生活方式的分裂。

总而言之，这是以总体性哲学崩溃为核心蔓延至整个现代社会的虚无主义危机。生活于后黑格尔时代的马克思面临的就是这样的时代精神境遇。

---

[1] 〔德〕哈贝马斯：《现代性的哲学话语》，曹卫东等译，译林出版社，2004，第49页。
[2] 〔德〕卡尔·洛维特：《从黑格尔到尼采：19世纪思维中的革命性决裂》，李秋零译，三联书店，2006，第58页。

洛维特的《从黑格尔到尼采：19 世纪思维中的革命性决裂》精彩呈现了这一段历史情境。"当歌德和黑格尔在对'超越的东西'的共同抵制中想建立一个让人们能够与自身同在的世界的时候，他们最亲近的学生们已经不再视他们为家园了，他们把自己老师的平静误认为是一种单纯的适应的结果。歌德的自然赖以为生的中心，黑格尔的精神在其中运动的调和，都在马克思和克尔凯郭尔那里重新分裂为外在性和内在性这两极，直到最后尼采要借助一次新的开始，从现代性的虚无中召回古代，并在从事这种试验时消逝在癫狂的黑暗之中。"① 在此意义上，抵制和解决虚无主义问题，成为后"德国古典哲学"的基本思想脉动。

　　按照洛维特的视角，虚无主义成为黑格尔之后整个德国思想史必须应对的根基性危机。整个后黑格尔时代的哲学变革都可视为从不同路向上抵制和克服虚无主义的努力。黑格尔关于"现实"是"本质与实存的统一"被其后继者分别向左向右地割裂了。老年黑格尔派坚持"只有现实的事物才是合理的"，青年黑格尔派则坚持"只有合理的事物才是现实的"。由此，老年黑格尔派坚持把黑格尔之后的哲学都理解为他的体系的纯粹后史，以他们的独特方式维护黑格尔的历史思维方式，从而也使他们自身都置身于19 世纪的变革史之外。而青年黑格尔派走向了与黑格尔哲学的决裂。这最初发生在宗教问题和政治问题上。青年黑格尔派摧毁了黑格尔在哲学上所达成的理性与信仰、基督教与国家的和解。费尔巴哈把基督教的本质还原为感性的人，马克思则把它还原为人类世界的矛盾，鲍威尔在罗马世界的衰弱中找到其产生的解释，克尔凯郭尔则把它还原为信仰的悖谬。他们以不同的方式解构了市民阶级的基督教世界，对他们来说，现实不再处于黑格尔意义上的"与自身同在的自由的光照之中"，而是处于人的自我异化和分裂的阴影之中。在倾覆黑格尔哲学的同时，他们也以自身的方式展示了时代精神的危机。洛维特说道："在黑格尔哲学的倾覆内部，可以区分三个

------

① 〔德〕卡尔·洛维特：《从黑格尔到尼采：19 世纪思维中的革命性决裂》，李秋零译，三联书店，2006，第 37～38 页。

阶段：费尔巴哈和卢格致力于在变化了的时代的精神中改变黑格尔的哲学；B. 鲍威尔和施蒂纳让哲学在一种极端的批判主义和虚无主义中终结；马克思和基尔克果则从变化了的状态出发得出了极端的结论：马克思解构了市民资本主义世界，基尔克果解构了市民基督教世界。"① 暂且不论洛维特对马克思的判断是否确切，毋庸置疑的一点是，作为黑格尔的杰出学生和对手，马克思确实回应了这一问题。至于在解决虚无主义问题上，马克思最终走向何方，留下了怎样的探索路径，这正是下文所要展示和探讨的。

第三节　批判的逻辑进程和历史性的实践救赎

刘森林指出，"虚无主义问题贯穿于前马克思主义哲学和后马克思主义哲学的始终。无论在马克思主义哲学的生成背景中，发生过程中，还是在它的进一步延展中，虚无主义问题都以或潜在或显在的形式存在着"②。由于没有直接的文本支撑，这使我们思考马克思对虚无主义的批判时需要进行问题域的链接和架构。再加上马克思本身思想发展历程具有阶段性和侧重点，这使他对虚无主义的批判在不同时期呈现为不同的话语模式。下文将从马克思思想的历史性和整体性视角出发，考察马克思对虚无主义的批判进程和克服虚无主义的历史性实践方案。

一　时代精神的晦暗不明与重建总体性哲学

一般认为，对马克思而言，虚无主义问题从属于意识形态批判（具体表现为观念论批判），而对于意识形态的批判则要奠基于政治经济学批判，这使马克思得以从政治、经济层面透视虚无主义的根源。众所周知，大部分虚无主义问题的思考者，如尼采、海德格尔等，皆是从哲学、精神层面

---

① 〔德〕卡尔·洛维特：《从黑格尔到尼采：19 世纪思维中的革命性决裂》，李秋零译，三联书店，2006，第 92 页。
② 刘森林：《物与无：物化逻辑与虚无主义》，江苏人民出版社，2013，第 5 页。

透视虚无主义，而马克思提供了一条更为根本的坚实的克服虚无主义的道路。但很少有学者去追问，马克思是如何走向这一路径的。考察马克思早期的思想可以发现，年轻的马克思一开始也着眼于虚无主义的哲学批判。在《关于伊壁鸠鲁哲学的笔记》和《德谟克利特的自然哲学和伊壁鸠鲁的自然哲学的差别》（以下简称博士论文）中，马克思注意到了总体性哲学坍塌所带来的时代精神的虚无，希望通过弘扬自我意识重建总体性哲学，为人们的生活提供新的精神信仰和价值支撑体系。马克思的独特之处在于，他没有从宗教神学领域出发思考终极价值的退隐问题，而是首先从哲学领域思考如何重建时代精神的问题。这是虚无主义问题在马克思思想中的正式出场。"以自我意识哲学为起点，马克思开启了自己的'哲学革命'，走上了一条建构新型总体性哲学从而超越虚无主义困境的道路。"[1]

1. 总体性哲学坍塌导致时代精神的晦暗不明

哲学是时代精神的核心，每一个时代的总体性哲学为人们提供一整套普遍性的知识、价值和信仰体系，使个体在生存意义和精神信仰上获得安身立命的根基。马克思从黑格尔那里承继了这一哲学历史使命的观点。马克思认为，在古希腊和现代，亚里士多德哲学和黑格尔哲学分别承担了这一历史任务。在亚里士多德和黑格尔之后，这两种包罗万象的总体性哲学开始走向分裂瓦解。因此，从西方哲学史的发展视角出发，"后亚里士多德时代"与"后黑格尔时代"具有历史的相似性，都处于新旧哲学变革的"关节点"。它们都是处于旧的总体性哲学四分五裂，新的总体性哲学尚未建立的时代。"这些时代是不幸的铁器时代，因为它们的诸神死去了，而新的女神还命运莫测，不知是一派光明，还是一片黑暗。她还没有白昼的色彩。"[2] 由于总体性意蕴瓦解，普遍性效力丧失，世界变得支离破碎，时代精神处于虚无状态，个体精神无所适从，无处可依。这种虚无主义状态具有历史发展的必然性，同时也具有暂时性。彻底的崩溃带来了重建的可能。

---

① 郗戈：《"后黑格尔"虚无主义境遇与马克思的哲学革命——以〈关于伊壁鸠鲁哲学的笔记〉为中心》，《中国人民大学学报》2014 年第 5 期，第 48 页。
② 《马克思恩格斯全集》第 40 卷，人民出版社，1982，第 137 页。

马克思指出，总体性哲学虽然坍塌，但是哲学的"精神单子"保留和转化到哲学的主观形式之中。"哲学的客观普遍性变成个别意识的主观形式，而哲学的生命就存在于这些主观形式之中。但是不应对这场继伟大的世界哲学之后出现的风暴，感到惊慌失措。普通竖琴在任何人手中都会响；而风神琴只有当暴风雨敲打琴弦时才会响。"①

所以，在马克思看来，铁器时代是一个灾难迷茫的时代，也是一个伟大斗争的时代，是一个不幸的时代，也是幸运的时代。"例如，伊壁鸠鲁哲学和斯多葛派哲学曾是它那个时代的幸运；又如在大家共有的太阳落山后，夜间的飞蛾就去寻找人们各自为自己点亮的灯光。"② 靠着这些微弱的思想烛火，人们可以在这个晦暗不明的时代活下去。正如"雅典的覆灭与重建"一样，我们将"在海上，即在另一个元素上建立新的雅典"。③ 这"另一个元素"便是自我意识。自我意识哲学将带来哲学问题与研究范式的转换，从而召唤出一个新的时代。

2. 以自我意识重建总体性哲学

和许多青年黑格尔派一样，马克思继承了黑格尔的"自我意识是最高原则"这一观点。在博士论文序言中，马克思高度赞扬普罗米修斯式的自我意识："只要哲学还有一滴血在自己那颗要征服世界的、绝对自由的心脏里跳动着，它就将永远用伊壁鸠鲁的话向它的反对者宣称：'渎神的并不是那抛弃众人所崇拜的众神的人，而是把众人的意见强加于众神的人。'哲学并不隐瞒这一点。普罗米修斯的自白：'总而言之，我痛恨所有的神'就是哲学自己的自白，是哲学自己的格言，表示它反对不承认人的自我意识是最高神性的一切天上的和地上的神。"④ 自我意识是理性和自由的表现，是时代精神的承担者，是新的总体性哲学的内核，因而也成了克服虚无主义的出路。马克思大加赞赏伊壁鸠鲁关于原子偏斜运动的规定。原子发生偏

---

① 《马克思恩格斯全集》第 40 卷，人民出版社，1982，第 136 页。
② 《马克思恩格斯全集》第 40 卷，人民出版社，1982，第 137~138 页。
③ 《马克思恩格斯全集》第 40 卷，人民出版社，1982，第 137 页。
④ 《马克思恩格斯全集》第 1 卷，人民出版社，1995，第 12 页。

斜是由原子的相互排斥造成的。"排斥是自我意识的最初形式；因此，它是同那种把自己看作是直接存在的东西、抽象个别的东西的自我意识相适应的。"① 原子的偏斜运动说明了原子具有独立性和个别性形式，是偶然性对必然性的挑战。原子的世界就是人的世界。原子发生偏斜运动，体现的是个体的自由意志，是理性和自由对命运的挑战。所以，伊壁鸠鲁哲学强调的是"自我意识的绝对性和自由，尽管这个自我意识只是在个别性的形式上来理解的"②。

马克思认为，伊壁鸠鲁的自我意识哲学是"后亚里士多德时代"分裂混乱中的微弱思想烛火，开辟了哲学精神的新方向，带来了一个更加宏伟的新时代即罗马时代。与此境遇类似的是，现代自我意识哲学也标示着新的启蒙时代的开启。它使人们得以在"后黑格尔时代"的晦暗不明中继续生活下去，并引领人们走向新的总体性时代。由此，马克思对晚期希腊哲学的研究有了借古喻今的作用。凭借对伊壁鸠鲁自我意识哲学的推崇以及对德谟克利特原子哲学的批判，马克思将自己历史性地理解为后黑格尔时代的哲学精神变革者。他希望通过哲学变革来建构某种新的总体性哲学，弥补旧的总体性哲学崩溃所带来的精神虚无，结束当前嘈杂喧嚣的思想论争和价值真空，超越"无可相信"的相对主义状态，为人们提供新的精神信仰和价值支撑体系。

可见，在对哲学使命的理解上，在对自我意识和自由的推崇上，马克思是黑格尔的继承者。但在宗教和神学问题上，马克思是黑格尔的批判者。马克思极力反对黑格尔式的理性与宗教在哲学形式上的调和。他强调人类精神的自主性，以自我意识否定神的作用。"对神的存在的证明不外是空洞的同义反复……一切神，无论异教的还是基督教的神，都曾具有一种实在的存在。……对神的存在的证明不外是对人的本质的自我意识存在的证明，对自我意识存在的逻辑说明。……当我们思索存在的时候，什么存在是直

---

① 《马克思恩格斯全集》第 1 卷，人民出版社，1995，第 37 页。
② 《马克思恩格斯全集》第 1 卷，人民出版社，1995，第 63 页。

接的呢？自我意识。在这个意义上说，对神的存在的一切证明都是对神不存在的证明，都是对一切关于神的观念的驳斥。"① 在对宗教的批判上，我们能隐约地看到尼采"上帝死了"的论述逻辑。在现代理性和自由的张扬下，以神学或绝对理性为根基构筑现代人类的精神体系和价值秩序已不再可能。摆脱当前精神的虚无状态，只能求助于理性的自我意识和自由意志。因此，宗教的批判必然要转化为哲学的批判。马克思充分意识到了这一点并身体力行地进行探索。马克思寄托于个体自我意识的张扬来冲破绝对理性的牢笼，从而使抽象的个性变成具体的个别性。由此可以看出，马克思体现了青年黑格尔派的变革主张，强调存在之于现实合理性的重要意义。正如哈贝马斯所评价的："青年黑格尔派的确很想把面向未来的现在从全知全能的理性的控制之下解脱出来。他们希望重构历史维度，为批判打开一个活动空间，以便应对危机。但是，他们要想获得一种行动的指南，就不能为了历史主义而牺牲时代历史，而且还要保持住现代性与合理性之间的独特联系。"②

　　但需要注意的是，马克思的自我意识哲学与鲍威尔有所不同。自我意识哲学的目标皆是自由，但鲍威尔的自由是个人在思想上和行动上的不受限制，纯粹抽象个别性上的自我意识。而马克思不仅强调自我意识的个别性，同时也强调自我意识的普遍性③和否定性。可以看出，马克思希望将个别性、普遍性和否定性三者统合起来构成自我意识的完备的结构，试图调节个别性与普遍性的对立，寻求"定在之中的自由"。④ 在马克思看来，总体性并不等同于排斥差异的抽象同一性，而是内含差异性、个别性和否定性的具体的总体性。正是这种具体的总体性的设定，使马克思的自我意识

① 《马克思恩格斯全集》第 1 卷，人民出版社，1995，第 100~101 页。
② 〔德〕于尔根·哈贝马斯：《现代性的哲学话语》，曹卫东等译，译林出版社，2004，第 63 页。
③ 这又与黑格尔对绝对精神普遍性的推崇具有很大的相似性。
④ 可以说，这是马克思的共产主义思想中个人的自由联合思想原型。这种思想一直贯彻于马克思的一生。尽管后来马克思的思想逻辑有了很大的转变，但是他一直希望个体之光能在定在之中保持着独特的光芒。后期的关于"自由人的联合体"（即共产主义）便是"定在之中的自由"的理论的成熟表述。

与实体之间的张力和对抗在面对外部世界时没有走向如其他青年黑格尔派的极端程度，也使马克思没有如尼采及其后继者，还有后现代主义者那般走向对总体性的彻底绝望，从而踏上过分张扬差异性的极端路径。更值得注意的是，马克思以重建总体性哲学克服时代精神的虚无，这一路线为后来的卢卡奇所继承发扬，开辟了一条西方马克思主义克服虚无主义的典型路径。

郗戈指出，"马克思哲学革命的思想起点正是以自我意识哲学超越现代虚无主义的尝试，这使得他仍然处于西方哲学传统之中，并成为后黑格尔欧陆思想变迁的一个缩影"[①]。无论是将克服虚无主义的希望寄托于哲学变革，通过哲学范式的转换解决旧哲学体系崩溃后带来的精神虚无和价值真空，还是将现代体验投射于古典思想，在传统中寻获现代问题的灵感，青年马克思的这些做法在后来的尼采和海德格尔等人身上获得了淋漓尽致的演绎。但很快地，马克思发现虚无主义的根源不在于总体性哲学的崩溃，而是社会关系的异化和分裂。这使马克思得以超越哲学批判模式且另辟蹊径。这首先体现在马克思从以自我意识为核心的哲学批判到以市民社会为核心的政治批判的转换上。

二　市民社会批判与人的解放

在编辑《莱茵报》时期，马克思逐渐体会到自我意识的伸张在现实中的软弱无力。当时的普鲁士王室内阁颁发了新的书报检查令，在自由主义的伪善面具后重新肯定了1819年的书报检查令。这使得出版自由成为当时德国进步力量最为关注的政治问题。马克思以此为议题发表了第一篇政论性文章《评普鲁士最近的书报检查令》。在该文中，马克思仍然将理性、精神看作历史发展的决定性力量，将出版自由的问题归结为精神自由的问题。马克思意识到，书报检查所体现的自由只是书报检查者的自由，而且这种

---

① 郗戈：《"后黑格尔"虚无主义境遇与马克思的哲学革命——以〈关于伊壁鸠鲁哲学的笔记〉为中心》，《中国人民大学学报》2014 年第 5 期，第 48 页。

自由还是以否定其他人的自由为前提的。本该体现理性本质的法律制度实质上维护的是书报检查者的特权。"每一滴露水在太阳的照耀下都闪现着无穷无尽的色彩。但是精神的太阳，无论它照耀着多少个体，无论它照耀什么事物，却只准产生一种色彩，就是官方的色彩！精神的最主要形式是欢乐、光明，但你们却要使阴暗成为精神的唯一合适的表现；精神只准穿着黑色的衣服，可是花丛中却没有一枝黑色的花朵。"① 在《关于出版自由和公布等级会议记录的辩论》中，马克思意识到理性的国家和法的概念与其经验存在是对立的。在《关于林木盗窃法的辩论》中，马克思更深刻地意识到，本该体现国家普遍利益、保障自由的法律最终沦为"私人利益的工具"。这迫使马克思直接面对物质利益与精神自由之间的关系问题。时代精神的虚无有着现实的社会和政治根源。仅仅从精神层面重构总体性哲学，并不能真正实现人的自由。由此，马克思开始转向市民社会与国家的关系问题研究。在虚无主义问题的批判上，则体现为从哲学批判向政治批判的转换。

在克罗茨纳赫和《德法年鉴》时期，马克思讨论的论题主要有两个，一是市民社会与国家关系问题，二是以宗教批判为主题的政治解放和人类解放问题。二者统一于马克思的政治批判。黑格尔认为，国家是伦理理念和绝对精神的现实化，是绝对自在自为的理性形式，因而代表着普遍性和神圣性，市民社会是一个相互联系的"需求体系"，体现的是单个成员的特殊利益，因而代表了个体性和特殊性。在现代社会，国家与市民社会是分离开来的，这意味着人的普遍性与特殊性分属两个独立的领域，因而也处于分离状态。但是，"现代国家的原则具有这样一种惊人的力量和深度，即它使主观性的原则完美起来，成为独立的个人特殊性的极端，而同时又使它回复到实体性的统一，于是在主观性的原则本身中保存着这个统一"②。现代国家使实体的普遍性和主体的个别性获得了和解，使人的普遍性和特殊性达成了和解，由此在一定程度上规避了虚无主义问题。

---

① 《马克思恩格斯全集》第 1 卷，人民出版社，1995，第 111 页。
② 〔德〕黑格尔：《法哲学原理》，范扬、张企泰译，商务印书馆，1961，第 260 页。

但正如洛维特所说的，"黑格尔的学生和后继者们又把他如此高明地结合起来的东西分离开了，并且要求作出反对他的调和的抉择"。① 首先，马克思做出的历史性抉择是将黑格尔的国家和市民社会关系逻辑颠倒过来。马克思发现，家庭是国家的自然基础，市民社会是国家的人为基础，二者是国家的必要条件。"家庭和市民社会是国家的现实的构成部分，是意志的现实的精神存在，它们是国家的存在方式。家庭和市民社会使自身成为国家。它们是动力。"② 因此，不是国家产生家庭和市民社会，而是家庭和市民社会产生国家。黑格尔的问题在于他使"制约者被设定为受制约者，规定者被设定为被规定者，生产者被设定为其产品的产品"③。其次，马克思深刻地体会到市民社会和国家的分离带来的人的二重性。"在政治国家真正形成的地方，人不仅在思想中，在意识中，而且在现实中，在生活中，都过着双重的生活——天国的生活和尘世的生活。前一种是政治共同体中的生活，在这个共同体中，人把自己看作社会存在物；后一种是市民社会中的生活，在这个社会中，人作为私人进行活动，把他人看作工具，把自己也降为工具，并成为异己力量的玩物。"④ 现代国家并未能发挥黑格尔所设想的调和功能，因为人的最直接现实的、活生生的世俗生活被当作一种不真实的现象，而人的非现实的政治共同体生活，却被当作类本质和普遍性的体现。现实的感性的个人只能以利己的形式存在，真正的人只能以抽象的公民形式出现。个人生活与类生活的二元对立，特殊性与普遍性的分裂，正是虚无主义的现实映象。另外，在现实生活中，国家已沦为一种"虚假的共同体"，沦为个人特权的工具，这使得人的这一想象的普遍性建构更加不可能实现。

一方面，对市民社会和国家关系的反思和批判，促使马克思开始将目光聚焦于市民社会中的活生生的现实个人，使马克思开始深入生产关系领

---

① 〔德〕卡尔·洛维特：《从黑格尔到尼采：19 世纪思维中的革命性决裂》，李秋零译，三联书店，2006，第 331 页。
② 《马克思恩格斯全集》第 3 卷，人民出版社，2002，第 11 页。
③ 《马克思恩格斯全集》第 3 卷，人民出版社，2002，第 12 页。
④ 《马克思恩格斯全集》第 3 卷，人民出版社，2002，第 172～173 页。

域思考时代精神和价值秩序的构建基础，从而碰触到虚无主义的深层的经济根源。正如马克思后来在《〈政治经济学批判〉序言》中所说的："我的研究得出这样一个结果：法的关系正像国家的形式一样，既不能从它们本身来理解，也不能从所谓人类精神的一般发展来理解，相反，它们根源于物质的生活关系，这种物质的生活关系的总和，黑格尔按照 18 世纪的英国人和法国人的先例，概括为'市民社会'，而对市民社会的解剖应该到政治经济学中去寻求。"① 在虚无主义问题上亦然。反思虚无主义，既不能从它本身来理解，也不能仅仅如尼采和海德格尔甚至施特劳斯等人那样从精神和哲学的演变和发展来理解，而是需要深入挖掘其产生的政治、社会和经济根源。马克思关于市民社会和国家关系问题的研究，可以构成虚无主义的政治批判形式，而这一政治批判形式正是其政治经济学批判的前奏，共同构成了马克思的虚无主义批判话语体系。

另一方面，这也使马克思极力主张要将"对天国的批判变成对尘世的批判"。19 世纪前期，犹太人问题是德国社会的一个严重社会问题。犹太人的经济实力日益强大，并占主导地位，但是在政治上仍然处于受排挤和无权的地位。1843 年，鲍威尔发表了《犹太人问题》和《现代犹太人和基督教获得自由的能力》。鲍威尔认为，犹太人问题主要是宗教问题，犹太人要想从基督教国家中获得解放，获得平等的地位和权利，就要放弃自己的宗教。犹太人获得宗教解放，获得政治解放，获得人的解放，也即宗教解放成为社会解放的唯一途径。马克思认为鲍威尔混淆了宗教解放、政治解放和人类解放的概念。他指出，在政治革命成功的国家里，宗教早就获得了政治解放。宗教不再是"共同性的本质"，而是"差别的本质"。宗教不再是国家的普遍精神，而成了市民社会即私人领域里的个人精神。也就是说，宗教提供的精神准则和价值秩序不再成为普遍性的原则，而成了个体在私人领域里的选择。宗教的旧有角色在一定程度上由现代国家承担。"宗教正是以间接的方法承认人。通过一个中介者。国家是人以及人的自由之间的

---

① 《马克思恩格斯全集》第 31 卷，人民出版社，1998，第 412 页。

中介者。正像基督是中介者，人把自己的全部神性、自己的全部宗教约束性都加在他身上一样，国家也是中介者，人把自己的全部非神性、自己的全部人的无约束性寄托在它身上。"① 简言之，现代国家代替宗教体现人的普遍意志和类生活。但宗教仍然在市民社会里获得滋生的土壤，这是因为"个人生活和类生活之间、市民社会生活和政治生活之间的二元性；他们信奉宗教是由于人把处于自己的现实个性彼岸的国家生活当作他的真实生活；他们信奉宗教是由于宗教在这里是市民社会的精神，是人与人分离和疏远的表现"②。

造成这一分离的根本原因在于政治革命的不彻底性。现代国家仍然是建立在私有财产基础上的。这使得政治生活的革命实践和它的理论仍然处于矛盾之中，造成了对人的各种奴役现象。民主制国家中的"人权"不是"公民权"，而是市民社会的"利己"的人的权利，自由、平等和安全等不是真正意义上的自由、平等和安全，因为他们的主体"人"只是市民社会中的"利己"的人，是建立在相对分隔而不是相互结合的基础上的。"现代国家本身置现实的人于不顾，或者只凭虚构的方式满足整个的人。"③ 由此，马克思提出了"人的解放"概念，"人的根本就是人本身"。④ 人的解放是对私有制的彻底废除，是"以宣布人是人的最高本质这个理论为立足点的解放"⑤。现实的个人与抽象的公民之间、个人生活与类生活之间不再是相分离的，而是相统一的，人与世界的关系及人与人之间的关系都回归于人自身，这才是人的解放的真正完成，也是虚无主义的终结。正如张有奎所指出的，"克服虚无主义是人的解放的保证，没有克服虚无主义，就不可能有真正的人的解放"⑥。

① 《马克思恩格斯全集》第 3 卷，人民出版社，2002，第 171 页。
② 《马克思恩格斯全集》第 3 卷，人民出版社，2002，第 179 页。
③ 《马克思恩格斯全集》第 3 卷，人民出版社，2002，第 207 页。
④ 《马克思恩格斯全集》第 3 卷，人民出版社，2002，第 207 页。
⑤ 《马克思恩格斯全集》第 3 卷，人民出版社，2002，第 214 页。
⑥ 张有奎：《虚无主义的终结与人的解放——基于马克思主义实践逻辑的考察》，《南京大学学报》（哲学·人文科学·社会科学版）2015 年第 3 期，第 7 页。

　　总而言之，根据马克思的诊断，个人生活和类生活的分离对立，是现代人虚无主义状态的表征。造成这一状态的直接根源在于现代政治解放的不彻底性。解决的出路在于实现真正的人类解放。正如邹诗鹏所指出的，"马克思是以人的历史解放应对现代虚无主义的"①。但此时，马克思对人的解放的理解还具有浓厚的费尔巴哈式的人本主义色彩。只有深入异化劳动批判和资本逻辑批判后，马克思才在更现实的层面上建构人的解放理论。现实的个人是以历史性实践方式，并且是在历史性实践的过程中实现人的解放的。

　　在对宗教的起源批判上，尼采与马克思是一致的。尼采也指出，宗教来自"人的心理学需要"，出自人的"厌世本能"。尼采对宗教的批判也聚焦柏拉图主义所带来的二元世界对立。无论是马克思还是尼采，他们都主张人的感性的生活世界才是真实的、体现人的本质的世界。而凌驾于人的感性生活的超感性世界，无论是以彼岸世界，还是以形式世界或者政治共同体的名义，都只能体现人的抽象的、虚幻的普遍性。马克思完成了对黑格尔的颠倒，而尼采也以类似的方式完成了对柏拉图主义的颠倒。但尼采的批判只局限于哲学和精神领域，这也使得他只能借助超人的权力意志走向审美救赎。而马克思将"对宗教的批判变成对法的批判，对神学的批判变成对政治的批判"②。正是将神学问题化为世俗问题，用历史来说明迷信，使马克思得以在现实中寻找到超越虚无主义、实现人类解放的历史主体——无产阶级。早在《〈黑格尔法哲学批判〉导言》中，马克思就意识到无产阶级的历史性力量。他指出，德国解放的可能性答案在于无产阶级这个特殊等级身上。这个"被戴上彻底的锁链的阶级，一个并非市民社会阶级的市民社会阶级"，它代表了人在现实社会中的完全丧失，因此不能再"求助于历史的权利，而只能求助于人的权利"③，通过彻底地否定私有财产，取消任何的奴役和统治，通过人的完全回复才能回复人本身。

---

① 邹诗鹏：《虚无主义的极致与人的解放问题——重思马克思对虚无主义的批判》，《复旦学报》（社会科学版）2015 年第 5 期，第 4 页。
② 《马克思恩格斯全集》第 3 卷，人民出版社，2002，第 200 页。
③ 《马克思恩格斯全集》第 3 卷，人民出版社，2002，第 213 页。

　　值得注意的是，马克思在进行政治批判时已敏锐地洞察到现代社会的物质关系所扮演的至关重要角色。他指出："工业以至于整个财富领域对政治领域的关系，是现代主要问题之一。"① 因此，对现实的批判不能停留于理论的解放，这是一个理论与实践相结合的课题。"批判的武器当然不能代替武器的批判，物质力量只能用物质力量来摧毁。"② 在虚无主义的克服上，更是如此。马克思开始意识到，现代社会的生产关系是问题的核心所在，"必须推翻那些使人成为被侮辱、被奴役、被遗弃和被蔑视的东西的一切关系"③。只有从社会生产关系入手，才能从根本上瓦解虚无主义的政治经济根源。由此，马克思开创了虚无主义的政治经济学批判路径，而这体现在从异化劳动批判直至资本逻辑批判的逻辑演变之中。然而，虚无主义毕竟是现代性的精神文化现象。"对于精神文化现象，马克思不再走从精神到精神的观念论老路，而是把对宗教与形而上学的内在批判转变为意识形态批判，即通过意识形态批判实现对宗教与形而上学的废黜。"④ 而这体现在以施蒂纳为靶子的意识形态批判上。对马克思而言，虚无主义问题从属于意识形态批判，而对意识形态的批判则要奠基于政治经济学批判。这两种层面上的批判共同构成马克思关于虚无主义批判的重要内涵。

三　施蒂纳的反面启示与意识形态批判

　　通过批判施蒂纳的虚无主义，马克思哲学与虚无主义发生了直接关联。刘森林较早地洞察到了这一点。他指出："施蒂纳是马克思主义思想史上第一个以虚无主义问题与马克思遭遇的思想家。……马克思的实'有'对抗施蒂纳的虚'无'，是历史唯物主义与无政府主义、虚无主义的第一次正面交锋。"⑤ 这一次交锋的结果，是马克思对德国观念论进行了一次彻底的清算

---

① 《马克思恩格斯全集》第 3 卷，人民出版社，2002，第 204 页。
② 《马克思恩格斯全集》第 3 卷，人民出版社，2002，第 207 页。
③ 《马克思恩格斯全集》第 3 卷，人民出版社，2002，第 207~208 页。
④ 邹诗鹏：《虚无主义的极致与人的解放问题——重思马克思对虚无主义的批判》，《复旦学报》（社会科学版）2015 年第 5 期，第 6 页。
⑤ 刘森林：《物与无：物化逻辑与虚无主义》，江苏人民出版社，2013，第 154、153 页。

和批判，在此基础上形成了马克思关于虚无主义的意识形态批判话语。

1. 施蒂纳的虚无主义

施蒂纳是后黑格尔时代对近代形而上学最极端的批判者。他以独一无二的"唯一者"反抗整个西方近代形而上学普遍性对人的个体性的压迫。但是正如费尔巴哈反对黑格尔哲学的结果一样，激烈反对黑格尔和费尔巴哈的施蒂纳最终也不得不成为黑格尔哲学的一个戏剧性片段。洛维特评价道："它是从黑格尔的世界历史构思得出的最后结论，它——以讽喻的方式扭曲地——详尽地再现了这一构思。"① 可以说，施蒂纳的虚无主义是后黑格尔时代的精神幽灵。

施蒂纳以费尔巴哈为对象展开对西方近代形而上学的批判。在施蒂纳看来，费尔巴哈的人本学并没有超越黑格尔的思辨神学，而不过是将最高本质从"神"迁移到"人"身上。施蒂纳说道："通过将谓词变为主词，基督教的本质只是固定得更加令人困惑（谓词恰恰也包含着本质）。神和神的东西将更不可解脱地缠绕着我。将神从他的天国逐出、并剥夺它的'超然存在'，这是还没有建立在充分胜利基础上的要求，如果在此只将神驱逐到人的胸中，并以不可消除的内在性相赠，于是这就意味着：神的东西即是真正人的东西！"② 在此意义上，费尔巴哈所谓人的宗教不过是基督教神学的极端变形而已。施蒂纳发现，人代替上帝，是启蒙理性的完成，但这并没有带来自由，反而带来更多的压制。"人杀死了神，为的是成为'高高在上的唯一的神'。……如果说神折磨了我们，那么'人'就能更加残酷地压榨我们。"③ 根本原因在于，费尔巴哈哲学的基础——人的概念既不是肉体的人，也不是现实的人，而是人的类概念，一种具有形而上学本质的抽象概念和精神。也就是说，费尔巴哈的"感性的人"仍然保持着形而上学的"彼岸性"。"类存在"被推崇为"真正的神"，因为它是与我们完全等同的

---

① 〔德〕卡尔·洛维特：《从黑格尔到尼采：19世纪思维中的革命性决裂》，李秋零译，三联书店，2006，第136页。
② 〔德〕麦克斯·施蒂纳：《唯一者及其所有物》，商务印书馆，2007，第52页。
③ 〔德〕麦克斯·施蒂纳：《唯一者及其所有物》，商务印书馆，2007，第169、191页。

真正的"自我"，但它又是一个个人永远无法企及的崇高的彼岸世界，一个高踞于我们之上永远达不到的最高本质。故而，"你在我那里看到的并非是我、有形体者，而是看到了一种非现实的东西、幽灵"①。

施蒂纳认为，要超越费尔巴哈为代表的形而上学，必须建立在一个"充分胜利的基础上"，这就是"唯一者"。施蒂纳说道："既然神和人类不外乎只将它们的事业置于自己的基础上；那么，我也就同样将我的事业置于我自己的基础上。同神一样，一切其他事物对我皆无，我的一切就是我，我就是唯一者。"② 就像这朵玫瑰向来就是真正的玫瑰一样，活生生的、当下的我就是真正的我，我就是目的，我就是自由的根据。我之外的一切事物都是非现实的、虚幻的。因此，唯一者必然以利己主义为准则。"他向来就是抛却除自己之外的一切，因为他估价、评价任何东西都不会大于、高于其自身，简言之，因为他从自身出发并'返回自身'。"③ 施蒂纳摒弃一切的普遍性和社会性维度，在他看来，个人与国家之间是敌对的。"国家总是只把限制个人、束缚个人和使其服从、使个人臣服于任何一种普遍的东西作为它的目标。……因此在国家之中，只生活着造成的人，想成为他自己的每个人都是国家的敌人。"④ 所以，唯一者反对任何共同体的束缚，主张无政府主义。唯一者也不接受任何先在的道德秩序束缚，否定一切权威。他是超越道德善恶等价值判断的。"我自己就是我的事业，而我既不善，也不恶。两者对我都是毫无意义的。"⑤ 对施蒂纳来说，一切神圣的东西都是束缚和桎梏，只有绝对的当下的利己的个人才是真正现实的，因此他强调："我〔并非〕是空洞无物意义上的无，而是创造性的无，是我自己作为创造者从这里面创造一切的那种无"⑥，"我集创作者和被造者于一身"。⑦

---

① 〔德〕麦克斯·施蒂纳：《唯一者及其所有物》，商务印书馆，2007，第190页。
② 〔德〕麦克斯·施蒂纳：《唯一者及其所有物》，商务印书馆，2007，第5页。
③ 〔德〕麦克斯·施蒂纳：《唯一者及其所有物》，商务印书馆，2007，第180页。
④ 〔德〕麦克斯·施蒂纳：《唯一者及其所有物》，商务印书馆，2007，第251页。
⑤ 〔德〕麦克斯·施蒂纳：《唯一者及其所有物》，商务印书馆，2007，第5页。
⑥ 〔德〕麦克斯·施蒂纳：《唯一者及其所有物》，商务印书馆，2007，第5页。
⑦ 〔德〕麦克斯·施蒂纳：《唯一者及其所有物》，商务印书馆，2007，第166页。

总之，施蒂纳认为，只有"唯一者"才能摆脱一切形而上学的先在规定和基本建制，摒弃一切普遍的观念和思想的制约，实现真正的个人自由。可以说在某些地方，施蒂纳是极其敏锐的。正如吴晓明所指出的："施蒂纳甚至还大体上意识到，理智形而上学的路向将不可避免地踩入'虚无'之中：为形而上学所设定的'更高本质'，实际上便是在一切事物中出没的'精神'，而此等本质或精神，事实上到处与'虚无'相联系，并且只是在这虚无中出现。"① 根本上来说，施蒂纳的"我"是不依存于任何对象、普遍性和总体性关涉的，施蒂纳的"无"不仅是政治上的无政府主义，更是一种本体论意义上的消解。由此，施蒂纳完成了对传统形而上学的根本性颠覆，同时也走向了虚无主义。

可以看出，在乐见旧道德和价值体系的消灭上，施蒂纳与尼采是一致的。但尼采还是希望在价值真空的深渊中找寻新的希望曙光，建立以体现生命意志为基础的新价值体系。施蒂纳则不然。他直接摒弃了所有普遍价值建构的必要性和可能性。相应地，在价值主体的设定上，尼采充分考虑了个体的差异性。高贵与卑贱、精英与大众的区分不可僭越。超人具有高贵的、强力的、远远超乎普通大众的独一无二性。而施蒂纳只考虑个体的特殊性，并未考虑个体的差异性。也正是由此，尼采思想才与法西斯牵扯不清，而施蒂纳则直接走向无政府主义。至于马克思，他走向了一条完全不同的道路。

2. 马克思的批判与抉择

1844 年底，施蒂纳的《唯一者及其所有物》甫一出版便吸引了德国思想界的普遍关注，引起了激烈的批判和反批判。青年黑格尔派成员卢格赞许《唯一者及其所有物》是"德国所出版的哲学书中第一流的值得读的书"②。同年底，恩格斯在致马克思的信中也对施蒂纳进行了评价。恩格斯

---

① 吴晓明：《施蒂纳的"唯一者"与马克思的哲学革命》，《南京大学学报》（哲学·人文科学·社会科学）2007 年第 3 期，第 16 页。
② 转引自单提平《创造性的无：重新检视施蒂纳对马克思的意义》，《哲学动态》2009 年第 12 期，第 15 页。

指出，施蒂纳摒弃费尔巴哈的"人"，这是正确的。进入"人"的真正途径，必须从经验的、肉体的个人出发。否则，"人"始终是一个虚幻的形象。但是，我们不能像施蒂纳那样陷在经验的个人里面，而要从经验的个人上升到"人"。总之，"如果要使我们的思想，尤其是要使我们的'人'成为某种真实的东西，我们就必须从经验主义和唯物主义出发；我们必须从个别物中引出普遍物，而不要从本身中或者像黑格尔那样从虚无中去引申"①。施蒂纳从唯心主义的抽象概念跌入唯物主义的抽象概念，走向虚无主义，这使恩格斯深刻地体会到"抽象概念在柏林人的头脑中是多么根深蒂固"，也使他思考，如果不研究这一切幻影，而是去"研究真实的、活生生的事物，研究历史的发展和结局，那么情况就完全不同"②。在随后的标志着马克思哲学完成革命性转变的《德意志意识形态》中，马克思③花费了三分之二的篇幅对施蒂纳的《唯一者及其所有物》进行批判。

马克思驳斥了施蒂纳关于人生三个发展阶段和精神发展史的观点。马克思嘲笑施蒂纳将精神幽灵化，其论证过程不过是"思维的绝技"和种种"花招"。马克思指出："他所摧毁的只是'青年'头颅中的'祖国'等等思想所具有的幻想的怪影般的形象；他根本还没有触及这些思想，因为这些思想是表达现实关系的。他要成为思想的主人，还差得远，他这时刚刚能接近'思想'。"④ 施蒂纳反对任何先在的目的和本质的设定，但是其所诠释的人生带有强烈的预定目的论色彩。施蒂纳只关注个人身上的意识差别，并将之提升为人的全部生活。至于个人的物质生活和社会生活，施蒂纳则一概撇开不谈，甚至将之虚无化。其根本原因在于，施蒂纳将观念误认为现实。这种做法其实并不新奇。其虚构的手法原型来自黑格尔。对黑格尔

---

① 《马克思恩格斯全集》第 47 卷，人民出版社，2004，第 330 页。
② 《马克思恩格斯全集》第 47 卷，人民出版社，2004，第 331、330 页。
③ 据聂锦芳先生考察，虽然《德意志意识形态》由马克思、恩格斯和赫斯等人合著而成，《圣麦克斯》一章的主旨思想是属于马克思的。参见聂锦芳《把握人生的方式：施蒂纳与马克思——〈德意志意识形态〉中〈圣麦克斯〉一章片段解读》，《教学与研究》2008 年第 2 期。
④ 《马克思恩格斯全集》第 3 卷，人民出版社，1960，第 128 页。

来说，世界是精神化的，但同时也是去精神化的。如果说黑格尔还算尊重经验世界，施蒂纳则走得更极端。他直接将真实的历史转变成虚幻的观念史。马克思说道："历史便成为单纯的先入之见的历史，成为关于精神和怪影的神话，而构成这些神话的基础的真实的经验的历史，却仅仅被利用来赋予这些怪影以形体，从中借用一些必要的名称来把这些怪影装点得仿佛真有实在性似的。"[①] 这不仅使施蒂纳未能超出黑格尔哲学的地基，而且以一种极端的方式演绎了黑格尔的神学逻辑。概言之，施蒂纳的唯一者就是现代的耶稣基督。正如德里达所指出的："在施蒂纳从中看到了一种肉体的和有生命的重新占有，看到了更多的生命的地方（在似乎不再有死亡的地方），马克思揭露了一种幽灵性的夸张的添加，揭露了更多的死亡（在那里似乎不再有生命）：由于有生命的躯体，我的形体，唯一者，只不过是普通场所，是聚集观念或理想的，自律化的整体性的空间，因此它本身不就是众幽灵的躯体吗？"[②]

尽管在细节上尚有争议[③]，施蒂纳之于马克思思想转变的促进意义是毋庸置疑的。对马克思来说，施蒂纳的虚无主义是形而上学重蹈覆辙的一次夸张极致的笑剧演出。对施蒂纳和费尔巴哈的批判同属于马克思关于形而上学的批判范畴。施蒂纳和费尔巴哈力图解决黑格尔哲学遗留的虚无主义

---

① 《马克思恩格斯全集》第 3 卷，人民出版社，1960，第 132 页。

② 〔法〕雅克·德里达：《马克思的幽灵——债务国家、哀悼活动和新国际》，何一译，中国人民大学出版社，2008，第 126 页。

③ 长期以来，施蒂纳没有引起马克思哲学研究者的重视。一般认为原因有三。一是与文本本身的延迟面世直接相关。《德意志意识形态》德文版于 1932 年才公之于世，包含"圣麦克斯"部分的英译本直到 1965 年才面世。二是费尔巴哈的光芒掩盖了施蒂纳。恩格斯在《路德维希·费尔巴哈和德国古典哲学的终结》中的论述使人们觉得，费尔巴哈才是马克思与青年黑格尔派决裂的最后对手和标志人物。三是马克思对施蒂纳嬉笑怒骂的行文风格使人们低估了该部分的学术价值。如弗兰茨·梅林认为，马克思对施蒂纳的讽刺只是一种文字游戏，若想获得有启发的思想，则如同在沙漠中寻找绿洲般困难（参见〔德〕弗兰茨·梅林《马克思传》，樊集译，人民出版社，1965）。奥古斯特·科尔钮虽然翔实地解读了马克思对施蒂纳的批判，但他也认为，用如此巨大的篇幅来批判施蒂纳这本早已没有多少现实意义的著作，多少有些小题大做（参见〔法〕奥古斯特·科尔钮《马克思恩格斯传Ⅲ》，管士滨译，三联书店，1980）。近年来，随着学界对"圣麦克斯"一章研究的推进，施蒂纳的思想史意义尤其对马克思思想转变的促进意义为人们所重视。

后遗症，但皆以各自不同的方式重陷窠臼。如果说费尔巴哈从感性的类存在出发，以"类"克服"个体"本身的易逝的、个别的有限性，施蒂纳则从当下利己的唯一者出发，以"独自性"抵制"普遍性"的压制。麦克莱伦曾指出："马克思与恩格斯以一种前所未有的方式将他们自己与费尔巴哈区别开来，这就表示他们默默地接受了施蒂纳的批判。……毫无疑问，施蒂纳不仅迫使马克思修正了对费尔巴哈的观点，而且通过他们提出的与一切抽象相对立的'创造性自我'这个观念为这一修正提供了某种帮助。当马克思在写作《德意志意识形态》关于费尔巴哈部分时，马克思看来肯定是才想到了施蒂纳。"[1] 言下之意是，马克思在批判费尔巴哈时借助了施蒂纳，正是经由施蒂纳，马克思才彻底摆脱了费尔巴哈的影响并真正超越了费尔巴哈。[2] 但吴晓明指出，这一判断无论是在思想史还是在哲学理论上都是错误的。马克思对费尔巴哈的抨击，无须借用施蒂纳的立脚点。对费尔巴哈和施蒂纳的批判是在同一个基地上开展起来的。但这并不意味着否定施蒂纳的意义。施蒂纳对马克思的影响并不小于费尔巴哈。从虚无主义问题的角度来看，施蒂纳和费尔巴哈从不同的角度为马克思提供了启示。这体现在以下三个方面。

第一，虚无主义的真正秘密不在于精神史中，而在于现实的物质生产活动和真实的社会关系中。马克思发现，无论是施蒂纳还是费尔巴哈，他们都局限于形而上学的思辨范围内思考问题，从观念出发解释观念，批判观念。马克思指出："意识的一切形式和产物不是可以用精神的批判来消灭的，也不是可以通过把它们消融在'自我意识'中或化为'幽灵'、'怪影'、'怪想'等等来消灭的，而只有实际地推翻这一切唯心主义谬论所由产生的现实的社会关系，才能把它们消灭。"[3] 施蒂纳的唯一者完全没有考虑任何现实的社会关系，他对现实的历史一窍不通，把历史过程看作骑士、

---

① 〔英〕戴维·麦克莱伦：《青年黑格尔派与马克思》，夏威仪等译，商务印书馆，1982，第138页。

② 单提平先生在《创造性的无：重新检视施蒂纳对马克思的意义》一文中提出了类似的观点。（参见《哲学动态》2009年第12期，第18页）

③ 《马克思恩格斯全集》第3卷，人民出版社，1960，第43页。

盗贼和怪影的历史。费尔巴哈的类存在也只是抽象的概念，忽略了其所属的社会形式，用宗教的幻想生产来代替生活资料和生活本身的现实生产。因此，马克思强调要"始终站在现实历史的基础上，不是从观念出发来解释实践，而是从物质实践出发来解释观念的东西"①。

首先，这意味着，反思虚无主义问题，既不能从其本身来理解，也不能单纯由精神的发展史来理解；相反，它根植于现实的物质生产活动中。按照历史唯物主义的视角，"经验的观察在任何情况下都应当根据经验来揭示社会结构和政治结构同生产的联系，而不应当带有任何神秘和思辨的色彩"②。无论是思想、观念还是意识，都是人们物质关系的直接产物。一定社会历史阶段的思想、观念、精神问题等都是人们现实的关系和活动的反映。"如果这些个人的现实关系的有意识的表现是虚幻的，如果他们在自己的观念中把自己的现实颠倒过来，那末这还是由他们的物质活动方式的局限性以及由此而来的他们狭隘的社会关系所造成的。"③ 正是这一洞见使马克思跳出黑格尔、施蒂纳和费尔巴哈等人的"怪圈"，开始从现实的个人和社会关系出发，考察人的现实历史过程和具体的社会关系，从而揭示了虚无主义产生的社会历史根源。可以说，在关于虚无主义的思考中，无论是尼采、海德格尔，还是施蒂纳等人皆只是从精神—意识—文化层面出发，只有马克思由此转向经济—政治—社会层面的剖析。前者揭示的不过是虚无主义的表层症候，而后者揭示的才是虚无主义的深层症结。马克思从异化劳动批判转到资本逻辑的批判，正是这一路径的展示。

其次，虚无主义问题从属于意识形态问题，虚无主义批判从属于意识形态批判。马克思发现，无论是后黑格尔时期普遍的时代精神虚无，还是作为极致演绎的施蒂纳虚无主义，这都来自形而上学的基本建制本身。虚无主义作为一种时代精神文化现象，正是形而上学观念论的必然性病症。马克思深刻地意识到其意识形态本性："从施特劳斯到施蒂纳的整个德国

① 《马克思恩格斯全集》第3卷，人民出版社，1960，第43页。
② 《马克思恩格斯全集》第3卷，人民出版社，1960，第29页。
③ 《马克思恩格斯全集》第3卷，人民出版社，1960，第29页注释。

哲学批判都局限于对宗教观念的批判。出发点是现实的宗教和真正的神学。……宗教的统治被当成了前提。一切占统治地位的关系逐渐地都被宣布为宗教的关系……到处出现的都只是教义和对教义的信仰。世界在愈来愈大的规模上被圣化了，直到最后可尊敬的圣麦克斯（en bloc）［完全地，彻头彻尾地］把它宣布为圣物，从而一劳永逸地把它葬送为止。"①由此，马克思不再走从精神到精神的观念论老路，而是把对宗教和形而上学的批判转化为意识形态批判。马克思深入分析了意识形态的生产机制和运行方式，从而也展示了虚无主义作为一种意识形态现象的产生和运行过程。

最后，也是最重要的，解决虚无主义，不仅是理论问题，更是实践问题。洛维特指出，"施蒂纳和马克思在同一块自由的荒野上进行相互对立的哲学思维：马克思的自我异化的人必须通过一场革命来改变现存世界的整体，以便能够在异化中回到自身；与此相反，施蒂纳那变得离群索居的自我除了返回到自己的无，以便在他可以利用世界的程度上如世界所是的那样利用世界之外，不知道作其他任何事情"②。实践之维的开拓，乃是历史唯物主义关于虚无主义的反思中最具独到之处。这使得对虚无主义问题的思考，实现了从哲学批判向实践的社会批判和社会变革的转变。邹诗鹏指出，马克思的实践是标示着人的总体性的历史实践活动。"在马克思那里，实践乃是人面对自身历史性的积极的回应及存在方式，历史把人托付给实践。实践包含着批判和建设两个方面。"③由此，对虚无主义的批判和克服，统一于人的社会历史性实践中。而下一步，便是具体考察人的历史性实践活动——劳动。

第二，解决虚无主义问题需要在个体与社会、普遍性与特殊性之间保持辩证张力关系。可以说，费尔巴哈和施蒂纳走向的是两个极端。费尔巴

---

① 《马克思恩格斯全集》第 3 卷，人民出版社，1960，第 21～22 页。

② 〔德〕卡尔·洛维特：《从黑格尔到尼采：19 世纪思维中的革命性决裂》，李秋零译，三联书店，2006，第 139 页。

③ 邹诗鹏：《虚无主义的极致与人的解放问题——重思马克思对虚无主义的批判》，《复旦学报》（社会科学版）2015 年第 5 期，第 6 页。

哈虽然强调人是"感性的对象"，但他只停留于"现实的、单独的、肉体的人"，并没有深入个人的活生生的、感性的、共同的活动中，因此费尔巴哈的"人"是抽象的普遍的类存在物；施蒂纳拒绝任何普遍性、神圣性和总体性维度对个人的统摄，他只强调当下的、利己的、独一无二的、赤裸裸的自我，由此彻底放弃任何解放和自由，只满足于人之特性。黑格尔关于"现实是本质与实存的统一"的命题为费尔巴哈和施蒂纳瓦解，前者走向了本质之维的极端，后者走向实存之维的极端。在普遍性与特殊性、总体性与个体性之间，马克思并没有预设它们的对立，也并不想要一劳永逸地站在哪一方。

正如刘森林指出的，"马克思针对施蒂纳对费尔巴哈（包括当时崇敬费尔巴哈的马克思自己）的批判所作出的调整主要是，强调人的当下的现实性，而不是按照理论逻辑推导出的应该性、理想性，是当下的现实能给予和可能的自由、解放、个性实现的程度和范围；强调人的普遍性，强调人在普遍性维度上的实现也是人的自我实现，并不是只有个性的实现才算自我实现"[①]。在一定历史条件和关系中的个人，其出发点总是他自己，但是，只有在共同体中才可能有个人自由。只有在共同体中，个人才能获得全面发展的手段。针对此，马克思指出要破除虚假的共同体，追求"真实的共同体"与"完整的个人"。由此可以看出，马克思并没有抛弃黑格尔关于"现实是本质与实存的统一"命题。但与黑格尔诉诸理性不同，马克思认为，保持个体与社会、普遍性与特殊性维度之间辩证统一张力的途径在于现实个人的劳动实践。问题在于，在当下的社会历史条件下，现实个人的劳动实践表现为异化劳动，因而对虚无主义问题的批判将转化为对异化劳动与资本逻辑的批判。

第三，解决虚无主义需要超越以往的哲学基地，站在一个新的立足点即现实的个人基础上。马克思指出："德国的批判，直到它的最后的挣扎，都没有离开过哲学的基地。这个批判虽然没有研究过它的一般哲学前提，

---

① 刘森林：《物与无：物化逻辑与虚无主义》，江苏人民出版社，2013，第181页。

但是它谈到的全部问题终究是在一定的哲学体系，即黑格尔体系的基地上产生的。"① 施蒂纳和费尔巴哈的失败教训说明，只有超越黑格尔的哲学地基，才能获得一个全新的哲学视域，也才有可能真正超越后黑格尔时代的虚无主义困境。马克思认为，这个新的立足点就是现实的个人。"也就是说，这些个人是从事活动的，进行物质生产的，因而是在一定的物质的、不受他们任意支配的界限、前提和条件下能动地表现自己的。"② 现实的个人处于具体的社会历史条件和社会关系中，其受动性存在和能动性存在是历史性关联在一起的。所以，人的本质不是单个人所固有的抽象物，不是费尔巴哈意义上的抽象的类存在，也不是施蒂纳意义上的利己的当下的自我，在其现实性上，它是一切社会关系的总和。

由此，马克思放弃了传统的彼岸理想预设，积极地探索现实的人类解放理想和实现路径。需要注意的是，马克思虽然批判形而上学的社会历史根源，但并不意味着他在现实中全然摒弃人的形而上的、普遍的、神圣性维度。恰恰是施蒂纳的教训使马克思意识到保留这一维度的必要性。在马克思的逻辑体系中，形而下的、个人的、世俗性的世界与形而上的、普遍的、神圣性的世界并不存在必然的对立关系，而是一个可以相互支持、相互促进的统一关系。换言之，必然王国与自由王国并不必然分裂对立，二者是可以相互促进、内在统一的。只有二者的统一，才能构成人的历史发展的总体性实现。刘森林指出："马克思的立场是在它们之间开辟一个有效的历史空间，在这个空间内搭建一个现代构架，使费尔巴哈虽然努力仍未能发现、施蒂纳匆匆走过埋没了或减低处理了的那些启蒙价值在这个构架中展现出来，即获得较为充分的实现。"③ 承载这一历史空间的主体既不是无所顾忌的唯一者，也不是孤芳自赏的超人，而是一个现实的群体性主体——无产阶级。在当下的社会关系——资产阶级社会里，无产阶级无论是自身的生存条件、劳动以及其他全部社会生存条件都是偶然的，他们更

① 《马克思恩格斯全集》第 3 卷，人民出版社，1960，第 21 页。
② 《马克思恩格斯全集》第 3 卷，人民出版社，1960，第 29 页。
③ 刘森林：《物与无：物化逻辑与虚无主义》，江苏人民出版社，2013，第 178 页。

加不自由，更加受到物的力量的统治。总而言之，无产阶级处于全面异化状态，他们更深刻地受到虚无主义的困扰，这一困扰已严重到威胁其生存的程度。因此，变革的力量也在于此。"无产者，为了保住自己的个性，就应当消灭他们至今所面临的生存条件，消灭这个同时也是整个旧社会生存的条件，即劳动。"①

四　异化劳动、资本逻辑批判和历史性的实践救赎

恩格斯说过："资本和劳动的关系，是我们全部现代社会体系所围绕旋转的轴心。"② 从异化劳动批判到资本逻辑批判的逻辑推进使马克思彻底跳出意识形态领域，从社会历史实践层面改变了虚无主义问题的发生域和解决途径。马克思所揭示的异化劳动现象是资本主义社会里最深层的虚无主义表征，异化劳动的根源不在于现代性本身的逻辑，也不是人类历史的必然性命运，而是人为的和制度化的结果，是由资本主义制度下的生产关系所决定的。相应地，虚无主义并不是人类必然要承担的命运，而是与特殊的社会历史阶段下的生产关系和制度具有本质性的关系。由此，虚无主义具有了历史性特征。

按照马克思的思路，虚无主义批判、异化劳动批判和资本主义制度批判三者是内在一致的。从《1844年经济学哲学手稿》到《1857—1858年经济学手稿》和《资本论》，马克思实现了从异化劳动批判向资本逻辑批判的转变。如果说异化劳动批判理论还带有某种人本主义的理想性预设的话，资本逻辑批判则从政治经济学的角度深刻地揭示了当代资本主义社会最根本性的秘密。资本逻辑是统治和支配资本主义社会的最神秘的根本性的力量，是虚无主义现象最本质性的塑造力量。于是，对虚无主义的批判转化为对资本主义制度下的异化劳动现象和资本逻辑本源的批判。对虚无主义的克服也相应地转化为对资本主义制度和资本逻辑的扬弃，即共产主义运动。

---

① 《马克思恩格斯全集》第3卷，人民出版社，1960，第87页。
② 《马克思恩格斯选集》第2卷，人民出版社，1995，第589页。

1. 异化劳动与实践救赎

在古希腊时期，劳动（labor）与工作（work）严格区分。劳动指的是奴隶所从事的获得生活必需品的活动；工作指的是工匠们制作产品的活动。劳动的对应词含有明确的"辛劳、麻烦"之意，德语"arbeit"原来只用来指由农奴干的活，法语"travailler"源于"tripalium"，意指苦役，它取代了旧用词"labourer"。根据阿伦特的分析，古希腊人蔑视劳动最初源于一种摆脱生活必需性而追求自由的强烈渴望，以及这样一种信念：满足身体所需的劳动都是奴役性的，劳动意味着受生活必需性的奴役。① 按照基督教的观点，劳动最初意味着原罪和惩罚——亚当和夏娃违背了耶和华的命令偷食禁果，而神给予亚当的宣判是："你既听从妻子的话，吃了我所吩咐你不可吃的那树上的果子，地必为你的缘故受咒诅。你必终身劳苦，才能从地里得吃的。地必给你长出荆棘和蒺藜来，你也要吃田间的菜蔬。你必汗流满面才得糊口，直到你归了土；因为你是从土而出的。你本是尘土，仍要归于尘土。"《圣经·创世记》由此，人被逐出伊甸园，必须劳作一生，才能维持生存。劳动意味着原罪的惩罚，它与强制、必需、劳累和苦难相联系。随着18世纪基督教的世俗化，新教开始把劳动看作一种富有意义地充实人类生活的成就。劳动成为通向满足、成就、威望、享受和财富的首要方式。由此，劳动获得了双重的意义：一是必需和劳累；二是成就。

直至黑格尔，劳动才获得了其本质性内涵，即劳动是绝对地属于人的存在的。② 黑格尔将劳动视为人创造自己的生活并同时塑造世界的基本方式

---

① 有意思的是，古典时期的人们一直忽略劳动与工作的差别。两者的差别是到了现代时期对所有传统的倒转之后，赞扬劳动是一切价值的来源之后，才越发明显的。这一差别具体表现为："有生产力的劳动"与"无生产力的劳动"的差别，"有技术的工作"与"无技术的工作"的差别，"体力劳动"与"脑力劳动"的差别。（参见〔美〕汉娜·阿伦特《人的境况》，王寅丽译，上海人民出版社，2009，第61页）

② 黑格尔分别在耶拿讲演、《精神现象学》和《法哲学原理》中三次论述过劳动问题。其中，耶拿讲演的相关著作还没有中译本，《精神现象学》中主要集中于"主人与奴隶"的论述部分，《法哲学原理》主要集中在第189～208节"需要的体系"中。需要补充的是，在《哲学全书》中对市民社会的"需要的系统"的论述中，即第524～528节也谈到了劳动问题。总体上看，黑格尔关于劳动的规定在这三次论述中有所变化和发展，但其关于劳动的本质的论述是一致的。

和方法。一则，劳动的生产性构建了人的存在，人的实存是一种中介性的和被中介的实存。在此，我们可以看到"劳动创造了人"这一命题的源头。二则，劳动的历史过程也即人的"教养"（culture，教化）的过程，在这个意义上，劳动获得了其在近代史上的特殊地位。黑格尔将劳动提升为一种"理性活动"，一种"精神方式"，劳动作为绝对精神的自我存在和异己存在之间的运动，具有了绝对本体论意义。阿伦特指出："劳动在现代得到提升的原因恰恰在于它的'生产性'，马克思看似大逆不道的观点——劳动（而非上帝）创造了人，或劳动（而非理性）使人区别于其他动物，只不过是整个现代都一致同意的某种观点的最连贯和最激进表述。"① 劳动概念是马克思哲学中的核心概念之一，也是他从黑格尔那里批判性继承而来的重要遗产。在马克思看来，劳动构建了人的本质，但它不仅是精神性的、形式的活动，还是现实的对象化活动。当下社会历史条件下的劳动是一种异化劳动，它是人的消极的对象化，而不是积极的对象化。异化劳动使人异化自身，而不是证实自身。由此，马克思的异化劳动理论揭示了资本主义社会制度下人的生存的最深层次的虚无主义现象。

在《1844年经济学哲学手稿》中，马克思考察了异化劳动的四个层面。一是工人和自己的劳动产品相对立。工人的劳动产品成为不依赖于劳动者的独立力量，成为一种异己的存在物。工人生产得越多，占有的产品就越少，反对自身的异己力量就越大。简言之，对象化表现为对象的丧失和被对象奴役。二是工人和劳动相对立。马克思指出，产品的异化根源不在于分配，而在于生产劳动本身。劳动对工人来说是外在的、被迫的、折磨人的，他在劳动中不是肯定自己，而是否定自己，工人像逃避瘟疫一样逃避劳动。三是人和自己的类本质相对立。马克思将自由自觉的活动看作人的类本质，将自由劳动创造的产品看作人的类本质的对象化。而既然人的活动和劳动产品都成了异己的存在，那么，人也即与自己的类本质相异化。四是人和人相对立。人与自己的产品、人与劳动、人与类本质相异化，人

① 〔美〕汉娜·阿伦特：《人的境况》，王寅丽译，上海人民出版社，2009，第64页。

的劳动和产品都属于他人,这就必然引起人与人之间的对立。"当人同自身相对立的时候,他也同他人相对立。凡是适用于人对自己的劳动、对自己的劳动产品和对自身的关系的东西,也都适用于人对他人、对他人的劳动和劳动对象的关系。"① 人与人相异化的表征是私有制社会中的两极分化状态,形成资产阶级和无产阶级的对立。马克思紧接着考察了异化劳动与私有财产的关系。他指出,异化劳动和私有财产二者互为因果,具有一定的历史性。私有财产是异化劳动的起因,又是异化劳动的后果。"这种物质的、直接感性的私有财产,是异化了的人的生命的物质的、感性的表现。私有财产的运动——生产和消费——是迄今为止全部生产的运动的感性展现,就是说,是人的实现或人的现实。"② 在《德意志意识形态》中,马克思再次强调:"私有财产不仅夺去人的个性,而且也夺去物的个性。"③ 在现实社会发展中,异化劳动又进一步促进私有财产的发展。从唯物史观的角度来看,二者都是历史性的产物。由于人类历史还未发展到充分的高度,因此人的本质力量的发挥只能采取这种异己的形式。从本质上而言,这都只是一定历史时期的必然的短暂的形式。在此可以看出,马克思区分了对象化劳动与异化劳动,即劳动的肯定性和否定性方面。对象化劳动指人类对自然界的改造和占有,这是任何时候都需要的一般的劳动。异化劳动是私有制下抽象的、创造价值的劳动,这是劳动的特殊社会形式,也是需要扬弃的异己的社会性质。

洛维特指出:"马克思把对劳动的分析集中在作为现实生存关系的表达的经济学问题上,同时又批判地把它奠基在黑格尔哲学的普遍的劳动概念中。由此就产生了一种双重的批判:对古典国民经济学的批判和对黑格尔哲学的批判。"④ 马克思认为,国民经济学的劳动概念是抽象的,这种抽象不再是黑格尔意义上的积极和普遍的抽象,而是一种消极意义上的抽

---

① 《马克思恩格斯全集》第 3 卷,人民出版社,2002,第 274~275 页。
② 《马克思恩格斯全集》第 3 卷,人民出版社,2002,第 298 页。
③ 《马克思恩格斯全集》第 3 卷,人民出版社,1960,第 254 页。
④ 〔德〕卡尔·洛维特:《从黑格尔到尼采:19 世纪思维中的革命性决裂》,李秋零译,三联书店,2006,第 369~370 页。

象——在劳动中，人作为具体的人的整体性，已经被抽象掉了，也就是说，人不再可能通过劳动成为"整体的人"。这种抽象的极端就是劳动者不再以劳动的方式展现自己的生命，而是被迫仅仅为了生存，就在劳动中出卖自己，异化自身。一句话，劳动仅仅成为生存的手段，而不再是生命的目的和意义的表达。因为劳动者在其中只是把自身作为"商品和资本的存在"，而不是"社会的存在"；是生产的"手段"，而不是生产的"目的"。简言之，抽象劳动使一切人类意义处于虚无状态，造成了人的本质与实存之间的矛盾，国民经济学试图规避这一矛盾，却又加剧了该矛盾的发展。那么，如何解决这一矛盾，使本质与实存获得调和？马克思所选择的是通过扬弃自我异化重新占有人的本质。而解决这一问题的方案是在马克思和黑格尔的争辩中产生的。

在马克思看来，黑格尔无法真正解决异化问题，无法真正调和本质与实存的矛盾。原因在于，黑格尔没有认识到，人虽然在雇佣劳动中物化了自己，却没有积极地表现自己。从本质上说，不管是古典国民经济学、黑格尔还是马克思对劳动的理解，对本质与实存的理解都基于其各自对"人"的理解。国民经济学把人理解为单纯的劳动者，黑格尔把人理解为"精神"，因此，这从根本上使得二者"都没有认识到感性的－自然的人的全部人性"。基于这一判断，马克思对黑格尔抽象劳动概念的批判可以这样理解：黑格尔的劳动只是一种形式的和精神性的行为。人对异己对象的占有能力是单纯的思想运动，它是精神的环节即思想本质。由此，异化只是精神自我演绎的一个环节，异化劳动所体现的本质与实存的矛盾将在绝对精神的演绎过程中获得解决。用马克思的话来说，"在这里，不是人的本质以非人的方式同自身对立的对象化，而是人的本质以不同于抽象思维的方式并且同抽象思维对立的对象化，被当作异化的被设定的和应该扬弃的本质"①。因为只有精神才是人的真正本质，所以"对象仅仅表现为抽象的意

---

① 《马克思恩格斯全集》第 3 卷，人民出版社，2002，第 318 页。

识，而人仅仅表现为自我意识"①。对象性世界成为"精神性的"世界，具有一种虚无性，而人就是非对象性的、精神性的存在。所以，黑格尔对本质与实存的现实的调和，不过是一种精神和形式上的调和、思辨的幻想。在这个意义上，黑格尔是一种"唯灵主义"，而马克思所要做的就是从唯物主义出发，把历史看作真正的"自然史"。这种真正的"自然史"是"肉体的、有自然力的、有生命的、现实的、感性的、对象性的存在物"②与一个现实的对象世界发生关系的历史。在此，马克思强调了他与黑格尔的不同立场——唯物主义立场。而所谓唯物主义中的"唯物"指的是"现实的人和物的对象性存在"。

由此，针对黑格尔的抽象劳动观，马克思形成了自己的劳动观：劳动是现实的人所进行的活生生的对象化活动，而不仅仅是一种精神的和形式的行为。人对异己对象的占有能力，也是一种受社会历史条件限制的现实的能力。"非对象性的存在物是非存在物"，换言之，自然是人化的自然，凡进入人类活动领域的对象都具有实在性，都是现实的和独立的事物。由此，对异化劳动的扬弃，也不仅仅是一种精神活动，而且是现实的、改变现存关系的对象性活动。

可以看出，在劳动与虚无主义的关系问题上，马克思与尼采、海德格尔等人的看法具有很大的区别。尼采并没有继承现代以来人们对劳动之于生命意义的赞扬态度。在尼采处，劳动仅仅意味着急迫和负担，丝毫没有任何关于塑造世界和塑造人的力量的色彩。尼采讽刺性地指出，本来作为上帝诅咒的劳动，又被定义为上帝对人的馈赠，美其名曰"劳动的福气"。这不过是基督教的一种缓解策略，使受难者的兴趣从苦难本身转移开来。所以，劳动扮演了一名称职警察的角色，它给每个人都戴上了笼头，从而强有力地阻止理性、贪欲、独立性要求等。③作为一名不合时宜的人，尼采极为反感现代世界不遗余力所推崇的勤奋和效率，他捍卫的是古希腊式的

---

① 《马克思恩格斯全集》第 3 卷，人民出版社，2002，第 319 页。
② 《马克思恩格斯全集》第 3 卷，人民出版社，2002，第 324 页。
③ 参见〔德〕尼采《论道德的谱系》，赵千帆译，商务印书馆，2016，第 3 篇第 18 条。

闲暇和安静的沉思。"利益和享乐是生命的奴隶理论。'赞美劳动'，这是奴隶对自身的美化——因为他们没有闲适的本事。"① 在尼采看来，马克思赋予劳动过高的评价，劳动只是末人（无产阶级）对虚无主义的妥协与顺从，一种"消极虚无主义"的表现。洛维特曾评价："只有像尼采和托尔斯泰这样罕见的人物，才认识到标志着对劳动的这种评价的错误激情和隐蔽的虚无主义。"②

与尼采类似的是海德格尔，在海德格尔的存在论话语中，与劳动概念最接近的就是"操劳"。鉴于人的生存具有有限性，人必然要依赖于物而生存，为自己的生存而操劳、劳作。对海德格尔来说，操劳属于常人的沉沦状态。因而，劳动与生产性、功利性、手段性和强制性等相关，与审美的精神性、非功利性、目的性和自由等相对立。正是基于这样的理解，海德格尔批判马克思的劳动概念所带来的生产性强制。但这是海德格尔对马克思劳动概念的误读。马克思劳动概念的经济学理论基础获得了广泛的关注。学者们经常援引《资本论》中的一段著名论述强调马克思劳动概念的生产性和物质性，"自由王国只是在必要性和外在目的规定要做的劳动终止的地方才开始；因而按照事物的本性来说，它存在于真正物质生产领域的彼岸"③。若仅仅把劳动实践视为物质的生产性劳动，将会产生这样的问题，即误以为仅仅提高生产力便能解决生产关系问题，甚至将生产力视为衡量社会进步的唯一标尺。第二国际的"经济决定论"即为实例。这不仅不能真正遏制虚无主义的问题，反而为虚无主义提供了滋生的土壤。

与此相比，马克思劳动概念的哲学根基和审美向度却很少被论及甚至直接被忽略掉。海德格尔的批评正是这一做法的极端表现。作为马克思的同行者，恩格斯很敏锐地注意到了马克思劳动概念中的哲学根据和基础。他在《反杜林论》中提出，劳动是所有文化和教养的创造者，劳动的历史

---

① 〔德〕尼采：《权力意志——重估一切价值的尝试》，张念东、凌素心译，商务印书馆，1991，第 111 页。
② 〔德〕卡尔·洛维特：《从黑格尔到尼采：19 世纪思维中的革命性决裂》，李秋零译，三联书店，2006，第 389 页。
③ 《马克思恩格斯全集》第 46 卷，人民出版社，2003，第 928 页。

是理解整个人类历史的钥匙。从学理上而言，马克思劳动概念的哲学根基和审美向度是在与黑格尔的争辩中产生的，这同时也反映出黑格尔与马克思之间微妙的传承关系。马克思继承了黑格尔关于劳动是人的本质的观点。劳动是人类最首要的实践活动，劳动作为一种对现实的重新占有（而非仅仅是黑格尔意义上的精神外化），是人的本质的实现途径。"通过实践创造对象世界，改造无机界，人证明自己是有意识的类存在物……动物只是按照它所属的那个种的尺度和需要来构造，而人懂得按照任何一个种的尺度来进行生产，并且懂得处处都把内在的尺度运用于对象；因此，人也按照美的规律来构造。"①

马克思批判异化劳动，希望通过扬弃异化实现人类自由自觉的活动，因而劳动与自由、目的、审美等紧密相关。哈贝马斯评价道："青年马克思把劳动比作艺术家的创造性生产。在艺术作品中，艺术家把他自身的本质力量释放出来，并在凝神观赏中再次占有自己的作品。"② 因此，劳动不仅仅是一种物质生产性活动，更是一种富有超验性、价值性的审美活动。哈贝马斯指出，正是因为马克思把美学生产引入人类的劳动实践中，所以社会劳动可以成为生产者的集体自我实现。也就是说，实存与本质、个体与社会得以在劳动实践中获得辩证统一。由于马克思使劳动适合于一种规范的模式，所以他得以超越黑格尔，把本质力量的对象化与本质力量的异化区分开来，把自由自觉的实践和受到压制、异化的实践区分开来。所以，无论是海德格尔关于马克思生产性强制劳动的指责，还是洛维特关于马克思走向外在性极端的批评，都是建立在对马克思劳动概念所具有的哲学根基和审美向度的忽视上。

马克思尽管批判形而上学，但并未完全摒弃现实生活中人的形而上、普遍的、神圣性维度。这一点在批判施蒂纳时，马克思做出了更明确的选择。在作为人之本质方式的劳动实践上，亦然。马克思的劳动实践蕴含着

---

① 《马克思恩格斯全集》第 3 卷，人民出版社，2002，第 273 ~ 274 页。
② 〔德〕哈贝马斯：《现代性的哲学话语》，曹卫东等译，译林出版社，2004，第 73 页。

普遍与特殊、神圣性与世俗性、本质与实存、超感性与感性之间的辩证张
力结构。可以说，马克思并未如洛维特所言走向了外在性的极端，而是在
超验价值与神圣维度上保持着谨慎的态度。这一点，刘森林已做了细致的
分析。① 他力图立足现实的社会历史条件，通过具体的现实社会历史条件下
的个人劳动实践保留神圣性与世俗性、本质与实存、超感性与感性之间的
辩证张力，从而遏制虚无主义。在此意义上，马克思的方案可归结为实践
救赎。对马克思来说，问题转化为如何使得超验的价值理想扎根于现实的
大地，奠基于现实的社会关系之中。对资本主义社会制度下的资本逻辑批
判正是对这一问题的探索。

2. 资本逻辑批判与共产主义

首先，资本逻辑是虚无主义最本质性和必然性的塑造力量。资本力
量摧毁了宗教，消解了道德和价值，瓦解了一切宗法的、神圣的、田园
诗般的关系。马克思形象地描述了这一历史图景："一切固定的僵化的
关系以及与之相适应的素被尊崇的观念和见解都被消除了，一切新形成
的关系等不到固定下来就陈旧了。一切等级的和固定的东西都烟消云散
了，一切神圣的东西都被亵渎了。"② 资本逻辑彻底撕下由宗教幻想和政
治幻想所编织的温情脉脉的面纱，把人与人之间的关系变成了纯粹的赤裸
裸的金钱关系，把人的尊严变成了交换价值，把人的自由变成了贸易自
由。因为在作为普遍价值尺度的货币面前，一切都是可计算的、可交换
的，可用现金去获得的。一切物，包括自然，甚至人本身以及人与人之间
的关系都只存在其"相对性""可交换性"之中，而除此之外，其独立价
值、绝对价值都被消灭了。"没有任何绝对的价值，因为对货币来说，价
值本身是相对的。没有任何东西是不可让渡的，因为一切东西都可以为换
取货币而让渡。没有任何东西是高尚的、神圣的等等，因为一切东西都可

---

① 参见刘森林《虚无主义与马克思：一个再思考》，《马克思主义与现实》2010 年第 3 期，第
22 页。
② 《马克思恩格斯选集》第 1 卷，人民出版社，1995，第 275 页。

以通过货币而占有。"①

　　一句话，资本摧毁了传统世界，按照自己的面貌塑造了一个新的世界。但这个世界并不是人的世界，而是资本的世界。当尼采还停留在批判基督教所塑造的世界是上帝的世界，而不是人的世界时，马克思已经深刻地体会到，现代社会从神到人的逻辑转化中，已经被资本逻辑给"截胡"了。资本取代上帝，成为现代社会至高无上的神。马克思说道："商品形式在人们面前把人们本身劳动的社会性质反映成劳动产品本身的物的性质，反映成这些物的天然的社会属性，从而把生产者同总劳动的社会关系反映成存在于生产者之外的物与物之间的社会关系……这只是人们自己的一定的社会关系，但它在人们面前采取了物与物的关系的虚幻形式。"② 马克思对现代社会拜物教现象的深刻揭示，充分说明了资本逻辑已成为现代社会的统治逻辑和支配性力量。于人而言，资本的世界更是虚无的世界。"在资产阶级经济以及与之相适应的生产时代中，人的内在本质的这种充分发挥，表现为完全的空虚化；这种普遍的对象化过程，表现为全面的异化，而一切既定的片面目的的废弃，则表现为为了某种纯粹外在的目的而牺牲自己的目的本身。"③ 如果说在传统社会里，人所体会到的生存虚无还有某种模糊性和间接性的话，那么在资本社会里，人之虚无则表现为公开的、直接的、露骨的状态。因为"对象化活动一旦失去了所指的'价值理念'，而是直接用物化的社会关系（货币）取而代之，社会便步入了真正的虚无状态"。④

　　其次，资本主义社会是虚无主义的具体的社会历史发生场景。对马克思来说，传统社会价值和理想的消逝，并不值得多么感伤；现代社会里资本逻辑的僭越，也并不值得多么忧惧。这都是人类社会历史发展的阶段性产物。在资本逻辑看似无须证明的合法性和永恒性面具之下，马克思洞察了其历史阶段性本质。可以说，站在历史发展的总体性视野中，马克思对资本逻辑进

---

① 《马克思恩格斯全集》第 31 卷，人民出版社，1998，第 252 页。
② 《马克思恩格斯全集》第 23 卷，人民出版社，1992，第 88～89 页。
③ 《马克思恩格斯全集》第 30 卷，人民出版社，1995，第 480 页。
④ 田明：《指谓与对象化：克服虚无主义的辩证反思》，《马克思主义与现实》2015 年第 6 期，第 26 页。

行了"祛魅"。资本逻辑并非现代社会唯一的统治逻辑和支配性力量，其神圣性地位和不可一世的力量来自社会历史发展的特殊情境，即资本主义社会。因为"资本不是物，而是一定的、社会的、属于一定历史社会形态的生产关系，后者体现在一个物上，并赋予这个物以独特的社会性质"①。资本逻辑是资本主义生产关系的实质，也是资本主义社会特有的历史性产物。因此，虚无主义也就有了具体的社会历史发生空间，即资本主义社会。由此，对虚无主义的批判与对资本主义制度的批判是一体同构的。正如邹诗鹏所指出的，马克思对虚无主义的制度层面批判是独辟蹊径且不可代替的。由于缺乏历史性维度，现当代西方关于虚无主义的话语谱系皆将虚无主义看作时代精神的本身，甚至人类必然的命运，从而使得克服虚无主义成为个体无谓的挣扎与难以摒弃的焦虑。这些看似超越虚无主义的方式究其本质反而成了虚无主义的表达和延续。马克思的深刻之处在于，他揭示了"资本主义制度阻碍了物化向人化的转化，物化展开为物化逻辑，并通向虚无主义。现当代西方有关物化与虚无主义话语，则把资本主义看成是从属于物化逻辑的被动的制度安排。而且，正因为直接或间接地赋予资本主义一种永恒性，因而虚无主义及其彻底性也不断在存在论意义上得到阐释"。②

对资本逻辑、资本主义社会和虚无主义三位一体的批判说明了，克服虚无主义不仅要考虑其形而上学的根源和精神层面的超越，更要考虑其深层的社会物质生产关系来源和制度层面的超越。这并非一种二选一的抉择，而是一种相互支持相互需要的关系。马克思的总体性历史视野使他可以深刻地意识到，无论是资本逻辑、资本主义社会还是虚无主义，并非人类历史的"自在之物"，也并非外在于人的历史，而是人的发展和解放过程中必然要经历的环节。自我异化和自我异化的扬弃，是历史性地交织在一起的。所以，"当叔本华、克尔凯郭尔、尼采及其后继者海德格尔、德里达等，继续沿着后黑格尔的哲学颠覆与重建之路不断推进虚无主义批判之时，马克

---

① 《马克思恩格斯全集》第 46 卷，人民出版社，2003，第 922 页。
② 邹诗鹏：《现代性的物化逻辑与虚无主义课题——马克思学说与西方现当代有关话语的界分》，《天津社会科学》2009 年第 3 期，第 8~9 页。

思及其后继者却离开了这条纯粹的哲学思路，向着更为广阔的社会历史场域持续迈进"①。西方马克思主义的开创者卢卡奇正是马克思这一路径的杰出传承者。卢卡奇糅合了韦伯合理化思想的物化批判理论，呈现了当代资本主义的虚无主义镜像，以重建总体性辩证法的方式诊治虚无主义，而这正是马克思历史性维度的传承和发扬。

海德格尔也曾高度评价过马克思在历史维度上所开创的理论深度和重要意义。但海德格尔对马克思劳动概念及实践救赎的肤浅理解使他与马克思擦肩而过。这同时也使我们回忆起施特劳斯和罗森对马克思的批评。将历史性维度简单地等同于历史主义，显然难以避免武断粗暴之嫌。历史主义的极端相对性和无限制性，显然与真实的马克思思想无甚关联，因而也就无须揣测其可能性的理论趋向风险。相比之下，另一个问题更值得重视。马克思关于"一切人类历史都是史前史"的判断使人们这样理解：马克思执着地相信，历史的总体发展是一个线性的向上的过程，他寄希望于通过宏观历史的进步（尤其生产力的发展）来扬弃现代性所带来的诸多社会问题，包括虚无主义问题。对于历史发展的乐观估计，显然来自启蒙时代初期欧洲中产阶级的过分自信。但这并没有阻止后现代主义者们将马克思归为宏大叙事之队列。历史进步的宏大叙事暗示了当下的历史苦难是正当的，当下的牺牲作为历史的记忆换取历史宏观进步的承诺。在此意义上，本雅明与德里达都将马克思的实践救赎视为世俗化的政治弥赛亚主义，在这种弥赛亚诺言中隐含着暴力："他们想当然地认为，历史进步思想揭示了一个正义结局。当进步思想的代言人自诩为历史化身时，平等的美梦就会再次幻灭，人们的苦难被拦腰切断，一切又要从头开始。进步思想的正当性与虚假的受难者理论极其相似，它们忽视了真正的历史倒退，历史中的希望与受难者被'白板说'再次抛弃，它们也忘记了自身的历史性与有限性。"② 本雅明与德里达所指责的实

---

① 郗戈：《"后黑格尔"虚无主义境遇与马克思的哲学革命——以〈关于伊壁鸠鲁哲学的笔记〉为中心》，《中国人民大学学报》2014 年第 5 期，第 50 页。
② 〔加〕弗莱切：《记忆的承诺：马克思、本雅明、德里达的历史与政治》，田明译，华东师范大学出版社，2009，第 4 页。

际上是激进政治实践对历史的亵渎所导致的虚无主义现象。这显然与马克思的历史性意识有明显的不同。但同时，这也揭示了普遍的价值理念与个体的主观尺度之间的差异问题以及如何在历史性维度中达成现实自我与理想自我、"我的世界"与"世界"之间的统一难题。这便需要诉诸辩证唯物主义，即保持主观尺度与真理维度的辩证结合。因此，"若要克服虚无主义，主观尺度需通过对象化方式获得现实性，进而在价值评价中呈现主观尺度与价值理念的差异性，以达到价值评价主体自我扬弃的目的"。[①]

最后，共产主义构成虚无主义的终结。根据马克思的分析，资本主义社会里的生产关系——资本逻辑必然导致虚无主义。虚无主义是资本主义的必然衍生物，正如资本主义条件下人的劳动实践已成为控制人并奴役人的异化的生存方式一样，虚无主义也成为资本主义无法克服的重症。而克服虚无主义，实际上就是要求摧毁资本主义制度，扬弃资本逻辑，建构新型的社会生产关系。马克思指出："共产主义是私有财产即人的自我异化的积极的扬弃，因而是通过人并且为了人而对人的本质的真正占有；因此，它是人向自身、向社会的即合乎人性的人的复归，这种复归是完全的，自觉的和在以往发展的全部财富的范围内生成的。这种共产主义，作为完成了的自然主义 = 人道主义，而作为完成了的人道主义 = 自然主义，它是人和自然界之间、人和人之间的矛盾的真正解决，是存在和本质、对象化和自我确证、自由和必然、个体和类之间的斗争的真正解决。它是历史之谜的解答，而且知道自己就是这种解答。"[②]

这意味着以下三个方面。第一，在个体与总体的关系上，共产主义不仅是个体的本质实现和解放，而且是人类总体的本质实现和解放。马克思指出，首先要避免重新把个人与社会总体对立起来。因为个人首先是社会存在物。个人与社会之间的敌对关系，人与人之间互为手段的异己状态是由私有财产和资本逻辑引起的。对这一异己状态的扬弃必须建立在生产力高度发展、社会关系良性发展、个体自由自觉的全面发展的基础上。所以，

---

① 田明：《指谓与对象化：克服虚无主义的辩证反思》，《马克思主义与现实》2015 年第 6 期，第 22 页。
② 《马克思恩格斯全集》第 3 卷，人民出版社，2002，第 297 页。

"每一个单独的个人的解放的程度是与历史完全转变为世界历史的程度一致的"①。个人的解放必须以社会的解放为前提。没有集体和社会力量，就无法实现对异己力量的控制。当然，此集体必须是真正的集体，而不是虚假的集体，真正的集体是自由自觉的人的联合体——共产主义。在其中，每一个个人都以他人的发展和自由为前提，每一个个人的现实的实现都是能动与受动的实现，"按人的方式来理解的受动，是人的一种自我享受"②。

第二，在世俗性与神圣性关系上，自我及其价值的建构不是建立在彼岸的乌托邦之上，而是此岸的现实的社会历史实践基础上。共产主义并不是某种应当确立的状况和价值预设，不是现实应当与之相适应的理想，而是现实性的精神追求和超越情怀。由此，世俗生活有了神圣性维度，而神圣性的追求也有了坚实的世俗根基。有的学者批评，马克思的历史论是一种世俗版的天命论，共产主义是解放的乌托邦。这实际上是忽视了马克思对世俗性与神圣性关系的辩证理解。对于未来社会价值秩序的应然状态和意义生活的美好图景，马克思惜墨如金。因为当下对未来的只流于形而上的预设和畅想才是人们批判的乌托邦。伊格尔顿说得好，"未来的种子是埋在现在的土壤里的。……重要的不是对于理想未来的美好憧憬，而是解决那些会阻碍这种理想实现的现实矛盾。而为人们指引解决问题的合理方向，正是马克思和所有马克思主义者的历史使命"③。

第三，共产主义的扬弃并非简单的否定和破坏，而是建立在社会历史性基础上对现存异己状况的超越。伯曼就将共产主义简单地理解为对资本主义社会的野蛮破坏。他担心，不断的革命，无限的发展和更新，如此松散和多变的土壤将无法生长出持久的人类纽带，也无法使变革的力量流向安宁的和谐和统一。④ 但是，共产主义并不是如虚无主义一般对现存全然地

---

① 《马克思恩格斯全集》第 3 卷，人民出版社，1960，第 42 页。
② 《马克思恩格斯全集》第 3 卷，人民出版社，2002，第 303 页。
③ 〔英〕伊格尔顿：《马克思为什么是对的》，李杨、任文科、郑义译，新星出版社，2011，第 76、73 页。
④ 参见〔美〕马歇尔·伯曼《一切坚固的东西都烟消云散了——现代性体验》，商务印书馆，2003，第二章。

否定和破坏，而是对否定人的力量和因素的销毁，对肯定人的力量和因素的发扬。作为消灭异化状态的现实的运动，共产主义是建立在迄今为止的一切社会历史发展基础之上的，这些基础包括世界历史的形成状况、生产关系的自我调整及其对生产力的倒逼、现实的技术发展水平和实践条件、实践主体的生存状况和革命性力量等。所以，"历史向世界历史的转变，不是'自我意识'、宇宙精神或者某个形而上学怪影的某种纯粹的抽象行动，而是完全物质的、可以通过经验证明的行动，每一个过着实际生活的、需要吃、喝、穿的个人都可以证明这种行动"[①]。这一行动由最根本的生产关系入手直接瓦解了资本主义的社会关系，从而彻底破除了造成虚无主义的经济根源和制度屏障。

---

① 《马克思恩格斯选集》第 1 卷，人民出版社，1995，第 89 页。

第四章

西方马克思主义的批判
和启示

西方马克思主义与虚无主义的相遇，既有时代的必然性，也与思想界的潮流走向相关。在西方马克思主义活跃在思想舞台之际，海德格尔的存在论话语是当时学界的流行行话。阿伦特的评述再现了这一盛况："就像在两千年之后的今天仍然从柏拉图著作中向我们迎面冲来的风暴一样，席卷着海德格尔整个思想活动的风暴不是发源于我们这个世纪。它来自非常非常古老悠远的年代。它将尽善尽美留给我们，就像一切尽善尽美者一样，又重归那非常非常古老悠远的年代。"① 人们在赞叹海德格尔的敏锐的同时，也感受到海德格尔所揭示的人类内在的危险境地。正如萨弗兰斯基所言："海德格尔关于技术的思想触及到时代的恐惧，这在当时已是公开的秘密。"② 这一恐惧是无家可归的恐惧，是自我确证、自我规范根基丧失的恐惧，是身陷虚无主义黑暗深渊的恐惧。西方马克思主义作为发达资本主义国家学院中的马克思主义理论传统，与同时代西方其他主流思潮之间有着复杂的批判对话关系。当海德格尔对虚无主义的克服反而成了虚无主义的表达时，与海德格尔关系密切的几位西方马克思主义者如马尔库塞、阿多诺等都面临这一理论困境。

西方马克思主义者对虚无主义的理解和批判根植于他们对现代性的反思和时代问题的诊断之上。他们关于工具理性批判、文化的媚俗、意识的物化、单一性和同质性、集权主义、总体性的丧失等问题都涉及现代性历史背景下人的精神和意义问题，这其实都是虚无主义问题的另一种表达。从这个角度来看，西方马克思主义并没有漂浮于西方思想世界之外。在当时以海德格尔的学术行话为主流的学界，西方马克思主义的虚无主义批判话语呈现了马克思主义的思想视角，并展示了西方马克思主义－海德格尔关系图景。

西方马克思主义学者众多，且思想观点各异，理论机制复杂，但有一点共性毋庸置疑。从马克思那里继承而来的历史性视角使他们避免了海德格

---

① 〔德〕吕迪格尔·萨弗兰斯基：《来自德国的大师——海德格尔和他的时代》，靳希平译，商务印书馆，2008，扉页。

② 〔德〕吕迪格尔·萨弗兰斯基：《来自德国的大师——海德格尔和他的时代》，靳希平译，商务印书馆，2008，第494页。

尔的极端，从而使他们对虚无主义问题保持着辩证的态度。他们没有像海德格尔一样把虚无主义问题等同于西方历史的"内在逻辑"，没有把虚无主义的历史理解为现代性本身的历史和"命运"，而是将之诊断为现代性的"病症"。哈贝马斯曾强调，我们要像马克思和黑格尔那样辩证地对待现代性，"务必小心翼翼，切莫将婴儿连同洗澡水一起倒掉，然后再翱翔于非理性主义的天空中"①。这同样代表了西方马克思主义对待虚无主义的态度。批判不是一味地否定，而是建立在否定基础上的超越。在面对人类当下生存的无意义状态时，他们无论是愤怒还是悲观，都共同表现出了找寻意义生活的努力。这使西方马克思主义的虚无主义批判同时呈现超越虚无主义的维度。在应对虚无主义的模式中，由尼采开创、海德格尔发扬光大的审美救赎是迄今为止最具影响力的应对方式。西方马克思主义者们皆批判海德格尔，但有意思的是，他们都不约而同地选择了审美救赎的方式。卢卡奇、阿多诺和马尔库塞等都把艺术作为生命本真状态的显现方式，重视审美独特的认识论优势。但西方马克思主义的特殊立场使他们有别于尼采和海德格尔，力图走出一条独特的审美救赎路径。正如张有奎指出的，"西方马克思主义力图揭穿现代资本主义精神生活病症的真相，对资产阶级的虚无主义力量及其造成的道德的、社会的和心理的深渊之描述和诊断不乏深刻之处。但是，他们的理论立场总体上是伦理学的人道主义或艺术与审美救赎的浪漫主义，因而注定了失败的命运"②。这代表了对西方马克思主义的虚无主义批判思想的中肯性评价。

本章将择取西方马克思主义的三大代表性人物即卢卡奇、阿多诺和马尔库塞作为典型呈现他们对虚无主义的批判。选取这三位思想家，原因有二。一是三位思想家具有个性化的、系统化的、代表性的虚无主义批判话语体系。二是三位思想家与海德格尔思想关系密切，双方之间具有丰富的批判与对话空间。

---

① 〔德〕哈贝马斯：《现代性的地平线——哈贝马斯访谈录》，李安东、段怀清译，上海人民出版社，1997，第37页。
② 张有奎：《西方马克思主义的虚无主义批判》，《中国社会科学报》2014年4月30日。

第一节　卢卡奇：物化批判与重建总体性的辩证法

法国马克思主义思想家吕西安·戈德曼认为，海德格尔的《存在与时间》对卢卡奇的《历史与阶级意识》做出了回应。在《卢卡奇与海德格尔：走向一种新哲学》一书中，戈德曼指出卢卡奇与海德格尔二者之间不仅在概念上具有相似性，而且他们的论证策略也同样相似，最根本的是，海德格尔只是将卢卡奇的历史社会批判转化为形而上学。对此，卢卡奇在《历史与阶级意识》的新版序言中做了回应。"吕西安·戈德曼把海德格尔的著作解释成在某种程度上是直接对我的回答（但没有明确地这样提）……在这里，谁起头，谁影响谁的问题并不特别重要。重要的是，人的异化是我们时代的关键问题，并且无论资产阶级还是无产阶级的思想家，无论政治上和社会上的右派还是左派思想家都看到和承认这一点。"[①] 撇开卢卡奇与海德格尔二者理论之间的亲和性与排斥性不谈，异化问题确实是二者研究的中心。如果说海德格尔在形而上学的层面上描述人的存在的被遮蔽（异化）状态，卢卡奇的物化理论则更早地从历史社会批判的角度呈现了人的非存在状态。在海德格尔看来，人之存在的被遮蔽状态，即虚无主义是现代性乃至人类的"天命"。对此，卢卡奇做出了精彩的回应："对资产阶级哲学的文化批判说来（我们只要看下海德格尔就可以了），将一种社会批判升华为纯粹的哲学问题，即将本质上是一种社会的异化转变为一种永恒的

---

① 〔匈〕卢卡奇：《历史与阶级意识》，杜章智、任立、燕宏远译，商务印书馆，2004，第17页。

'人类状况'（这是一个后来才产生出来的术语），是十分自然的事情。很显然，《历史与阶级意识》迎合了这种观点，虽然它的意图与这种观点不同，而且的确是对立的。因为当我将异化等同于对象化时，我是将它看作一种社会范畴——社会主义将最终消除异化——但是，尽管如此，由于它在阶级社会中的不能消除的存在，特别是由于它的哲学基础，它就同'人类状况'的说法相去不远了。"① 由此可以确定的是，在卢卡奇看来，海德格尔的"人类命运"——虚无主义其实只是资本主义社会的特定状况而已。物化现象就是这一特定状况的写照。因此，卢卡奇对虚无主义的批判话语表现为对资本主义社会物化现象的批判。

一　物化：资本主义条件下的虚无主义症候

物化理论是卢卡奇早期哲学的最为突出的理论，被誉为青年卢卡奇的天才发现，也是西方马克思主义对现代性批判的代表性理论贡献。物化理论主要来自卢卡奇发表于 1923 年的《历史与阶级意识》。这是卢卡奇在没有阅读过马克思建构异化理论的《1844 年经济学哲学手稿》和建构物化理论的《1857—1858 年经济学手稿》的情况下，从马克思的《政治经济学批判》和《资本论》等著作中创造性发展出的具有马克思色彩的批判理论。这也是卢卡奇针对 19 世纪末 20 世纪初西方发达资本主义的情况和国际共产主义运动的变化，对人类生存困境的批判和反思。卢卡奇认为，在资本主义经济条件下，人的活动的结果或人的创造物变成某种自律的、反过来统治和支配人的力量。物与物之间的关系取代了人与人之间的关系，并获得一种"魔幻的客观性"。卢卡奇认为马克思的商品拜物教现象正是现代人的物化现象。

1. 物化的内涵和表现形式

根据卢卡奇的思想，物化的内涵可表述为人的活动对他来说成了客观

---

① 〔匈〕卢卡奇：《历史与阶级意识》，杜章智、任立、燕宏远译，商务印书馆，2004，第 19 页。

和对立的东西。这种对立包括主客观两方面。在客观方面，出现了一个事物及其关系（商品及其在市场上运动）的世界，它们的规律的确能被人们认识和利用，但是人们不能加以改变。这就是卢卡奇意义上的"第二自然"。在主观方面，人自己的活动、他的劳动成了与他对立的客体，这个客体服从于社会自然规律，但是对人来说是异己的。卢卡奇首先强调，物化现象是在资本主义大生产的特定历史情境下产生的。在前资本主义时代，商品生产和商品交换已存在，但只有在资本主义大工业条件下商品交换和生产才成为普遍的形式并渗透到社会各个层面，因此，物化现象是"现代资本主义的一个特有的问题"①。换言之，只有当商品成为社会的总体普遍范畴，也就是说只有当商品关系在社会生活中占统治地位时，物化现象才会体现在社会生活的各个层面。卢卡奇认为，在现代资本主义社会里，物化现象具有以下四种形式。

一是主体活动的物化。在现代资本主义生产方式中，人的活动变成了一种可普遍量化和交换的商品，与其他生产资料同质的"人力资源"，服从于"社会的自然规律的异于人的客观性"。劳动成了与人无关的物化的客观化过程。于是，"人自己的活动，人自己的劳动，作为某种客观的东西，某种不依赖于人的东西，某种通过异于人的自律性来控制人的东西，同人相对立"②。

二是主体自身的物化。在现代资本主义情境里，商品结构在社会中处于支配地位，不仅生产过程，整个社会运行都被合理化、机械化。人作为一个独立的个体，其个体性、主动性完全被大工业生产绞成碎片。"人无论在客观上还是在他对劳动过程的态度上都不表现为是这个过程的真正的主人，而是作为机械化的一部分被结合到某一机械系统里去。他发现这一机械系统是现成的、完全不依赖于他而运行的，他不管愿意与否必须服从于

---

① 〔匈〕卢卡奇：《历史与阶级意识》，杜章智、任立、燕宏远译，商务印书馆，2004，第147页。

② 〔匈〕卢卡奇：《历史与阶级意识》，杜章智、任立、燕宏远译，商务印书馆，2004，第150页。

它的规律。"① 需要指出的是，遭受物化的不仅是工人阶级，资产阶级本身也难逃这种命运。

三是主体关系的物化。人的功能变成商品这一事实，即"自我的客体化"同时也确切地昭示了人与人之间的非人化事实。个人在实践和思想上同社会的直接接触，都只能以孤立的商品所有者之间合理的和孤立的交换活动形式来进行。对个人来说，他所接触的物和人，都有着某种"自然规律性"，都是某种现成碰到的东西、某种不可取消的已有之物。"这种对象性以其严格的、仿佛十全十美和合理的自律性（Eigengesetzlichkeit）掩盖着它的基本本质、即人与人之间关系的所有痕迹。"② 合理物化的关系取代更明显能够展示人的关系的自然关系。

四是主体意识的物化。"正像资本主义制度不断地在更高的阶段上从经济方面生产和再生产自身一样，在资本主义发展过程中，物化结构越来越深入地、注定地、决定性地沉浸入人的意识里。"③ 主体本身所具有的知识、情趣和表达力，都被归结为一架自动运转着的抽象机器的属性。人的关系所可能具有的一切自然的形式，人的物理的、心理的性质所可能发挥作用的一切方式都日益被纳入物化的过程中，并形成了所谓"物化意识"——人自觉地或非批判地与外在的物化现象、物化结构认同的精神和心理活动。人丧失了批判和超越的主体性维度。

2. 物化批判视域下的人类生存困境与意义虚无

卢卡奇认为，物化现象已经进入当代资本主义的经济活动、政治管理和思想文化等各个领域。在这种情况下，人的存在本性遭到了全面的扼杀和毁灭，人之为人的意义处于扭曲、虚无的状态。

一是经济活动领域人的片面化与原子化。工业文明的现代化包括两个

① 〔匈〕卢卡奇：《历史与阶级意识》，杜章智、任立、燕宏远译，商务印书馆，2004，第153～154页。

② 〔匈〕卢卡奇：《历史与阶级意识》，杜章智、任立、燕宏远译，商务印书馆，2004，第147页。

③ 〔匈〕卢卡奇：《历史与阶级意识》，杜章智、任立、燕宏远译，商务印书馆，2004，第159页。

进程：第一是人的个体化进程，彰显了以人的主体性为核心的人本主义精神，第二是社会机制和运行的理性化进程，彰显了以可计算性和数字化为特征的技术理性和科学精神。在进入 20 世纪后，这两种进程张力和冲突加大，专门化、理性化的生产体系和社会机制逐渐成为独立的力量。卢卡奇写道："工人的劳动力同他的个性相分离，它变成一种物，一种他在市场上出卖的对象，这种情况也在这里反复发生。区别仅仅在于，不是所有的精神能力都受到机械化的压抑，而是只有一种能力（或一系列能力）被与整个人格分离开来，被与它相对立地客体化，变成一种物，一种商品。"① 由于服从可计算性、合理化和专门化，工人的情感、主观心理和人性化的其他需要都被视为缺乏合理性的、不必要的因素而尽可能地被排除掉。在生产过程中，工人成为一具与人格特征相分离、只具有某种环节性属性的特殊"机器"。

二是政治管理领域人的活动的模式化和齐一化。马克斯·韦伯曾揭示过，资本主义的经济生产过程和政治管理过程都是建立在严格的理性化基础上的，即依靠精确的可计算性的程序和手段来运行。现代国家的运行模式充分体现了这种严格的分工和精确的原则。各级大小官僚都是庞大官僚体制机器下的一个小小的齿轮，他们遵循着可计算、可分割的管理程序和固定化的管理条例进行实际的管理活动。卢卡奇吸收了韦伯的这一所谓"合理化的官僚体制"，并进行了人本主义的批判。卢卡奇指出，"这不仅是指下层官僚统治完全机械化的、'无聊的'劳动方式——它非常接近单纯的机器操作，甚至常常在无聊和单调划一方面超过这种机器操作。而且这一方面是指，在客观方面越来越强烈地按照正式和合理化的方式处理所有问题，从而越来越厉害地同官僚处理方式具有的'物'的质和物质本质相分离。另一方面这也是指，分工中片面的专门化越来越畸形发展，从而破坏了人的人类本性"。② 显而易见，政治管理领域里的合理化和数字化不仅使

---

① 〔匈〕卢卡奇：《历史与阶级意识》，杜章智、任立、燕宏远译，商务印书馆，2004，第166页。
② 〔匈〕卢卡奇：《历史与阶级意识》，杜章智、任立、燕宏远译，商务印书馆，2004，第165～166页。

被管理者成为碎片化的存在，而且使管理者降为物的水平。按照卢卡奇的思路，这是一种违反人性的存在状态。随着分工和合理化的越精细、越高级、越具有自主性，人的畸形与残缺也就越明显。

三是精神心理领域人的麻木和物化。在卢卡奇看来，"世界的这种表面上彻底的合理化，渗进了人的肉体和心灵的最深处，在它自己的合理性具有形式特性时达到了自己的极限"①。在经济生产和政治管理过程中合理化的劳动分工和机械化的管理机制将人肢解为独立的、具体的部分和环节，这使得人与人之间整体的、有机的联系被切割掉了，人处于孤立的原子化状态中，人与人之间的关系变得疏远和冷漠，个人丧失了与他人进行积极交往的能力和社会条件。卢卡奇写道："特殊类型的官僚主义的'真心诚意'和务实态度，个别官僚之必然完全服从于他所属的物的关系系统，以为正是他的荣誉，他的责任感需要这样一种完全的服从，——所有这一切都表明，分工像在实行泰罗制时侵入'心灵领域'一样，这里侵入了'伦理领域'。但是，对于整个社会来说，这并没有削弱作为基本范畴的物化意识结构，而是加强了它。"② 物化意识不仅使人失去了对事物和自身的总体性认识能力，还使人丧失了革命的主体性和反抗精神。这种"主体的客体化"使人由生产过程和社会历史过程中的自由自觉的主体沦丧为被动、消极的客体或追随者，成为一群麻木盲从于现存的"群氓"。

通过以上论述可以得出结论，卢卡奇在经济、政治和精神心理等领域揭示了资本主义社会的物化现象。这种物化现象使人的生存状态异己化，使人的生命意义虚无化。从这个角度来说，卢卡奇的虚无主义批判话语早于海德格尔。如果说海德格尔在生存论层面揭示了虚无主义的本体论话语模式，那么卢卡奇则更早地从资本主义经济生产方式和政治统治方式中生成了虚无主义的政治经济学批判模式。作为西方马克思主义

---

① 〔匈〕卢卡奇：《历史与阶级意识》，杜章智、任立、燕宏远译，商务印书馆，2004，第168页。

② 〔匈〕卢卡奇：《历史与阶级意识》，杜章智、任立、燕宏远译，商务印书馆，2004，第166页。

的开创者，卢卡奇天才般地将马克思主义的政治经济学分析模式运用于当代资本主义社会的时代问题反思上，在政治经济层面上对虚无主义进行了批判和反思。

二 商品拜物教：资本主义条件下的虚无主义根源

卢卡奇对虚无主义的批判表现为对资本主义社会物化现象的批判。可以说，在虚无主义问题与物化问题上，虽然话语的表现形态不同，但问题域是一致的。二者都是对当下人类生存状态的反思和批判，同时指向一种人类应然的、富有生命意义的生存状态。因此，对虚无主义根源的追问可以在物化问题的实质中找到答案。换言之，卢卡奇在对物化实质根源的追问中，间接地向我们呈现了虚无主义现象的社会历史基础和经济、政治制度根源。

1. 合理化进程导致了物化结构的产生

早期卢卡奇深受马克斯·韦伯的影响。韦伯在《新教伦理与资本主义精神》一书中提出："资本主义精神的发展似乎最好理解为合理主义整体发展的一部分，而且似应能够从合理主义对生活基本问题的原则立场中推演出来。"① 韦伯认为，资本主义的经济组织方式、现代国家机制、法律、科技、文化、艺术、宗教、伦理以及个人生活方式都体现了西方特有的和独具的合理主义。这种资本主义的合理主义，基本上取决于最重要的科技因素的可计算性，体现了量化的标准化过程。韦伯对合理化进行了价值祛魅，因而合理化概念表现出了积极意义。卢卡奇采用了韦伯的合理化概念，但对之进行了"逆转"。在卢卡奇看来，资本主义的合理化就是物化。确切地说，资本主义的合理化进程是物化现象产生的直接原因。哈贝马斯在《交往行为理论》中描述了卢卡奇的物化概念与韦伯的合理化概念之间的关系。"卢卡奇把合理化和物化理解为同一过程的两个方面，并为之准备好了两个

---

① 〔德〕马克斯·韦伯：《新教伦理与资本主义精神》，彭强、黄晓京译，陕西师范大学出版社，2005，第51页。

论据，这两个论据是以韦伯的分析为基础的，但却是反对韦伯分析的结论的。"① 卢卡奇使用了韦伯的合理化概念来分析物化的产生，并挖掘了合理化的否定性意义。在卢卡奇看来，韦伯对待合理化的错误态度直接遮蔽了资本主义社会最本质性的问题。因此卢卡奇从三个方面展开了对韦伯的批判。

一是批判韦伯思想的"直接性"。卢卡奇指出，由于韦伯习惯于纯直接性的思维和感觉，所以他将对象的直接既定的物的形式当作首要的、真实的、客观的存在。这使韦伯只能停留在分析物化的直接性上，即对物化进行单纯的描写，围绕着物化的外部表现形式绕圈子，而无法深入问题的核心所在。

二是批判韦伯思想的"形式性"。直接性的思维方式表现为概念的形式性。韦伯将理性的形式主义视为把握现实的唯一可能方式，但形式的合理性掩盖了实质的不合理性，它将无法纳入形式的东西都视为偶然的、异己的、非理性的东西排斥掉，从而将物化了的世界当作"唯一可能的、唯一从概念上可以把握住的、可以理解的世界，即为我们人类提供的世界"②。所以，"科学无法理解特有物质的产生和消失，无法理解它的社会性质以及对它可能采取的态度的社会性质和特有形式系统的社会性质"③。从而，物化的虚幻的世界代替了真实存在的世界，成了客观规律般的存在，成了对人来说具有强制性和奴役性能力的"第二自然"。

三是批判韦伯思想对现实基础的遮蔽与悬置。抽象形式方法上的限制使得"现代资产阶级思想的敏锐越来越陷入印度传说中的那种'批判'状况，那种'批判'面对关于世界是站在一只象身上的古老想像，提出了'批判性'的问题：象站在什么上面？而当得到关于象是站在乌龟上面的回答后，批判也就停止了。不过显而易见的是，即使进一步提出类似的'批

---

① 〔德〕哈贝马斯：《交往行为理论》上册，洪佩郁、蔺青译，重庆出版社，1994，第450页。
② 〔匈〕卢卡奇：《历史与阶级意识》，杜章智、任立、燕宏远译，商务印书馆，2004，第179页。
③ 〔匈〕卢卡奇：《历史与阶级意识》，杜章智、任立、燕宏远译，商务印书馆，2004，第173页。

判性的'问题，至多能引出第三种神奇动物，但并不能解决现实问题"①。卢卡奇深刻地指出，对现实基础的永久漠视和对存在问题的坚决遮蔽造成了一个富有资产阶级个性色彩的颠倒，即它将虚假意识当作永恒的价值形式，将事实性变成必然性，将中介性变成实体性，从而产生了物化意识。

2. 物化结构的社会历史基础是商品形式

借由马克思在《资本论》中关于商品拜物教的分析，卢卡奇深刻地洞察到了物化结构的社会历史基础。首先，物化结构的产生是以商品形式成为整个社会的普遍范畴为前提的。"商品只有在成为整个社会存在的普遍范畴时，才能按其没有被歪曲的本质被理解。只有在这一联系中，由于商品关系而产生的物化才对社会的客观发展和人对社会的态度有决定性的意义，对人的意识屈从于这种物化所表现的形式，对试图理解这一过程或反抗这一过程的灾难性后果，对试图从这样产生的'第二自然'的这种奴役里解放出来，也有决定性的意义。"② 卢卡奇分析，一个商品形式仅仅是暂时现象的社会和一个商品形式占统治地位且渗透到人们一切日常生活方式中的社会具有本质性的差别。在前资本主义社会里，商品经济不发达，还不存在以物的关系代替人的关系的问题。只有到了资本主义社会，商品结构才成为社会的普遍力量和支配原则，物的关系开始代替和支配人的关系。其次，随着资本主义商品形式的发展，物化结构有一个生成过程。"在资本主义发展开始之时，经济关系的人的性质有时看的还相当清楚，但是，这一发展越继续进行，产生的形式越错综复杂和越间接，人们就越少而且越难于看清这层物化的面纱。"③

因此，商品拜物教与物化是一个问题的两个方面，都是现代资本主义的一个特有的问题。按照马克思的分析，商品形式的奥秘在于："商品形式

---

① 〔匈〕卢卡奇：《历史与阶级意识》，杜章智、任立、燕宏远译，商务印书馆，2004，第 180 页。
② 〔匈〕卢卡奇：《历史与阶级意识》，杜章智、任立、燕宏远译，商务印书馆，2004，第 149～150 页。
③ 〔匈〕卢卡奇：《历史与阶级意识》，杜章智、任立、燕宏远译，商务印书馆，2004，第 149 页。

在人们面前把人们本身劳动的社会性质反映成劳动产品本身的物的性质，反映成这些物的天然的社会属性，从而把生产者同总劳动的社会关系反映成存在于生产者之外的物与物之间的社会关系，由于这种转换，劳动产品成了商品，成了可感觉而又超感觉的物或社会的物。……这只是人们自己的一定的社会关系，但它在人们面前采取了物与物的关系的虚幻形式。"①所以，从商品关系的结构中我们能够发现资本主义社会一切对象性形式和与此相适应的一切主体性形式的原形。在此意义上，物化现象是一个历史范畴，是特定社会历史阶段的产物。它不是一种永恒的自然规律，也不是永远有效的文化价值。

需要注意的是，卢卡奇所理解的物化并不等同于对象化，而只是资本主义社会的对象化。从这个角度来看，普遍人类生命意义的虚无问题并不是海德格尔意义上的历史宿命，而是特定社会历史阶段的产物，并不是现代性本身的"规律"，而是资本主义社会的特定衍生物。由此，卢卡奇对"社会物化"与"人类命运"进行了理论区分。根据卢卡奇的思路，虚无主义现象也是一个历史范畴，虚无主义的产生具有明确的社会历史条件，即资本主义生产关系条件下的资本主义社会。

3. 物化结构压制了价值的建构

克尔凯郭尔曾描述了个体的虚无主义，但单个个体的虚无化并不足以使虚无主义上升为人类普遍的问题。只有普遍的人类生命意义的虚无成为现实问题，虚无主义才成为现代性的根本性问题。周凡曾分析，"卢卡奇的物化的核心意蕴是社会关系的物化"②。人与人之间的关系获得了物的性质并具有了一种"幽灵般的对象性"，这种对象性以其严格的、仿佛十全十美的、合理的自律性掩盖了人与人之间的本质性关系。由此，物化成为资本主义社会关系的隐蔽形式。"在这些形式中，在直接商品关系中隐藏的人们相互之间以及人们同满足自己现实需要的真正客体之间的关系逐渐消失得

---

① 《马克思恩格斯全集》第 23 卷，人民出版社，1979，第 88 ~ 89 页。
② 周凡：《重审卢卡奇的物化理论》，《社会科学家》2003 年第 3 期，第 140 页。

无法觉察和无法辨认了，所以这些关系必然成为物化意识的社会存在的真正代表。"①

对卢卡奇来说，物化对社会关系的遮蔽使物的形式代替了人的形式，"物化是一种错认，是一种精神的无能为力，它以'混同'的方式直接地'取消'实际的差别"②。但更为重要的是，它使物化结构获得了无须证伪的合法性地位，获得了永久性和普遍性的性质，并对世界关系进行了预先的价值判断。"人们在其中一方面日益打碎了、摆脱了、扔掉了纯'自然的'、非理性的和实际存在的桎梏；但另一方面，又同时在这种自己建立的、'自己创造的'现实中，建立了一个包围自己的第二自然，并且以同样无情的规律性和他们相对立，就像从前非理性的自然力量（正确些说：用这种形式表现出来的社会关系）所做的那样。"③ 物化所生成的"第二自然"表现为认识了的、能认识的、理性的规律体系的必然结果，表现为一种必然性。于是，它不仅具有自在之物般的天然合法性，而且决定、主导现有的价值建构，并具有意识形态的功能。"从拜物教的对象性形式得来的这些直接概念，其作用在于使资本主义社会的现象表现为超历史的本质"④，把"资本主义看成是由自然界和理性的永恒规律注定永远存在的东西"⑤。正是在此基础上，资本主义生产关系获得了一种永恒存在的合理性。所以，"卢卡奇把物化看成是特殊历史境况和形式主义认识方式的'私生子'"⑥。

卢卡奇与海德格尔都敏锐地意识到虚无主义现象背后的认识论根源。海德格尔将之归咎于西方形而上学的内在嬗变。卢卡奇则更早地以马克思主义的政治经济学分析模式展示了它的社会历史根源。正如泰尔图良所言，

---

① 〔匈〕卢卡奇：《历史与阶级意识》，杜章智、任立、燕宏远译，商务印书馆，2004，第159页。
② 周凡：《重审卢卡奇的物化理论》，《社会科学家》2003年第3期，第141页。
③ 〔匈〕卢卡奇：《历史与阶级意识》，杜章智、任立、燕宏远译，商务印书馆，2004，第204页。
④ 〔匈〕卢卡奇：《历史与阶级意识》，杜章智、任立、燕宏远译，商务印书馆，2004，第63页。
⑤ 〔匈〕卢卡奇：《历史与阶级意识》，杜章智、任立、燕宏远译，商务印书馆，2004，第59页。
⑥ 周凡：《重审卢卡奇的物化理论》，《社会科学家》2003年第3期，第141页。

"一直在海德格尔那里看到自己重要对立面的卢卡奇，曾多次同他的著作作对照。……在其他当代哲学家中，没有哪一位哲学家能使卢卡奇产生一种对照的兴趣，这是一种批判的兴趣，当然正象难以捉摸的亲和性和排斥性的作用那样，把这种兴趣同他的思想结合起来"①。从卢卡奇的角度来看，海德格尔走向了纯粹的哲学抽象。而从海德格尔的角度来看，卢卡奇的分析只限制在存在者层面上，而他自己则深入存在论层面上，也即存在者的基础层面上。这一立场使海德格尔走向对传统形而上学的拒斥上，并义无反顾地投入非理性主义的怀抱。卢卡奇虽然也批判理性主义，但对虚无主义社会历史根源的分析决定了他对待理性主义的辩证态度。在这方面，阿多诺和霍克海默继承发展了卢卡奇的思路，在对工具理性的批判中呈现虚无主义的认识论根源。

三　重建总体性的辩证法：克服虚无主义的实践路径

总体性是卢卡奇哲学的核心概念，也是西方马克思主义的重要原则。卢卡奇的总体性概念具有明显的价值维度。"如果从本体论的角度上说，总体性反映了人类生存的矛盾和统一，那么，在价值层面上就反映了人类存在的意义和希望。"② 对卢卡奇来说，重建总体性的辩证法，是克服当下人类生存困境，重获意义和希望的实践路径。

1. 总体性是人之本质状态与意义生活之所在

正如仰海峰指出的，"对精神世界的分裂的考察与对总体性的渴望构成了他的思想的重要主题"③。尽管卢卡奇早期与晚期思想发生过重大变化，但他对总体性的渴望一直不变。早期的卢卡奇深受齐美尔的影响，关注世界的分裂和精神的危机。他从审美救赎出发，力图在个人的艺术感受中寻求超越分裂，达到总体解放的路径。在早期的两大代表作《心灵与形式》

---

① 〔法〕N. 泰尔图良：《海德格尔和卢卡奇著作中的异化概念》，张伯霖译，《世界哲学》1994 年第 3 期，第 57 页。
② 段方乐：《总体性的终结——从卢卡奇到阿多诺》，中国社会科学出版社，2009，第 15 页。
③ 仰海峰：《西方马克思主义的逻辑》，北京大学出版社，2010，第 13 页。

和《小说理论》中，卢卡奇就已表达了对精神世界分裂的不满和对总体性的渴望。

在《心灵与形式》中，卢卡奇指出了现代人生活的虚无状态：人的生存处于分裂的状态，人被上帝抛弃，也被人抛弃。现代社会是一个二元论的社会，生活与活着，处于"表象"和"意义"的分裂、对立状态中。"其中的一个原则是创造表现的，另一个原则是生成意义的；对于第一个原则来说，只有事物是存在的，对于另一个原则而言，只有它们之间的关系、概念和价值是存在的。"① 生活与活着的分离，使意义为表象所遮蔽。如果说科学以内容影响我们，艺术则以形式影响我们。科学提供事实及其关联，艺术赋予心灵和命运。艺术可以通过赋形，使意义穿透表象显现出来。由此，卢卡奇强调形式的永恒价值特性。论说文虽然不是艺术作品，但它与艺术一样追求形式，追求对生活的赋形，因而可以使人们获得对生命赋形的永恒价值。"因为在有待于被发现的价值系统里，我们所说的渴望因要被满足而被取消；但是，这个渴望胜过了等待满足的某些东西，它是拥有一个价值和它自己存在的心灵事实：对待生活总体的一种原发性的根深蒂固的态度，一个最后的不能再缩小的体验可能性范畴。因此，它不但要被满足（因此被取消），而且要被赋形，这不仅能够真正释放其最深层的本质之物，而且能将现在不可分割的实体放置到永恒的价值之中。"② 在卢卡奇看来，这是超越当下无意义状态的重要途径。

在《小说理论》中，卢卡奇强调要使形式服从于历史哲学的辩证法，才能够获得历史的总体性。因为"生活意义的内在性的丧失，对应于与这种意义相应的外部世界的灾难性丧失，在这时，我们不能只是希望通过回归内在性而渴望获得统一，因为内在性的本真性恰恰消失了"③。卢卡奇认为，史诗的时代就是总体性的时代，"在史诗那里，主体把其内在先验性和

---

① 《卢卡奇早期文选》，张亮编译，南京大学出版社，2004，第122页。
② 《卢卡奇早期文选》，张亮编译，南京大学出版社，2004，第143页。
③ 仰海峰：《西方马克思主义的逻辑》，北京大学出版社，2010，第17页。

内在性不可分割地统一在一起，这种内在的先验性正是对世界总体性内容的真实展示"①。因此，史诗时代是人与自然的统一、社会历史与自然的和谐统一的时代。在《小说理论》的开卷语中，卢卡奇生动地描绘道："对那些极幸福的时代来说，星空就是可走和要走的诸条道路之地图，那些道路亦为星光所照亮。那些时代的一切都是新鲜的，然而又是人们所熟悉的，既惊险离奇，又是可以掌握的。世界广阔无垠，却又像自己的家园一样，因为在心灵里燃烧着的火，像群星一样有同一本性。世界与自我、光与火，它们明显有异，却又绝不会永远相互感到陌生，因为火是每一星光的心灵，而每一种火都披上星光的霓裳。"②

当我们进入小说时代时，虽然在努力寻求着总体性，但总是达不到总体性。"现代人生活在大大拓展了的界域的同时，也在自我和世界之间设下了一道鸿沟，这在史诗时代是不存在的。我们已丧失了希腊人生活作为总体性的意义：无所不包的总体性，再也说不出在它外面还有任何更高的实在。总而言之，现代人不像荷马时代的人，他们对天地万物是陌生的；而表达这种'超自然的无家可归'（transcendental homelessness）的文学形式就是小说。"③ 小说时代是一个总体性丧失的时代，是一个支离破碎、无家可归、四处漂泊的时代。在现代生活世界中，人与自然的关系被隔离，意义已失去了它的存在之根，人的本真性已然失落。"在目的没有直接被给定之处，那心灵只是在道成肉身的过程中于人群中遭遇到的作为自己行动的看台和基础的结构，它在超人的、应有的必然性中失去了自己的明显根基。"④ 在这一主题下，总体性表达了人之本真和意义生活状态，对总体的渴求也代表了对生命意义的追求。

2. 总体性原则是扬弃物化、超越物化结构的现实力量

卢卡奇在分析物化结构时指出，物化对人的支配和统治导致了人的片

① 仰海峰：《西方马克思主义的逻辑》，北京大学出版社，2010，第 18 页。
② 〔匈〕卢卡奇：《小说理论》，商务印书馆，2013，第 19～20 页。
③ 〔英〕帕金森：《格奥尔格·卢卡奇》，上海人民出版社，1999，第 35～36 页。
④ 《卢卡奇早期文选》，张亮编译，南京大学出版社，2004，第 38 页。

面化、原子化，导致了人的活动的模式化、齐一化，导致了人的精神心理的麻木化、消极化。它使人的生活和社会进程变得支离破碎，甚至丧失了总体性的渴望。在卢卡奇看来，恢复总体性原则是扬弃物化，重建人类生活意义和希望的现实路径。

卢卡奇在《历史与阶级意识》中多次论及总体性范畴和总体性原则。按卢卡奇的分析，总体性的最直接含义表现为：强调总体是具体的总体，是社会和历史各要素的辩证统一体。无论是生产过程，还是社会过程的各个组成部分和要素，都必须放在社会历史的总体性关联中才有意义。"只有在这种把社会生活中的孤立事实作为历史发展的环节并把它们归结为一个总体的情况下，对事实的认识才能成为对现实的认识。"[①] 由此可见，从空间维度看，总体性是共时结构中相对于部分的整体，这种总体性消解了现象的片面性，使孤立的事物获得普遍的联系；从时间维度看，总体性是历时性视角中相对有限历史存在的全程整体，使社会生活具体发展显示出特殊的定在性。

卢卡奇批评，在资本主义社会里，物化意识使我们只能获得一些直接性的对象性概念，这些直接性的对象性概念超出社会历史规定性，它们使资本主义社会的现象呈现出"超历史"的性质，并遮蔽了真实的人与人之间的关系。"一切社会现象的对象性形式在它们不断的辩证的相互作用的过程中始终在变。客体的可知性随着我们对客体在其所属总体中的作用的掌握而逐渐增加。这就是为什么只有辩证的总体观能够使我们把现实理解为社会过程的原因。因为只有这种总体观能揭破资本主义生产方式所必然产生的拜物教形式，使我们能看到它们不过是一些假象，这些假象虽然看来是必然的，但终究是假的。"[②]

只有恢复总体性，扬弃物化、获得历史认识才有可能。而恢复总体性原则的地位，首先就要恢复哲学对总体性的认识，确立总体性的辩证

---

① 《卢卡奇早期文选》，张亮编译，南京大学出版社，2004，第56页。
② 〔匈〕卢卡奇：《历史与阶级意识》，杜章智、任立、燕宏远译，商务印书馆，2004，第63页。

法。卢卡奇指出，社会的合理化和科学的实证化直接影响了哲学思维。现代哲学为实证主义精神所渗透，使哲学缺乏对现实的超越维度和批判维度，更缺乏总体性原则。在马克思主义哲学中，总体性原则应当高于经济原则。但是马克思的总体性理论被正统马克思主义消解掉了，只留下机械决定论的解释框架。因此，哲学若要恢复总体性，首先要将社会存在当作总体进行研究。"总体的范畴决不是把它的各个环节归结为无差别的统一性、同一性。只有在这些环节彼此间处于一种动态的辩证的关系，并且能被认为是一个同样动态的和辩证的整体的动态的辩证的环节这层意义上，它们在资本主义生产制度中所具有的表面的独立和自主才是一种假象。"① 其次，要建立中介意识。卢卡奇指出，历史现实性本身只有在复杂的中介过程中才能被认识、被描述。中介性被卢卡奇发展为一种独特的马克思主义的认识模式，并为阿多诺和本雅明等人所继承和发展。

需要强调的是，对卢卡奇来说，总体性不仅仅具有认识论意义，更具有生存论意义。"在卢卡奇那里，真正意义上的总体性与人的主体性有着本质的关联，它首先是人的存在的总体性。"② 人的存在的总体性意味着人作为历史的主客体的统一体而存在。在卢卡奇看来，这是人之存在的应然状态，是人之意义表征的应然状态。这种存在状态与物化状态是直接对立的。张西平评价："这样总体性概念在卢卡奇那里成为一种规范性范畴，成为一种借以衡量现实的价值尺度，成为他的人道主义理性的准则。……从而总体性范畴就承担起了重建主体、弘扬人道的使命，这种总体性成为人的全面发展的目标，成为克服物化的最有力的手段。"③

---

① 〔匈〕卢卡奇：《历史与阶级意识》，杜章智、任立、燕宏远译，商务印书馆，2004，第 61～62 页。
② 衣俊卿：《西方马克思主义概论》，北京大学出版社，2008，第 31 页。
③ 张西平：《历史哲学的重建——卢卡奇与当代西方社会思潮》，三联书店，1997，第 266 页。

3. 总体性辩证法的建构依赖于无产阶级意识的形成

在卢卡奇看来，"历史的主客体的统一体"在现代社会中具有现实的承担者，即无产阶级。物化的扬弃与总体性的生成依赖于无产阶级意识的觉醒。

第一，无产阶级更深刻地体验到物化结构对生命意义的消解。无产阶级是物化的彻底牺牲者，他比资产阶级更深刻地体验到物化对生命的破坏。"物化的基本结构可以在近代资本主义的一切社会形式（如官僚政治）中找到。然而这一结构只有在无产者的劳动关系中才表现得极其清楚和可以被意识到。这首先是因为，他的劳动早在他的直接具体的存在中，就已具有一种赤裸裸的抽象的商品形式，而在其他劳动形式中，这种结构是隐藏在'脑力劳动'、'责任'等等假面具后面的（有时是在家长制形式的后面）；物化越是深入到把自己的成果作为商品出卖的人的'灵魂'之中，这种假象就越有欺骗性（如新闻业）。"① 对无产阶级来说，资本主义社会的生产方式和存在条件赤裸裸地彻底地呈现出物化特征。无产阶级是直接作为被支配、被统治的客体进入生产和生活过程中的。他们直接地深刻地体会到主体和客体的分离，深刻地体验到生活的破碎和生命的虚无。

第二，只有无产阶级才能形成真正的总体性观念，即自觉的阶级意识。在资本主义社会，资产阶级和无产阶级都是自觉的、真正的阶级。但资产阶级特有的地位和利益使它无法超越物化，无法形成真正的总体性意识。资产阶级虽然超越了自然关系，把人与人之间的关系变成了"纯粹的社会关系"，但是，资本主义生产的客观限制成为资产阶级意识的限制。资产阶级虽然也遭受物化结构的支配，但他们不像无产阶级那样是物化的彻底牺牲者，他们在理论和意识上仍然囿于拜物教的范畴，把物化结构视为超历史的永恒的自然状态。

只有无产阶级才能形成关于人作为"历史的统一的主体与客体"的地

---

① 〔匈〕卢卡奇：《历史与阶级意识》，杜章智、任立、燕宏远译，商务印书馆，2004，第261页。

位的自觉意识，这种自觉意识为无产阶级从总体性原则出发认识社会历史提供了基础。卢卡奇写道："无产阶级地位的特殊性的基础是，对直接性的超越这时具有一种——不管从心理学来说是自觉的，还是暂时是不自觉的——朝着社会总体前进的意向；因此它——根据它的气质（Sinn）——必然不会停留在复归的直接性的相对更高级的阶段上，而是处于一种朝着这种总体前进的不断的运动之中，即处于一种直接性不断自我扬弃的辩证过程之中。"① 在此意义上，无产阶级是扬弃物化的根本力量，也是恢复总体性原则的现实主体。

第三，无产阶级意识觉醒的目的在于实践上的自觉，即恢复总体性原则。首先，无产阶级对物化意识的扬弃首先体现在远离直接性意识，恢复中介性。中介性能促使无产阶级扫清物化结构的迷雾，透视物化结构下人与人之间真实的存在方式。其次，对物化现象的扬弃不能止于认识层面，而必须从社会生活层面来彻底消除。改变物化的实践不能脱离认识的反思，但认识的反思的最终目的在于改变不合理的现状，即在实践层面上对总体性的真正践行。正如马克思的理论始终是一种革命的和批判的理论一样，卢卡奇的无产阶级意识理论也是一种革命的实践理论。"无论强调主体与客体的辩证统一，还是强调总体性的生成，从根本上讲，都不只是为了表述一种理论观点或建构一种理论形态，而首先是要根本扬弃无产阶级的物化境遇，使真正意义上的'统一的主体与客体'得以生成，使社会历史进程真正作为一种环绕着人的主体与客体的辩证运动而展开的总体性进程。"② 最后，总体性的生成与人的内在解放具有内在的逻辑一致性。总体性原则不仅是社会历史结构的内在特征，而且是人的生成与意义的表征。总体性意识的获得与人的生成是历史的过程，也是在历史的境遇内达成的。"历史不再是在人和事物身上发生的难以捉摸的过程，只有用超验力量的介入才能加以说明，或者只有同对历史来讲是超验的价值联系起来才能变得

---

① 〔匈〕卢卡奇：《历史与阶级意识》，杜章智、任立、燕宏远译，商务印书馆，2004，第263～264页。

② 衣俊卿：《西方马克思主义概论》，北京大学出版社，2008，第39～40页。

有意义。历史一方面主要是人自身活动的产物（当然迄今为止还是不自觉的），另一方面又是一连串的过程，人的活动形式，人对自我（对自然和对其他人）的关系就在这一串过程中发生着彻底的变化。……而历史正是在于，任何固定化都会沦为幻想：历史恰恰就是人的具体生存形式不断彻底变化的历史。"① 无产阶级对物化的扬弃与对总体性的恢复就体现在，在实践中将原来处于客体位置的无产阶级倒转为新的历史主体，体现为人与人之间关系的主体，使人成为一切社会得以存在、一切对象化活动得以产生的尺度。

到了资本主义晚期，卢卡奇所渴望的总体性在现实实践中却演变为同一性的支配逻辑。阿多诺对同一性的批判，不仅反映了西方马克思主义自身逻辑已走向崩溃终结，还反映了卢卡奇超越虚无主义的失败。而卢卡奇所寄寓厚望的无产阶级革命意识，在现实面前也显得过于理想化。西方马克思主义的后继者们对此大多显得信心不足，要么走向个体主体性意识的建构（如马尔库塞），要么走向交往行为理性的建构（如哈贝马斯）。

第二节　阿多诺：同一性批判与驱逐虚无的星丛之光

阿多诺关于虚无主义的正面表述并不多。他只在《否定的辩证法》中用了一小节简要勾勒了虚无主义问题的历史与现状，对历史上几位与虚无主义问题相关的重要思想家做了扼要的评述，并对海德格尔的虚无主义作出了尖锐的批评。阿多诺并不像海德格尔那样花费大量笔墨言说虚无主义话语，但这并不意味着阿多诺不思考虚无主义。阿多诺关于虚无主义的洞见更多地隐藏在其对海德格尔的长期批判和否定当中。这是

---

① 〔匈〕卢卡奇：《历史与阶级意识》，杜章智、任立、燕宏远译，商务印书馆，2004，第279～280页。

符合阿多诺一贯理论风格的。他总是更多地进行批判，而极少地甚至几乎不进行理论的建构。这根源于其"反体系"与追求"非同一性"的理论旨向。换言之，阿多诺对虚无主义的批判话语蕴含于其对以海德格尔为代表的同一性哲学的批判中。由此，我们可以从其对海德格尔的批判棱镜中管窥这些看似零散的思想火花，尽可能地再现阿多诺关于虚无主义的思想星丛。

一 阿多诺视域中的虚无主义

阿多诺深刻地批判了海德格尔基础本体论的虚无主义本性。他认为，从建构模式而言，基础本体论的本质仍为同一性哲学；从核心概念出发，"存在"与"无"是一回事，其本质即"虚无"；从方法上而言，基础本体论仍延续了同一性哲学的模式。所以，以此建构起来的理论自然无法避免虚无主义的指责。更关键的是，它的虚无主义本性是以一种隐秘的方式存在着，并且自冠以"克服虚无主义"的名号。这种隐秘虚无主义是一种"更糟糕"的虚无主义，它给人们带来了毁灭性的危险。此乃阿多诺批判海德格尔，关注虚无主义的现实旨趣。

1. 奥斯威辛事件是虚无主义的现实表征

对虚无主义与奥斯威辛的本质关联的洞察使阿多诺区别于其他虚无主义问题研究者和海德格尔的批判者。诚如韦勒所言，奥斯威辛与虚无主义的关联是阿多诺批判海德格尔的核心所在。而正是这一关联使阿多诺认为有必要像海德格尔那样重新解释虚无主义，并且像海德格尔对待尼采那样，将自己所继承的先哲指认为虚无主义者。① 海德格尔将纳粹对犹太人的血腥屠杀视为现代技术作为座架统治人的诸多例证之一。而阿多诺无法如海德格尔般泰然处之。阿多诺洞察到了奥斯威辛深刻的哲学意义：

---

① 参见 Shane Weller, *Literature*, *Philosophy*, *Nihilism*：*The Uncanniest of Guests*, New York：Palgrave Macmillan, 2008, p. 63。

> 奥斯威辛集中营证实纯粹同一性的哲学原理就是死亡。①

> 在奥斯威辛集中营之后你能否继续生活？特别是那种偶然地幸免于难的人，那种依法应被处死的人能否继续生活？他的继续存在需要冷漠，需要这种资产阶级主观性的基本原则，没有这一基本原则就不会有奥斯威辛集中营。②

在阿多诺看来，一方面，奥斯威辛集中营是以统治和支配为本质的三体性哲学的表现和极致，是虚无主义在现时代的惨烈爆发。换言之，奥斯威辛集中营是虚无主义的现实表征，它并非一次偶然的个别的历史暴力事件，而是现代主体性之自我确证的"阿喀琉斯之踵"。它是现代主体理性的统治与支配在人自身身上的扩张。另一方面，奥斯威辛之后我们面临着更为严峻的虚无主义：传统形而上学对永恒与瞬间、本质与表象的区分已失效，相应的传统价值理念也随之崩溃，那么，生命本身是否具有内在意义、如何生发与建构生存之意义成为我们需要严肃思考的问题。由此可见，阿多诺所理解的虚无主义之"无"乃是生命本身之意义的虚无。这与海德格尔所理解的"虚无"是一致的。但海德格尔将意义之源出处归于超越甚至凌驾于主客体的第三者——存在，这是阿多诺所无法认同的。生命意义之虚无在于主体与客体关系之失衡，是主体过分地僭越，忽视"客体的优先性"和主客体与中介三者间的星丛关系而导致的。而海德格尔避开主体和客体的关系，并代之以存在者和存在的关系，是不能解决问题的。

2. 虚无主义的核心特征是"非人的""敌视人的"

阿多诺将海德格尔哲学指认为虚无主义，其核心证据在于海德格尔哲学"敌视人"的特征。③ 按阿多诺的术语，绝对的一体化与虚无主义是同构

---

① 〔德〕阿多诺：《否定的辩证法》，张峰译，重庆出版社，1993，第362页。
② 〔德〕阿多诺：《否定的辩证法》，张峰译，重庆出版社，1993，第363页。
③ 阿多诺明确指认，海德格尔的早期哲学是虚无主义的初始形式，它既是敌视人的，无目的的，又沉溺于面向死亡和否定无的过程。详见 Theodor W. Adorno, *Against Epistemology: A Metacritique: Studies in Husserl and the Phenomeonological Antinomies*, translated by Willis Domingo, Cambridge: The MIT Press, 1983, p. 189。

的，都将生命视为"无"："在将他异性化约至无，并因而使生命本身也化约为无的模式当中，一体化就是虚无主义。"① 可见，一方面，在面对虚无主义问题时，阿多诺持有强烈的人道主义关怀和道德诉求。阿多诺批评海德格尔理论的反人道主义和道德虚空②，而更倾向于尼采③。而诚如邓晓芒先生所分析的，"克服欧洲虚无主义"本身就是一个价值论的命题④，完全忽视价值维度是无法真正遏制虚无主义的。

　　另一方面，阿多诺继承了马克思对人类苦难的强烈关注，并与马克思持同样的观点：资本主义社会本质上是非人的社会。这样的观点源于如下道德信念：人类文明的发展是通过对自然的系统的压制和隐匿的压迫性的社会和政治体制来巩固的。阿多诺认为，他的首要任务在于证实这些情况的可持久性并同时保留改进它的可能性。由此可见阿多诺思想的核心张力：他一方面坚持着对现代社会赋予其市民的"被毁坏的生活"的无情批判；另一方面对这种不必要的苦难的可能性根除仍抱一线希望。在此意义上，阿多诺并非虚无主义者，而是虚无主义的尖锐批判者！

　　3. 对虚无主义的反思要保持明晰的社会历史意识

　　与卢卡奇一样，阿多诺更多地关注虚无主义在现实社会历史层面上的根源和发生机制。在这一点上，阿多诺与卢卡奇共同沿袭了马克思对现实历史尤其当下资本主义社会的反思和批判传统。从马克思的视角出发，资

---

① 参见 Shane Weller, *Literature*, *Philosophy*, *Nihilism*：*The Uncanniest of Guests*，New York：Palgrave Macmillan，2008，p. 64。

② 沃林曾分析，海德格尔通过"宿命论"取消牺牲者与作恶者之间的差别，将自身及德国从应有的罪责污迹中解脱出来，这种哲学具有强烈的反人道主义色彩。而利奥塔对海德格尔哲学的道德虚空也进行过论证。他分析，海德格尔是通过把本体论彻底地放置于伦理学之上，使自己成为一名非道德主义者。但现在看来，这两者的思想并未如我们所认为的那般具有原创性。早在阿多诺那里，就可以找到该理论原型。甚至，阿多诺的洞见更为切中要害。他从存在的独裁和抽象特质，以及其凌驾于主体和客体的"第三者"地位来指认这种"非人性"和道德虚空，在此，阿多诺"解构"了海德格尔的存在神话。

③ 阿多诺对尼采评价甚高。自主性个体与强烈的价值诉求是阿多诺从尼采处继承的理论资源，尽管阿多诺并不认同尼采的价值虚无主义。

④ 邓晓芒：《欧洲虚无主义及其克服——读海德格尔〈尼采〉札记》，《江苏社会科学》2008年第2期。

本逻辑是虚无主义在现实历史层面的表现，两者具有同构关系。[①] 与马克思对经济基础层面的重视不同，阿多诺的焦点在于上层建筑领域，尤其虚无主义在政治、文化和意识层面的展开。这是西方马克思主义者异质于经典马克思主义之处，也与批判理论一贯坚持的立场和旨趣相关。在这一点上，阿多诺可能比卢卡奇更多地体现出"非马克思主义"特征。卢卡奇在《当代现实主义的意义》中指出，虚无主义根植于当下的社会经济制度："虚无主义与犬儒主义，失望与焦虑，怀疑与自厌都是知识分子必须生活于其中的资本主义社会的自发性产品。"[②] 在批评海德格尔思想的虚无主义本性上，阿多诺与卢卡奇取得了一致，尽管两者对虚无主义的理解各有侧重。

卢卡奇所意指的虚无主义与存在主义是同义词，它作为一种哲学运动肇始于克尔凯郭尔，至萨特，包括尼采和海德格尔。卢卡奇所理解的虚无主义与尼采、海德格尔皆不同，虚无主义的本质不在于最高价值的自行贬黜，也不在于存在的遗忘，而在于对客观实在的否定，将世界简化为纯粹的主观性。在这种主观性世界中，个体拒斥所有社会关系的可能性，成为绝对的孤立的单子，被抛入一个无法生发任何意义的幽灵王国。由此，现代主义者是现时代的典型虚无主义者，尤其卡夫卡，他是最极端的虚无主义者。而卢卡奇所谴责的现代主义者正是阿多诺所赞扬的。[③] 与卢卡奇不同，阿多诺相信，艺术是一种否定性的知识形式，它可以通过美学形象为我们指出和解主体和客体的方向，而这种和解将不再由同一性原则所主导。在这一点上，马尔库塞毫无疑问地与阿多诺站到了同一立场上。

---

① 参见仰海峰《从主体、结构到资本逻辑的结构化——马克思思想研究模式的逻辑反思》和张有奎《资本逻辑虚无主义的内在关系探析》（录于中山大学马克思主义哲学与中国现代化研究所《"虚无主义、形而上学与资本的逻辑"学术研讨会论文集》，2011 年 11 月）的相关论证。

② Georg Lukacs, *The Meaning of Contemporary Realism*, translated by John and Necke Mander, London: Merlin Press, 1962, p. 91.

③ 批判的现实主义与现代主义的鲜明二分对立主导了卢卡奇对虚无主义的分析，也决定了阿多诺与他的分歧。阿多诺对卢卡奇的第一次明确回应是在 "Extorted Reconciliation"，最初发表于 1958 年 11 月 11 号的 *Der Monat* 上，后收录于 *Notes to Literature*（《文学笔记》）的第二卷。

二　工具理性的僭越：虚无主义的认识论根源

现代性的吊诡给阿多诺（又译阿道尔诺）与霍克海默[①]带来两个严肃的历史问题："欧洲居然心甘情愿地放弃经过千辛万苦才获得的自由，这何以可能？法西斯主义居然在最为开化、民主，在经济和科学方面都高度发达的文明中兴起，这又何以可能？"[②] 阿多诺与霍克海默将这样的现实历史悖谬浓缩在简洁而沉重的文学式描述里："被彻底启蒙的世界却笼罩在一片因胜利而招致的灾难之中。"[③] 他们追问：为什么人类没有进入真正的人性状态，反而深深地陷入了野蛮状态？为什么幸福的因素本身变成了不幸的源泉？这是现代性对自身基本原则的否定，是现代性的自我悖谬，也是虚无主义的产生机制所在。

1. 奥德修斯与主体性之确证

阿多诺与霍克海默一道令人惊讶却又富有个性地将现代性的苗头追溯至荷马史诗。他们认为，"整部史诗可以说都是启蒙辩证法的见证"[④]，它是"对主体从神话力量中摆脱出来的描述"[⑤]。在此意义上，《奥德赛》所呈现

[①] 霍克海默是批判理论的重要代表。谁也无法绕开霍克海默谈论批判理论。本节内容将立足《启蒙辩证法》阐述阿多诺对虚无主义产生根源的分析，鉴于霍克海默与阿多诺的亲密理论关系，尤其在《启蒙辩证法》当中两人的紧密无间合作，我们将同时提及两位思想家。在后文的引述中，有部分引言来自《启蒙辩证法》中的《启蒙的概念》一文。而经由两位思想家的弟子哈贝马斯考证，《启蒙的概念》、《朱莉埃特或启蒙与道德》以及《反犹主义要素：启蒙的界限》三篇出自霍克海默之手。但是，哈贝马斯自己也说过，《启蒙辩证法》的主要内容是由阿多诺对他自己与霍克海默两人在圣莫尼卡的谈话所做的笔记，并且两者都强调："局外人很难想象，我们两个人在每一句话上是如何的紧密协作。大的段落安排是我们共同商量决定的；我们两个人的精神气质虽然有所差别，但在《启蒙辩证法》中却融为一体了，并且成为一种共同的生命因素。"（〔德〕霍克海默、阿道尔诺《启蒙辩证法》，渠敬东、曹卫东译，上海人民出版社，2003，新版前言）所以，在本节内容中，我们同时提及两位思想家。当然，能这么做的最重要的原因是，我们谈及《启蒙辩证法》时，主要的目的在于展示虚无主义的发生机制，因此，两位思想家理论的差异性问题便可暂时略去不谈了。

[②] 〔美〕劳伦斯·卡洪：《现代性的困境》，王志宏译，商务印书馆，2008，第 20 页。

[③] 〔德〕霍克海默、阿道尔诺：《启蒙辩证法》，渠敬东、曹卫东译，上海人民出版社，2003，第 1 页。

[④] 〔德〕霍克海默、阿道尔诺：《启蒙辩证法》，渠敬东、曹卫东译，上海人民出版社，2003，第 44 页。

[⑤] 〔德〕霍克海默、阿道尔诺：《启蒙辩证法》，渠敬东、曹卫东译，上海人民出版社，2003，第 47 页。

的就是主体性的历史。奥德修斯是现代主体理性自我确证的原型，"那个敢于冒险的英雄，也将自身展现为一种资产阶级个体的原型，一种源自于自始至终自我确认的观念"①。奥德修斯的四海流浪表明了神话并非人类的家园，他在艰难与冒险中踏上返家的征程也就意味着人类摆脱神话力量的束缚，通过对自然的征服获得主体性。

阿多诺与霍克海默通过两个故事展示了现代主体性自我确证的特性与方式。这两个故事即奥德修斯拒绝海妖塞壬的歌声成功逃离诱惑的过程，奥德修斯以"无人"的名义逃脱独眼巨人波吕菲摩斯的俘获。它们既展示了自我确证的狡诈特性，也展示了自我确证的方式，即通过自我克制与自我牺牲达到自我持存。现代性的自我持存是以自我否定为代价并通过自我否定来完成的。这一方式存在深重的问题。

> 在神话的层面上，自我在其自身面前表现为一种牺牲，但这种表现所表达的并不是大众宗教的原始观念，而是文明对神话的接纳。在阶级历史中，自我与牺牲的敌对状态恰恰潜含着一种自我的牺牲，因为这种敌对状态正是自我在为了支配非人的自然以及其他人，而否定人类自然的过程中所付出的代价。这种否定作用，正是所有文明理性的核心所在，是神话非理性茂密丛生的胚芽：由于人的自然被否定了，因此，不仅控制外部自然的目的（telos），而且人类自身生命的目的，也都遭到了歪曲，变得模糊不清。一旦人们不再意识到其本身就是自然，那么，他维持自身生命的所有目的，包括社会的进步、一切物质力量和精神力量的增强，一句话，就是其自我意识本身就都变得毫无意义了，手段变成了目的，并达到了登峰造极的地步，在晚期资本主义社会里，这完全可以称得上是一种明目张胆的张狂……人类对其自身的支配，恰恰是以自我本身为依据的，它几乎总是会使其得以发挥作用的主体遭到毁灭；因为自我持存所支配、压迫和破坏的实体，不

① 〔德〕霍克海默、阿道尔诺：《启蒙辩证法》，渠敬东、曹卫东译，上海人民出版社，2003，第44页。

是别的，只是生命，是生命的各种各样的功能。①

这意味着，第一，主体性之自我确证是建立在人统治自然的基础之上的，尽管人无法完全摆脱自然的客观性束缚，但主体理性一直在努力摆脱自然的控制并反过来控制自然。换言之，主体性之确立是以人与自然的敌对关系为基础的，它将人从自然整体中独立出来，使人成为主人，使自然沦为被统治与利用的"客体"。第二，对客观化的外在自然的支配延伸到对被压抑的内在自然的统治。为了获得自我持存，人割裂了其与自然的源始关系，以自身的本能、个性、幸福甚至自由为代价，以遗失自我换取主体的幻想。如卡洪所解析的，"这种独立性是以我们对自然、对其他人，甚至是对他自己的感情的和肉身的本性进行统治作为前提，并且产生这种统治"②。也就是说，统治的矛头调准了方向，指向了思维着的主体，这一主体除了那个抽象的永恒同一的我思之外，一无所有，他身上其他所有的东西，都只是合理化的基质和材料。第三，自我持存并不能真正达到自我确证的目的。卡洪说得好，自我持存是一个否定的工程，"这个否定工程最终否定了一切，除了否定的工程自身。对必然性的渐进式否定最终否定了所有曾经在为自身的实体性或现实性作合理辩护时作出贡献的东西。结果只剩下一个空无的自身或空无的主体，这个自身或主体没有任何必然的、给定的、自然的内容或形式"③。换言之，自我持存将超感性力量（包括命运的不可主宰性、上帝和宗教信仰的神秘、君主的神圣、等级社会秩序的先天性等）的神秘外衣都剥掉了，现在，连自然理性、道德良知、超越现实的价值、人性等也被当作神话而否定掉了。那么，我们还能剩下什么东西？人之普遍意义、内在的价值与目的何在？除了那个作为理性基质材料的抽象而纯粹的自我意识之外，主体只余一片空虚，彻底的虚无。由此，虚无成为现代人的生存映象。虚无主义成为现代性问题的生存论变异。

_____

① 〔德〕霍克海默、阿道尔诺：《启蒙辩证法》，渠敬东、曹卫东译，上海人民出版社，2003，第 54 页。
② 〔美〕劳伦斯·卡洪：《现代性的困境》，王志宏译，商务印书馆，2008，第 296 页。
③ 〔美〕劳伦斯·卡洪：《现代性的困境》，王志宏译，商务印书馆，2008，第 297 页。

2. 启蒙与神话的交织

启蒙与神话的辩证法是现代主体性所展示出来的本质面相。阿多诺与霍克海默的初衷在于探明这样一个问题：究竟是什么力量使现代理性走向它的对立面？为何启蒙会走向自我毁灭？他们的答案是："启蒙运动试图把这个世界从神话和迷信的支配中解放出来，但这种努力已经陷入了一种致命的辩证法——启蒙本身返回了神话，助长了种种新的支配，这些支配由于声称得到理性本身的证明而显得更加阴险。"① 简言之，"神话已经是启蒙，启蒙退化为神话"。这不仅生动简洁地反映了主体性自我确证的症结所在，还展示了虚无主义的产生机制。

第一，神话已经是启蒙。首先，神话与启蒙同源，它们具有同样的旨趣，即将人确立为自然（和社会）的主人。由此，启蒙能在神话中得到自我确证，在启蒙中具有神话的因子。启蒙与神话同构源于人的原始恐惧，源于人在强大而变幻莫测的自然面前的渺小无力而产生的恐惧。为了摆脱这种恐惧心理，人试图将自然"拟人化"，以神话和巫术的方式与自然建立联系，从而摆脱原始恐惧，获得安全感。拟人化原则是神话与启蒙的共同原则。这一原则究其本质就是主体对自然界的渗透，是主体对自然的统治和支配意图的表征。在此意义上，阿多诺与霍克海默将现代性的种子远远地追溯到了远古时期，主体性原则的雏形已显现于此。神话已经是一种粗鄙的启蒙形式了，启蒙能够在神话中得到自我确认。此外，从启蒙本身而言，它也具有神话的因素。"启蒙总是把神人同形论当作神话的基础，即用主体来折射自然界。由此看来，超自然物，比如精神和神灵都是人们自身畏惧自然现象的镜像。因而，许多神话人物都具有一种共同特征，即被还原为人类主体。俄狄浦斯（Oedipus）对斯芬克斯之谜的解答：'这就是人！'便是启蒙精神的不变原型，不管它面临的是一种客观意义，还是一种秩序的轮廓，是对邪恶势力的恐惧，还是对拯救的希望。"② 由此，从其共

---

① 〔美〕詹姆斯·施密特编《启蒙运动与现代性：18 世纪与 20 世纪的对话》，徐向东、卢华萍译，上海人民出版社，2005，第 20～21 页。

② 〔德〕霍克海默、阿道尔诺：《启蒙辩证法》，渠敬东、曹卫东译，上海人民出版社，2003，第 4 页。

同旨趣与原则而言，神话已是启蒙。神话是主体性的"前史"。

其次，启蒙高于神话。神话是启蒙的"前史"，启蒙是一种更高形式的主体性历史。在神话中，人只能通过最简单低级的形式即模仿来摆脱恐惧，在神话中，仍然交织着大部分的混乱难解。而启蒙则是人类理性对自然的科学严格认识。科学用严密的范畴和原则排除恐惧，将自然纳入一个统一的理性化操作的规则体系当中。启蒙乃是人摆脱神话的动力，如哈贝马斯所言，"在启蒙的传统中，启蒙思想总是被理解为神话的对立面和反动力量。之所以说是神话的对立面，是因为启蒙用更好论据的非强制的强制力量来反对世代延续的传统的权威约束。之所以说是神话的反动力量，是因为启蒙使个体获得了洞察力，并转换为行为动机，从而打破了集体力量的束缚。启蒙反对神话，并因此而逃脱了神话的控制"①。启蒙作为进步机制这一点，其实阿多诺与霍克海默都是认同的。究其本质，阿多诺与霍克海默都是启蒙主义者，他们对启蒙寄予了厚望。也正是这种高度的期望，使他们在面对启蒙的现状时，表现了极大的悲观失望情绪。施密特评价："在它之中深深地并存着正反两种感情。一开始，霍克海默和阿多诺就确认他们对启蒙运动的渐进希望的忠诚。他们自己认为，他们的任务'不是要维护过去，而是要拯救过去的希望'，他们强调'自由……不可分离于启蒙的思想'。"②

第二，启蒙倒退为神话。启蒙的原旨在于用知识代替幻想，用理性反对神话，把人从对自然的原始恐惧和盲目崇拜中解放出来，使人摆脱野蛮、蒙昧、不成熟的状态，塑造一个自立自足与自由的人类主体。但是，在启蒙理性的现实发展历史中，启蒙发生了背反，理性成了新的神话。

如同神话已经实现了启蒙一样，启蒙也一步步深深地卷入神话。启蒙为了粉碎神话，吸取了神话中的一切东西，甚至把自己当作审判

① 〔德〕哈贝马斯：《现代性的哲学话语》，曹卫东等译，译林出版社，2004，第123页。
② 〔美〕詹姆斯·施密特编《启蒙运动与现代性：18世纪与20世纪的对话》，徐向东、卢华萍译，上海人民出版社，2005，第21页。

者陷入了神话的魔掌。启蒙总是希望从命运和报应的历程中抽身出来，为此它却在这一历程中实现着这种报应。在神话中，正在发生的一切是对已经发生的一切的补偿；在启蒙中，情况也依然如此：事实变得形同虚设，或者好像根本没有发生。作用与反作用的等价原理确定了凌驾于现实之上的再现权力。随着巫术的消失，再现便会以规律的名义更为残酷无情地把人们禁锢在一个怪圈中，它所设想的自然规律的客观过程赋予它自身一种自由主体的特征。启蒙运动推翻神话想象依靠的是内在性原则，即把每一事件都解释为再现，这种原则实际上就是神话自身的原则。①

这反映了启蒙倒退为神话的内在根本机制——内在性的再现原则。首先，启蒙坚持的内在性原则，即是它所推翻的神话的"拟人化"原则。内在性原则就是以人为基准来折射自然界，人化自然。如果说这一原则在远古神话时期更多地表现为人为克服原始恐惧，寻找与强大自然的共同点来获得安全和存在的根基的话，在现代理性这里，远古朦胧的解释和主宰意图以严格的思想体系和规范化的运作机制赤裸裸地表现为人的强悍统治和支配意图。由此，"事实变得形同虚设"，因为它只是主体用来再现自身的纯粹客观性。理性的"再现"原则是启蒙的本质原则。再现是以严格的"主客二分"为内在机制的。自然被降为纯粹的"客观性"，它是主体用以表征自身的物，是占有者用以武装自身的被占有物，除了能被主体理性用数学逻辑形式理解和可度量的东西之外，其余的都是"无"。换言之，无法被主体理性纳入再现原则的，就不属于可理解的、有意义的存在之物。这种强悍的再现机制在现代性的发展中逐步成为认知的"规律"，它是解释世界甚至包括人自身的"铁的法则"。这一法则给了人一个"自由主体"的美好口号，并以此为正当理由将人自身送进了理性规律的牢笼中。由此，主体理性成了现代性的神话，启蒙倒退为神话。

---

① 〔德〕霍克海默、阿道尔诺：《启蒙辩证法》，渠敬东、曹卫东译，上海人民出版社，2003，第9页。

3. 启蒙与神话的交织所滋生的虚无主义后果

阿多诺与霍克海默对"神话已经是启蒙"的分析是为"启蒙倒退为神话"而服务的,对"神话已经是启蒙"的分析目的在于探究"启蒙倒退为神话"的历史根源。也就是说,他们更为关注的是启蒙为什么会倒退为神话,以及随之带来的后果。现代性的主体自我确证展示在启蒙与神话的交织当中,而启蒙与神话的交织也暴露了现代性的虚无主义后果。他们认为,现代主体性原则的自我确证本质上是一种抽象的同一。它表现为"物"层面上的空无和价值意义层面上的空无。这种虚无状态以极权主义的方式极端而剧烈地暴露出来。

首先,抽象同一性摒弃了质的属性,扼杀了异质性与多样性。这是以万物的同一性达到统一性,它导致了万物(包括主体)不能与自身认同。由此,"自由成了奴役"。这也正是哈贝马斯所说的,"启蒙的永恒标志是对客观化的外在自然和遭到压抑的内在自然的统治"[1]。自然成了纯粹的客观性和理性赖以建构其庞大体系的质料,人也沦为工业化进程的物或工具。这正是在"物"的层面上的"虚无"!它在现实层面上表现为异化。马克思注意到了在人与自然的关系上以及人与人的关系上的异化,这种异化以异化劳动为形式集中体现出来。而批判理论家在马克思的基础上发现了异化在人的思想意识上的入侵。[2] 如王凤才所分析的,"主体理性的胜利就是以主体顺从理性和直接现实为代价的,即当人们用理性来评判一切时,人的思维也就受制于理性的逻辑。这种逻辑往往具有抽象性,而失去了对现实的否定性和超越性"[3]。总而言之,现代性的主体性原则本质上是一种抽象的同一性,这种抽象的同一性原则使自然,包括人自身的生存状态成了"虚无"的状态。自然不再如其所是地存在,人也不再是富有个性和独立性的存在,他们都被降到了"物"的水平,都只是现代主体理性实现自

---

[1] 〔德〕哈贝马斯:《现代性的哲学话语》,曹卫东等译,译林出版社,2004,第127页。

[2] 当然,最早洞察到这一点的是卢卡奇。阿多诺与霍克海默继承了卢卡奇的思想,这表现在其对启蒙辩证法的分析上,尤其是在文化工业的阐述上。

[3] 王凤才:《论霍克海默、阿多诺的启蒙现代性批判》,载吴晓明、邹诗鹏主编《全球化背景下的现代性问题》,重庆出版社,2009,第264页。

身的工具和手段。在此意义上，只要现代性的自我确证仍然是主体性原则下的抽象同一，那么，现代性的自我确证在其最初时候就是失败的，它并没有达到它的原本目的。这种方式的自我确证逻辑究其本质是虚无主义的。

其次，由于现代理性成了凌驾于自然和人之上的至高无上"法则"，它使自身成了新的神话，成了现代性的"上帝"。它便堂而皇之地将自身作为道德、价值和意义等领域的基础。也就是说，工具理性成为价值理性的基础。这让我们想起了韦伯。他将现代性的去神秘化过程理解为一个合理化理性不断伸张，价值理性不断萎缩和贬损的进程。通过对官僚化和法律化的规训强制分析，韦伯发现，现代社会就是一个"宰制的社会"，而令人悲观的是，"理性的卡里斯玛"是失效的。"在韦伯看来，工具理性的'分裂'渗透到了社会的每一个角落，因而在社会领域内部是无法消除的。韦伯认为，'自由丧失'（Freiheitsverlust）和'意义丧失'（Sinnverlust）对个人来说构成了存在上的挑战。在社会秩序当中，集体的调和希望都荡然无存了，剩下的只有一种个体主义的荒唐希望。只有顽强的主体在幸运的情况下才会成功地用一种同一的生活方式来对抗由于合理化而处于分裂状态的社会。坚强的个体即便拿出怀疑者的勇气，在面对无法解决的社会冲突时至多也只能在自己的生活历史中实现自由，也就是说实现私人自由。"[①] 而阿多诺与霍克海默在分析启蒙与神话的交织时以不同的形式遭遇到了同样的本质性问题。对他们来说，文化工业与大众传媒以及科学技术是现代性的"推手"，它们将这一问题推到了更为严重的程度。工具理性妄图成为价值理性的基础，甚至彻底地取而代之。后果是，价值理性要么成为纯粹的主观性，丧失了其先天的客观性基础，要么成为工具理性的手段，为工具理性的宰制体系服务。由此，价值与意义失效了，它们丧失了其内在的合法性与意义，沦为纯粹的工具和手段。换言之，现代性的价值与意义领域究其本质是虚无的。工具理性的统治逻辑滋生着虚无主义。

---

① 〔德〕哈贝马斯：《后民族结构》，曹卫东译，上海人民出版社，2002，第187页。

最后，阿多诺与霍克海默在启蒙与神话的交织中洞察到它所积聚的危险，即启蒙是"彻底而又神秘的恐惧"。这种主体性原则导致的现代性恐惧心理要比远古时代的原始恐惧更为恐怖，它的极端演变形式是极权主义。所以，阿多诺与霍克海默说道："神话变成了启蒙，自然则变成了纯粹的客观性。人类为其权力的膨胀付出了他们在行使权力过程中不断异化的代价。启蒙对待万物，就像独裁者对待人。独裁者了解这些人，因此他才能操纵他们；而科学家熟悉万物，因此他才能制造万物。于是，万物便顺从科学家的意志。事物的本质万变不离其宗，即永远都是统治的基础。这种同一性构成了自然的统一性。"① 也就是说，工具理性的极权本质不仅体现在人与自然的关系上，而且体现在人与人、人与自身意识的关系上。人与自然层面上的极权性质将导致自然对人的报复，而人与人、人与自身意识层面上的极权性质则体现在现实体制的暴力独裁上，其典型形式就是法西斯主义。法西斯主义是这种抽象同一的主体性原则的现实表征，也是虚无主义的现实原型。

总之，阿多诺与霍克海默通过对工具理性的批判揭示了现代主体性之自我确证所内含的本质性问题，并以其独特的方式诊断出虚无主义的脉象。由此，萨弗兰斯基说道："阿道尔诺与海德格尔给近代开出了相同的病情诊断。海德格尔谈到近代的'主体的主体主义'，指出它使世界成了'人类'的对象，而这个过程又反弹到主体上，使主体被理解为诸多物体中的物体之一。在阿道尔诺和霍克海默的《启蒙辩证法》中，我们可以看到同样的基本思想：近代人们施之于自然的暴力，返回来反对人类的内在自然本性……在海德格尔这儿，世界成了可供驱使的对象，成了为生产服务的图象，表象。阿道尔诺—霍克海默那儿则是'主体的觉醒'，而这是用'承认权力是一切关系的原则'为代价换来的，而且，'为了自己权力的扩大，人类付出的代价是：向他有控制权的东西异化'（《启蒙辩证法》）。"②

---

① 〔德〕霍克海默、阿道尔诺：《启蒙辩证法》，渠敬东、曹卫东译，上海人民出版社，2003，第 6~7 页。

② 〔德〕吕迪格尔·萨弗兰斯基：《来自德国的大师——海德格尔和他的时代》，靳希平译，商务印书馆，2008，第 518 页。

三　驱逐虚无的星丛之光

奥斯威辛集中营中血淋淋的人间惨剧是阿多诺关注虚无主义的现实触发点。尤其，海德格尔思想与法西斯主义之间的暧昧在理论与现实上共同激发了阿多诺对虚无主义的思考，这浓缩为阿多诺那句振聋发聩的话："奥斯威辛之后不再写诗！"这里有阿多诺对历史苦难的深沉悲愤，也有苦苦挣扎于绝望之中的抗争。可以说，阿多诺并非一名虚无主义者，而是一名在虚无主义绝望深渊中挣扎的斗士，而他所寻求的，就是在现实的苦难与无望中找寻生命的意义。在此，审美星丛的微弱之光给了阿多诺以最后的希望。我们知道，阿多诺乃是当代著名的美学大师，"在法兰克福学派中，他的美学思想比本雅明系统，又比马尔库塞明确，在艺术的造诣和理论的严密上，应该列居首位"①。阿多诺之所以在美学思想上拥有如此独特的地位，在于其明显的现代主义色彩和立足当代人类所面临的生存困境所作出的社会批判式的沉思，以及更为重要的，在美学上寻求救赎希望的理论探索。在阿多诺看来，审美的星丛之光可以驱逐虚无，能够治愈现代性的"阿喀琉斯之踵"。

1. 审美的救赎力量

在阿多诺看来，审美的救赎力量首先表现在其认知特性上。审美也是一种认知方式，但是这种认知方式与理性认知有着本质性的差别。与理性认知相比较，审美认知更接近真理。如阿多诺所言，"艺术趋于真理性。但艺术并非与真理性直接同一；相反地，真理性乃是艺术的内容。艺术正由于同真理性的这种关系才所以是认知性的。艺术了悟真理性，因为真理性显现于艺术之中。然而，艺术作为认知活动，并非是推论性的。而艺术的真理性也并非是某个客体或对象的反映"②。也就是说，艺术的认知方式是一种非抽象的认知形式。它与理性认知方式的差异在于，它不是建立在暴

---

① 冯宪光：《"西方马克思主义"美学研究》，重庆出版社，1997，第255页。
② 〔德〕阿多诺：《美学理论》，王柯平译，四川人民出版社，1998，第477页。

力的整合基础上的，不是建立在主体对客体的表征与对象化基础之上。艺术的认知是对事实的整体性反映。"艺术成为未受损害的整体性（undamaged wholeness）的范式，这是因为它使受损害的他者（damaged other）恢复了自个的真貌。"① 正是在此意义上，库特·伦克总结："阿多诺赋予艺术的认识功能建立在这样一种能力上，它从受控制的世界的体系中得出更为紊乱的经验，并将其表述出来。至于科学那同一性的、拘泥于一味强调现状的抽象思维，应再度得到艺术的拯救。"② 也就是说，审美这种非抽象合目的性的整体性认知形式与理性的抽象强制性认知形式相比较具有一种"认识论上的优越性"。艺术作品的感性性质使其更为"亲近"自然。它能唤醒主体回忆自然的能力。也就是说，审美体现了人与自然关系的和解。而这种和解能够在一定程度上调和弥补工具理性对自然的统治和支配所带来的虚无主义问题。

其次，"艺术是幸福的承诺"。换言之，艺术乃是真实幸福的寓言，它内在地具有乌托邦③的力量。换言之，如沃林所解析的："作为和谐生活的某种预示，它起着强制性的乌托邦作用。"④ 这表现为，一方面，艺术意味深长地承受着现实的不幸，揭示当下的贫乏与虚无。阿多诺这样说道："艺术不同于推论性知识，无须理性地了悟现实，其中包括艺术自身导源于现实运动律的非理性特质。然而，理性认知有其严重的局限，它没有对付苦难的能力。理性可把苦难归于概念之下，可提供缓解苦难的手段，但却从来不能以经验媒介来表现苦难；若按理性自身的准则为之，便是非理性的

---

① 〔德〕阿多诺：《美学理论》，王柯平译，四川人民出版社，1998，第488页。
② 转引自〔德〕格尔哈特·施威蓬豪依塞尔《阿多诺》，鲁路译，中国人民大学出版社，2008，第169页。
③ 阿多诺所论述的乌托邦与马克思在19世纪40年代所批判过的乌托邦是不同的。如沃林所解析的，阿多诺的乌托邦思想实际上是一种世俗化了的永恒不变的宗教渴望。它是事物的目前状态的反面。其始基是超越主体和客体分裂之上的人类与自然、实在与本质、思维与存在的某种和谐状态。但这种强式乌托邦主义被列文塔尔确定为陈腐的理论范式。（参见〔美〕理查德·沃林《文化批评的观念：法兰克福学派、存在主义和后结构主义》，张国清译，商务印书馆，2001，第129页）
④ 〔美〕理查德·沃林：《文化批评的观念：法兰克福学派、存在主义和后结构主义》，张国清译，商务印书馆，2001，第116页。

了。因此，即便苦难得以理解，它依旧保持缄默而无意义——顺便提及，你只要看看希特勒之后的德国，便能自行证明这一真理。"① 所以，在此意义上，艺术而非理性，能让我们深刻体认并反省现代虚无主义所带来的切身之痛。另一方面，艺术始终为美好生活提供承诺和希望。正如马丁·杰所总结的，"真正的艺术也是人类对现实彼岸的'另一个'社会的渴望的最后保存者"②。也就是说，在当下强大理性压制下，艺术给了人类摆脱被统治和被压迫的微弱希望。

最后，艺术所具有的批判否定性使其具有救赎的力量。如阿多诺所言，"艺术的功能是辩证的，迄今为止，艺术依然批判建立实用目的的做法。它站在被压抑的本性一边。这正是为什么可以说艺术的功能性或目的性有别于人类假定目的的根本原因。……艺术通过一否定过程对自然天性和直觉性（nature and immediacy）进行赎救。因此，艺术具有总体中介性（total mediatedness）；它通过无限地支配其材料而将自身化为非压抑性的东西（the non – repressed）"③。所以，在此意义上，艺术具有对现实的批判与反思能力。它建构自己的领域，又否定自身，并以此保持自身的开放与自目。它以一贯的反思方式否定压抑，释放那些被压制的东西。

如沃林所指出的，"在阿多诺的美学中，艺术有一种类似于拯救的功能。对他来说，艺术也代表着同'理论的和实践的理性主义'的压迫相对应的某种救赎形式。那些压迫在日常生活中占据着主导地位。而且，在阿多诺的美学中，艺术在某种更加强烈的意义上变成了救赎的工具"④。而艺术的救赎能力体现在其特有的认知特性、作为承诺的乌托邦力量以及其内在的否定性和批判性上。换言之，阿多诺试图通过审美的救赎功能克服现代主体性的自我确证所带来的虚无主义。在此，我们似乎看到了阿多诺与尼采和海德格尔的一致之处。诚然，在审美认知形式的理解上，阿多

---

① 〔德〕阿多诺：《美学理论》，王柯平译，四川人民出版社，1998，第33页。
② 〔美〕马丁·杰伊：《法兰克福学派史》，单世联译，广东人民出版社，1996，第205页。
③ 〔德〕阿多诺：《美学理论》，王柯平译，四川人民出版社，1998，第487~488页。
④ 〔美〕理查德·沃林：《文化批评的观念：法兰克福学派、存在主义和后结构主义》，张国清译，商务印书馆，2001，第115~116页。

诺与尼采和海德格尔几乎是一致的，这正是阿多诺在尼采和海德格尔之处
所继承的理论资源。当阿多诺看到海德格尔《林中路》中"艺术就是真理
的生成和发生"的语句时，阿多诺的反应是非常大的，他也及时地表达了
对海德格尔的赞同。值得强调的是，尽管阿多诺继承了海德格尔的思想资
源，但阿多诺是海德格尔的批判者而不是跟随者。阿多诺以其独特的批判
理论视角指出了海德格尔审美救赎的问题所在。这也正是我们下面所要论
述的。

2. 艺术的历史性

可以说，阿多诺认同海德格尔通过审美救赎解决虚无主义的路径。但
是，海德格尔的审美救赎思想存在问题，这使其无法真正克服虚无主义，
反而成为虚无主义的表达。问题就出在艺术的历史性①与审美救赎的前提
上。对此，阿多诺这样说道："现象学旨在详尽地描述说明艺术的本质是什
么。这一本质在现象学那里被认为是艺术的起源。据说起源乃是艺术之真
假的衡量准则。遗憾的是，现象学在其寻根探源过程中所提出的东西是极
其浅薄的，因此在遇到艺术的实际表现形式时没有多大的说服力。假如想
要取得比这更多的东西，那就得探讨艺术的具体内容，而这同本质性的公
设颇不相容。艺术并非它自古以来的那副样子；艺术是它现已生成的样
子。"② 也就是说，艺术具有历史性，它既是自律性的东西，也是社会历史
事实。艺术是无法定义的，它有史以来便如同瞬息万变的星丛，处于历史
性的变化当中。因此，阿多诺强调："美学不应当像追捕野雁一样徒劳无益
地探索艺术的本质；这些所谓的本质要从其历史背景的角度来看。没有一
个单独孤立的范畴能抓住艺术的理念。艺术乃是运动中的综合物。由于艺
术本身是高度中介性的，因此需要最终成为具体概念的理智中介（intellec-
tual mediation）。所以，艺术不需要据说属于现象学的原初幻象（primary vi-

---

① 当然，海德格尔也谈"历史性"。但是在阿多诺看来，海德格尔的历史性乃是虚假的历史
性。它只是天命思想的注解。这种历史性割裂了事物与其具体的社会历史内容的关系，忽
视了社会历史条件的规定性。

② 〔德〕阿多诺：《美学理论》，王柯平译，四川人民出版社，1998，第590~591页。

sion of phenomenologist）。"①

在此，我们看到阿多诺鲜明的批判理论立场。批判理论的重要特色在于寓于历史的存在境域对具体的历史关系进行具体的批判考察。这可以说是批判理论从其马克思主义来源中所继承到的财富。而这一点明确地体现在阿多诺对虚无主义的克服上。艺术犹如瞬息万变的星丛，它处于历史性的变化当中。它寄寓于具体的社会历史内容当中。也就是说，在阿多诺看来，克服虚无主义的首要前提在于坚守在一个被海德格尔等众多人抛弃的领域：存在与虚无之间的具体历史，注意到现实个体的受难与对生命的冷漠，并及时作出回应。②

从《启蒙辩证法》中我们可以发现，阿多诺与霍克海默一道将艺术视为现代启蒙的产物。③ 然而，在启蒙的进展过程中，艺术逐渐与科学分离，走向了对立的状态。"艺术作为一种对完善性的追求和表达，体现着推动人类进步的启蒙精神的正面因素。艺术与科学的对立，类似于启蒙的正面与负面效应的对立。"④ 而启蒙理性的不断强大，使艺术成为科学的婢女。它被迫在细枝末节上效仿科学，抛弃自身的否定性和批判性，重新迎合世界，成为意识形态的复制品。在此意义上，艺术成为"一种温顺的再生物"。而这种"温顺的再生物"在现实的社会历史中表现为"文化工业"。由此，阿多诺说道："一个沉默的时代已经降临艺术。它使艺术作品变得陈腐无用。但是，尽管艺术作品闭口无言，而其沉默却在大声喧哗。"⑤ 在阿多诺看来，这种"大声喧哗的沉默"表现在现代主义艺术中。如果说文化工业中的大众艺术以柔和的旋律和华丽的色调使人沉溺于愉悦欢畅的幻象中的话，那么这仅仅是一种对现存的顺从和模仿。它加剧了当下人们的被奴役状态。现代主义则恰恰相反，它采用光怪陆离的艺术形式，以混乱、刺耳和荒诞

---

① 〔德〕阿多诺：《美学理论》，王柯平译，四川人民出版社，1998，第591页。
② 参见〔法〕居伊·珀蒂德芒芒热《20世纪的哲学与哲学家》，刘成富等译，江苏教育出版社，2007，第219页。
③ 参见冯宪光《"西方马克思主义"美学研究》，重庆出版社，1997，第261~262页的论述。
④ 冯宪光：《"西方马克思主义"美学研究》，重庆出版社，1997，第262页。
⑤ 〔德〕阿多诺：《美学理论》，王柯平译，四川人民出版社，1998，第485页。

的方式揭示被异化了的现状，表现艺术之不屈和否定的气节，使人们从昏睡的状态中震醒过来，直面当下生存的虚无状态。由此，阿多诺在勋伯格的无调式音乐和卡夫卡的混乱文学表述中看到了现代艺术否定和批判现实谬误的品质。阿多诺赋予现代艺术重要的作用，认为现代艺术具有遏制现代虚无主义的潜能。也正是在此，我们看到了阿多诺与卢卡奇在克服虚无主义的相异之处。在阿多诺看来，卢卡奇之所以排斥现代主义，将现代主义视为虚无主义的表征，并恪守现实主义，其根本原因在于卢卡奇忽视了艺术同现实的距离。而正是艺术自觉地与现实拉开一定的距离才使它具有超越现实的地位，从而具有批判现实的否定性力量。

3. 星丛："主体—客体"相互中介的和谐辩证状态

阿多诺与尼采和海德格尔一样都试图通过审美救赎克服现代主体性自我确证所导致的虚无主义。但是，在阿多诺看来，尼采和海德格尔的工作并没有完成。不管是尼采还是海德格尔都没有真正超越传统同一性哲学，由此也无法真正克服理性同一对自然和人的压制所导致的意义根基之无。当海德格尔在批判尼采的审美救赎究其本质还是主体主义时，他自身也无法避免主体主义的苛责。在阿多诺看来，尼采和海德格尔通过避开理性逃避理性所带来的问题，并投入非理性主义的怀抱。然而，这不仅不能真正解决问题，反而加深问题的严重性。换言之，阿多诺仍然不想完全放弃理性。根据阿多诺的理解，主体理性之所以带来现代虚无主义问题，根源在于主客体关系的失衡。换言之，重构主客体关系的和谐状态方能真正解决问题。正是在此意义上，阿多诺借用了本雅明的"星丛"概念，重构一种主客体和谐共处的关系体，借以建构人与自然、社会的和谐关系，以此克服虚无主义。

我们知道，"星丛"（Constellation，Konstellation）[①] 一词乃是阿多诺从本雅明的《德国悲悼剧起源》中所借用的概念。本雅明用"星丛"一词说明理念与事物之间的关系。事物类似于星星，而理念类似于星丛，事物如

---

① "星丛"又译为"星座"。其德语的一般含义为"状况"。

星星一般是存在的，而理念如同星丛是不存在的。但是，理念如同星丛一般表现了事物之间的关系。本雅明使用星丛概念的初衷是在理念中拯救现象。而阿多诺则借用了本雅明这一概念来表征真理及艺术作品。细见和之这样解释阿多诺的星丛思想："例如阿多诺认为，真理既不能被还原于单纯的主观之中，也不能被还原于单纯的客观之中。真理实际上是主观与客观的关系，为了构成这种关系而去配置各概念，就是发现真理。在合理的构成的契机与表现的模仿的契机之间穿梭，而实现了的艺术作品也一样，最终是作为它们的各契机的星丛（关系）被提示出来。并不是通过超越性事物对现存的世界进行否定或肯定这一方法就是这样好不容易才被开拓出来。坚持探索对现象世界的各要素重新进行配置，是没有对乌托邦进行肯定描述的阿多诺的乌托邦意识。"① 也就是说，星丛思想所表明的是，真理并非同一性哲学中主观性表象活动的"确信"，不是主体性意志的单纯表达，也不是某种超验的事物对世界的规定，如自然魔力或神力。真理不是主体与客体之间的"相符性"，而是主体与客体之间的"亲和性"。它表征的是主体和客体之间不可分离，相互关联但又和谐共处的状态。近代理性的错误就在于它建立在主体和客体的尖锐分离基础上，而当主体与客体分离，它便遗忘了它与客体的关联，将自身设为尺度和标准，由此，主体淹没和吞噬了客体。而现代性以此作为自我确证的机制，结果就是人的根基与意义的丧失。所以，在星丛思想的指导下，当前克服虚无主义的方法就是挽救主体性，保持客体的优先性，从而建构主体与客体相互中介的和谐辩证状态。

可以说，阿多诺所要进行的"挽救主体性，保持客体的优先性"之根本在于强调主体和客体之间的关联性与中介性，从而获取这一中介过程中历史性生成的意义。根据施威蓬豪依塞尔的解读，"正像概念与事物的相互中介那样，一方的确定性靠的是另一方之为另一方，另一方的确定性靠的

---

① 〔日〕细见和之：《阿多诺——非同一性哲学》，谢海静、李浩原译，河北教育出版社，2002，第 243~244 页。

是这一方之为这一方，概念的确定性靠的是事物，事物的确定性靠的是概念，主体与客体也是这样。这两方面的中介即它们的相关性、它们的两极性、它们的相互依存性，是作为主体的客体性反思形式，是作为客体的主体性反思形式……根据这一哲学，客体是被吸纳了的主体，主体是精神化了的客体。非我，即自然，是可见的精神；自我，即精神，是不可见的非我。自然是客体的概念总汇，自我，即理智，是主体的概念总汇"①。由此可见，阿多诺对主体性和客体性进行了不同于同一性哲学范式的解读。主体和客体是互为中介的，两者缺一不可。没有绝对化的主体，也没有绝对化的客体。不管是过分拔高主体性的唯心主义还是过分强调客观性的实证主义，都是对主客体关系的歪曲，都最终沦为意识形态。

　　所以，在此我们可以发现，阿多诺力图恢复主体和客体之间的相互关联和中介，重新把握主体性的自然维度，唤回人类早已遗忘的根源——自然，从而矫正启蒙理性对自然进而扩展到人自身的支配。如施威蓬豪依塞尔所言，"不将主体性同它隶属的自然联系起来，不将主体性同与之互为表里的客体性联系起来，便无法成就主体性，因为主体性建构的，是理性与自然、主体性与客体性的正当关系，这种关系既不存在于双方无分轩轾的统一性之中，又不存在于双方的敌对性矛盾中，而存在于'彼此区别者的交往'中，'人与物的共识'中、'实现了的和平'中。这似乎就是新主体性的客观形式，它是'彼此区别者的非统治性状态，在这种状态中，彼此区别者互相分享对方'"②。在阿多诺看来，保留主体性的自然维度并保持客体的优先性，使主体和客体之间作为彼此区别者相互分享、相互中介的和谐的、非统治性状态现在只隐匿地呈现于我们的模仿——艺术作品之中。

　　可以看出，阿多诺的审美救赎从根本上相异于尼采和海德格尔之处在于，他希望通过寻求一种重建主客体和解的方法来解决主客体关系的失衡

---

① 〔德〕格尔哈特·施威蓬豪依塞尔等：《多元视角与社会批判：今日批判理论》上卷，鲁路、彭蓓译，人民出版社，2010，第181页。
② 〔德〕格尔哈特·施威蓬豪依塞尔等：《多元视角与社会批判：今日批判理论》上卷，鲁路、彭蓓译，人民出版社，2010，第195页。

所造就的虚无主义。换言之，阿多诺并没有走向与尼采和海德格尔类似的非理性主义路向，而是力图返回"未经损害的理性"之路。阿多诺试图"挽救"主体性，强调"客体的优先性"，通过重建"主体-客体"相互中介的和谐的星丛之光来驱逐现代性的虚无之痛。但问题是，阿多诺的审美救赎是否能够真正地克服虚无主义？阿多诺是否彻底解决了先哲们在力图应对虚无主义时所暴露出来的问题？这仍有待商榷。

四　星丛之启示

面对克尔凯郭尔、尼采、海德格尔等在克服虚无主义时所暴露出来的问题，阿多诺自觉地进行了规避。面临与前人相似的困境，阿多诺在坚持批判理论的立场基础上，整合多方面的理论资源，为我们提供了许多克服虚无主义的启示。

首先，针对尼采和海德格尔的审美救赎完全放弃理性，陷入非理性主义的问题，阿多诺始终坚持，理性的主客体关系之失衡问题不能像尼采和海德格尔般通过逃避问题本身来解决。彻底放弃思想和规定性的非理性主义玄思不仅不能解决问题，反而会加深问题的严重性。解决理性的主客体关系之失衡问题的关键在于如何着力修复这一关系，即如何在理性自身的问题域内寻求恢复主客体相互关联、相互中介的和谐关系，从而恢复"未经损害的理性"。也就是说，要想真正解决主体理性之主客体关系失衡所导致的虚无主义问题，关键在于回到问题的根源处——主体理性的暴力建构机制上，通过恢复主体和客体之间的非暴力的和谐关系，从而从发生根源上彻底避免虚无主义。此乃阿多诺的审美救赎思想给予我们的第一个启示。

其次，针对尼采和海德格尔审美救赎中所暴露出的主体主义问题以及马克思劳动救赎中的主体立场和倾向，阿多诺的具体解决方案是"挽救主体性，保持客体的优先性"，构建"主体—中介—客体"的和谐星丛。阿多诺洞察到尼采和海德格尔的审美救赎无法超越主体主义的根本原因在于，他们对主体性的理解都是建立在主体和客体二元对立的分离基础上的。而马克思的劳动思想中虽然有着自然对于人的优先性和决定性的思想资源，是阿多诺强调客体优先性的思想来源，但劳动仍然基于主体的立场和倾向，而以此为基础建构起来的历史仍然是主观性的历史。由此，阿多诺强调主体和客体之间相互关联相互中介的原初的星丛关系。将主体性置于其所处的与客体性互为中介的意义星丛中，重新把握主体性的自然维度，唤回人类在主体理性扩张过程中早已遗忘的根源——自然，保持客体的优先性，从而矫正启蒙对自然进而扩展到人自身的支配。此乃阿多诺的审美救赎思想给予我们的第二个启示。

再者，针对克尔凯郭尔对现实的社会历史维度的忽视所导致的无客体的内在性的唯心主义，针对海德格尔因缺乏社会历史维度的思考而缺失坚实社会历史根基的支撑、抽象于具体的社会历史境域之外以及对现实的非批判和非反思，阿多诺强调对现实的社会历史维度的思考，尤其艺术的历史性变化、其在具体社会历史境域内所受到的社会历史客观因素的影响等。可以说，阿多诺的审美救赎寄寓于现实的具体的社会历史境域内，对审美的历史性、审美得以发挥救赎的前提以及其在现实的社会历史条件下的具体形态作了深刻而细致的考察。换言之，阿多诺的审美救赎得以超越海德格尔的关键之一就在于其在批判理论立场上对现实的具体的社会历史境域的内在性批判。这是阿多诺从马克思那里所承继来的宝贵遗产，也是批判理论一以贯之的主旨。阿多诺始终对现实的当下个体生存状况保持着高度的关怀，反对以历史的名义所进行的奴役和压迫，对当下的社会现状保持着清醒的批判意识和不懈的反思，对任何在意识形态的掩护下所进行的专制和独裁进行毫无留情的揭露和批判。另外，它也使阿多诺得以洞察到马克思劳动救赎的现实承担者——无产阶级在晚期资本主义阶段所产生的变化以及劳动本身所具有的意识形态。我们也可以获得如下启示：通过审美救赎遏制虚无主义的关键之一在于保持对现实的具体的社会历史境域的考量。只有深入具体的社会历史境域中，才能保证克服虚无主义的努力具有坚实的社会历史根基的支撑、具有强烈的批判和反思能力；才能保证克服虚无主义的方案不是抽象的、脱离具体的社会历史生活的，而是深入社会历史生活中的实际性探索；才能保证审美救赎不沦为当下意识形态的掩护工具，从而为人类找到真正的立身之本。这是阿多诺的星丛之光照亮的希望之径。

　　然而，尽管阿多诺的审美救赎给予我们许多宝贵的启示，但是，其审美救赎思想仍然遭到诸多质疑。如沃林所言，"阿多诺美学乌托邦主义的真正意义仍然受到了他的元理论框架的某些基本缺点的限制"①。换言之，阿多诺的审美救赎思想所存在的问题根源于其基本理论逻辑内在的缺陷。沃林认为，正是阿多诺的认识论和历史哲学所具有的局限性导致了其审美无法获得本该获得的完全公开的救赎。首先，在认识论上，阿多诺承袭了黑格尔对审美对象认知维度的维护，将艺术视为"认识论的手段"。而这样的后果是，审美的实用维度——它们在塑造、了解和改造历史上存在的个别生命方面所起的作用——被阿多诺忽视掉了。沃林分析，阿多诺之所以会犯下这样的错误根源于"一个著名的黑格尔偏见：对于某个'大写的真理概念'的信念。借此真理被看作先验的、非随机的某物，它避免了人类条件的可错性。阿多诺的思想——尽管以否定辩证法的概念相标榜——仍然徘徊在传统形而上学真理理论的视野之内"②。其次，在历史哲学方面，阿多诺同样陷入了故步自封的僵局，这使得他对某些隐藏着神奇而广泛救赎潜力的对立文化视若无睹。阿多诺敏锐地洞察到现代艺术内在的乌托邦力量，但他的精英主义立场导致其仅仅推崇高级艺术，否定世俗艺术，走向对艺术真理内容的神秘拯救。由此，伊格尔顿这样评价阿多诺，"他宁愿受抑制也不愿意被闷死，在他的著作的整个领域，都缺乏得到发展的外在条件"③。这样的后果是，阿多诺忽视了艺术作品在日常生活中得以升华的力量。也就是说，"审美启示不仅是批评家、美学家、艺术家和专家的事情，

---

① 〔美〕理查德·沃林：《文化批评的观念：法兰克福学派、存在主义和后结构主义》，张国清译，商务印书馆，2001，第126页。

② 〔美〕理查德·沃林：《文化批评的观念：法兰克福学派、存在主义和后结构主义》，张国清译，商务印书馆，2001，第127页。

③ 〔英〕特里·伊格尔顿：《审美意识形态》，王杰、傅德根、麦永雄译，广西师范大学出版社，2001，第367页。

而且是日常生活的一般现象。它具体地改变着个体的生活历史。艺术的'真理内容'从原则上讲可以被众多的受众所理解"①。阿多诺身上所具有的孤芳自赏和故步自封使其忽视了这一历史变化，即随着现代性世俗化的进程的开展，现代主义的高级艺术逐渐过时并让位于一些更具有平民化性质的新兴艺术形式，"阿多诺从神秘艺术中试图给予剔除的世俗启示现在反而可以具有意想不到的应用价值，而以阿多诺本人的方式无法作出这种预见"②。

另外，在阿多诺的基本理论框架中，还存在其他制约审美救赎能力的问题。众所周知，以马丁·杰为代表的思想家们都将阿多诺的否定辩证法视为批判理论内在逻辑的极致。这种极致不仅寓示着批判理论内在逻辑的终结，也集中暴露了其内在局限。新左派批评阿多诺将辩证法非历史化了，使批判理论成为一种纯粹防御性的理论。由此阿多诺的否定辩证法被指认为"一个巨大的失败"。詹姆逊明确地指出，这一失败在于，"它是思维的真实总体的一种高度的意识的抽象。阿多诺的著作从整体上体现了这一抽象"③。也就是说，阿多诺失败的根本原因在于"'否定辩证法'表现一种挽救哲学自身和哲学化观念的意图，使它们摆脱时间上的盲目崇拜，摆脱停滞和持久的视力幻觉"④。而哈贝马斯的批评也颇具代表性。哈贝马斯认为，否定辩证法一开始就摧毁了自身与社会根基和交往实践的联系，将理性批判激进化到自我指涉的程度。对此，哈贝马斯说道："权威主义现代性的平面图景所具有的矛盾特征还在继续受到清除。黑格尔主义的启蒙辩证法遭到了遏止。更加严重的是，由于工具理性膨胀成为一种非理性的总体性，因此，对于非真实的总体性的批判陷入了困境。一旦工具理性批判再

---

① 〔美〕理查德·沃林：《文化批评的观念：法兰克福学派、存在主义和后结构主义》，张国清译，商务印书馆，2001，第130页。

② 〔美〕理查德·沃林：《文化批评的观念：法兰克福学派、存在主义和后结构主义》，张国清译，商务印书馆，2001，第131页。

③ 〔美〕弗雷德里克·詹姆逊：《马克思主义与形式》，李自修译，百花洲文艺出版社，1997，第46页。

④ 〔美〕弗雷德里克·詹姆逊：《马克思主义与形式》，李自修译，百花洲文艺出版社，1997，第46页。

也无法用理性自身的名义来贯彻下去，那么，它和现代性批判就失去了一种特有的规范基础。任何一种自我关涉的批判在展开过程中似乎都陷入了一种困境当中，阿道尔诺由此归纳出了否定辩证法的特征。阿道尔诺始终如一地在作一种批判，这种批判显然充满了悖论，而且'前所未有'，为此，他否定了必要的条件，以便实际进行的批判能够坚持下去。"① 也就是说，在哈贝马斯看来，阿多诺错误地走向了批判和否定的极端，而缺乏任何肯定性的建构。这使他一方面不断地否定理性，另一方面又不得不不断地返回理性。这是一种基于资本主义本质的不公正的判断，因为阿多诺完全否决了现代性的自我修复、自我完善的能力，并从实践退缩回理论。所以，在此意义上，哈贝马斯评价，阿多诺只能采取"冬眠的策略"，走向了"无为的寂静主义"，沦为"虚无的美学乌托邦"。② 另外，学院派的代表苏珊·布克－穆斯也指出，"真正的问题是，阿道尔诺自觉地以勋伯格为范本在哲学内部实行革命的企图，是否真正导致了同样的命运，他的反体系的原则自身是否变成了一种体系"③。换言之，阿多诺永不停息的反体系冲动使自身构建了一种新的体系。

总而言之，尽管这些针对阿多诺的批评所因循的立场和视角各有不同，但他们都在对阿多诺的如下批评中取得了一致，即阿多诺只一味地批判和否定，缺乏应有的最基本的肯定和建构；阿多诺最终放弃了理论与实践的统一，退缩回理论，回避政治实践；阿多诺拒斥体系，但将无休止的反体系冲动引向一个封闭的体系中。由此，我们所关心的问题是，阿多诺这些理论逻辑的问题对其审美救赎的实现产生了怎样的影响？

现代虚无主义所暴露的问题是人之生存意义根基的缺失。由此，真正克服虚无主义的关键在于，如何将这一缺失的意义根基建立于坚实的基础

---

① 〔德〕哈贝马斯：《后民族结构》，曹卫东译，上海人民出版社，2002，第 188～189 页。

② 参见张亮《"否定的辩证法"的忘却：阿多诺研究的历史性遮蔽》，《浙江社会科学》2001 年第 5 期。

③ 转引自〔美〕马丁·杰《法兰克福学派的宗师——阿道尔诺》，胡湘译，湖南人民出版社，1988，第 206～207 页。

之上并建构出来。而当阿多诺一味追求对现存的批判和否定时，他面临着伯曼式的质疑："在如此松散和多变的土壤中，怎么能够生长出持久的人类纽带呢？"①阿多诺如此激烈的批判和否定如何甚至何以可能最终流向安宁和谐的星丛统一体？当阿多诺锋利的否定之剑刺穿现实中所有确定性的东西甚至自身的规范性基础之后，他自身又怎能不置于一片虚无之中呢？另外，批判理论的初衷是建立在理论和实践统一基础上的具有强烈的现实关怀和干预旨向的。但是，当阿多诺发现，现实的批判运动之激烈程度和发展走向远远超出其接受能力时，他发出如下悲叹："当我建立我的理论模式时，万没想到人们会用燃烧弹来实现它。"②而这激怒了那些曾以阿多诺为理论导师的激进青年。当他们以阿多诺所不能承受的羞辱将之驱逐出讲堂时，"作为一个研究所的代表，阿道尔诺死了"。这是当时激愤的学生对阿多诺的嘲讽，它宣告了阿多诺理论在现实实践面前的软弱无力和寂静无为，也预告了阿多诺四个月之后的与世长辞。

在我们看来，阿多诺的星丛理论所蕴含的问题更为根本地限制了其审美救赎能力。阿多诺既要保持一个富有独立性和创造性的主体，又要保留一个强有力的优先性的客体。这是其星丛理论的基本内容。但是，相对而言，阿多诺是更为强调客体的优先性的。如施威蓬豪依塞尔所言，这是《否定的辩证法》的纲领。③那么，问题随之出现，让主体在客体的光芒下构建意义根基，这在现代主体性如此发展的当今何以可能？阿多诺能够通过怎样的方式让人们意识到，更重要的是在现实中做到保持对自然客体的非远古时期畏惧般的尊重？仅仅通过审美，而没有任何制度上的辅助的话，这样的方案是没有实现的可能性的。另外，阿多诺还面临着另一个艰难的抉择。如果要避免陷入二元论的倾向的话，阿多诺必然得二选一。主体或

---

① 〔美〕马歇尔·伯曼：《一切坚固的东西都烟消云散了——现代性体验》，徐大建、张辑译，商务印书馆，2003，第134页。
② 转引自〔美〕马丁·杰《法兰克福学派的宗师——阿道尔诺》，胡湘译，湖南人民出版社，1988，第58页。
③ 〔德〕格尔哈特·施威蓬豪依塞尔：《阿多诺》，鲁路译，中国人民大学出版社，2008，第65页。

客体，到底哪个是规范和确证的根基？当阿多诺为了避免传统主体性哲学的同一性压制后，他走向了保持客体的优先性。但这样后果同样严重。阿多诺"挽救主体性，保持客体优先性"的美好理论建构在实践中很有可能最终使主体消失在客体中。那么，当主体面临着如此巨大的消逝危险时，另一种深重的虚无主义将应运而生。也许，这正是阿多诺的审美救赎给予我们的重大警示。

第三节　马尔库塞：单向度批判与重建审美解放的乌托邦

在西方马克思主义者当中，马尔库塞与海德格尔的关系最为紧密。作为海德格尔的杰出弟子，马尔库塞在许多早期论文中试图把马克思和海德格尔结合起来。海德格尔的《存在与时间》激发了马尔库塞的灵感，他试图通过引入海德格尔的基础本体论，建构一种具有当代性的马克思主义历史理论，以完成马克思主义哲学的历史使命。这一理论工作使马尔库塞获得了"海德格尔的马克思主义者"称号。但马尔库塞从未成为一个纯粹的海德格尔主义者。理查德·沃林认为，对马尔库塞来说，"海德格尔的存在主义可以为马克思主义的目的服务，至于其他用途则说不上"[1]。芬伯格（又译芬博格）也指出，"他从海德格尔的思想中发现了回应马克思主义危机的基础"[2]。这一方面说明了马尔库塞的马克思主义立场，另一方面也展示了海德格尔哲学对马尔库塞的影响。不得不承认的是，"海德格尔的踪迹微妙而悄然地印在了马尔库塞的成熟思想中"[3]。无论这对著名师生之间的关系是如何富有转折性和传奇性，他们之间仍然有着许多共同的哲学兴趣

---

[1] 〔美〕理查德·沃林：《海德格尔的弟子：阿伦特、勒维特、约纳斯和马尔库塞》，江苏教育出版社，2005，第145页。

[2] 〔加〕安德鲁·芬伯格：《海德格尔与马尔库塞：论物化与具体哲学》，高海青、陈真君译，《国外理论动态》2014年第3期，第40页。

[3] 〔美〕理查德·沃林：《海德格尔的弟子：阿伦特、勒维特、约纳斯和马尔库塞》，江苏教育出版社，2005，第143页。

和论题。不管是海德格尔还是马尔库塞，他们都将"关注人的生存"作为终身哲学旨趣。海德格尔的技术之思深深地影响了马尔库塞的技术理性批判，而艺术真理论对马尔库塞的审美解放也影响显著。可以说，马尔库塞是马克思主义与存在主义之间最富有代表性的桥梁。从这个角度而言，马尔库塞比其他西方马克思主义者甚至当代思想家们更直接而深入地遭遇海德格尔后期哲学的主题——虚无主义。从理论本质而言，马尔库塞的单向度批判是虚无主义批判的另一种重要的表现形态。这一理论以富有西方马克思主义色彩的模式全面具体地描述了当代资本主义社会里人的虚无化的生存境遇和生存状态。

一　单向度：极权主义社会下的虚无主义症候

《单向度的人》发表于 1964 年，是马尔库塞最负盛名的代表作之一，也是西方马克思主义批判理论的重要论著。单向度是马尔库塞描述当代资本主义社会现实时采用的术语。在马尔库塞看来，人的生存状态应有两个维度，一是肯定性维度，二是否定性维度。肯定性维度使个体得以和现实社会保持一致，而否定性维度则使个体得以反思和超越当下。马尔库塞认为，当代资本主义社会是一个新型的极权主义社会，它成功地压制了个体内心的否定性、批判性和超越性维度，使整个社会成为只有肯定性维度的单向度社会，使个体成为只顺从当下的单向度的人。

1. 单向度社会导致了人的一体化、同质化和片面化

马尔库塞认为，技术的进步产生了控制的新形式。在技术的促进下，发达工业文明建构出一种不合理的合理性，有效地抑制了人们对自由的需要，使"一种舒舒服服、平平稳稳、合理而又民主的不自由在发达的工业文明中流行"。这种社会控制渗透于社会生活的方方面面，使一切真正的对立一体化。

一是政治经济领域的一体化。首先，日益发展的机械化和自动化正在减少工人劳动中的体力数量和强度，这使工人对于劳动和生存境遇的态度以及自身地位发生了重要变化。"标准化和常规同化了生产性和非生产性

的工作，先前那些资本主义阶段的无产者的确是在劳役重压下的牲畜，当他生活于肮脏和贫困中时，他只得依靠身体的劳动来获取生活的必需品和奢侈品。因而他是对他那社会的活的否定。与此相反，技术社会发达地区的有组织的工人都过着明显缺乏否定性的生活；同社会劳动分工中的其他人的目标一样，他正在被纳入由受到管理的人们所组成的技术共同体之中。不仅如此，在自动化最为成功的地区，某种技术共同体似乎在使工作中的人类原子一体化起来。"① 其次，政治权力通过对机器生产过程和国家结构组织的技术控制，成功利用高生产率来获得合法性，以维护自己的存在。于是，国家目的被普遍接受，各种导致分裂的因素逐渐被控制，当代发达资本主义社会达成了政治一体化的目标。"在富裕和自由掩盖下的统治就扩展到私人生活和公共生活的一切领域，从而使一切真正的对立一体化，使一切不同的抉择同化。技术的合理性展示出它的政治特性，因为它变成更有效统治的得力工具，并创造出一个真正的极权主义领域，在这个领域中，社会和自然、精神和肉体为保卫这一领域而保持着持久动员的状态。"②

可见，当代发达资本主义社会不仅生产和分配制度走向一体化，政府和政党也走向一体化，这种一体化导致的是极权主义。在这个意义上，马尔库塞指出："发达工业文明的奴隶是受到抬举的奴隶，但他们毕竟还是奴隶。"③ 而且，"抑制性的社会管理愈是合理、愈是有效、愈是技术性强、愈是全面，受管理的个人用以打破奴隶状态并获得自由的手段与方法就愈是不可想像"④。

二是文化思想的一体化。现代社会借助新的"意识工业"手段，如广

① 〔美〕赫伯特·马尔库塞：《单向度的人：发达工业社会意识形态研究》，刘继译，上海译文出版社，2008，第 22～23 页。
② 〔美〕赫伯特·马尔库塞：《单向度的人：发达工业社会意识形态研究》，刘继译，上海译文出版社，2008，第 16 页。
③ 〔美〕赫伯特·马尔库塞：《单向度的人：发达工业社会意识形态研究》，刘继译，上海译文出版社，2008，第 28 页。
④ 〔美〕赫伯特·马尔库塞：《单向度的人：发达工业社会意识形态研究》，刘继译，上海译文出版社，2008，第 7 页。

播、电视、电影、报刊、广告等对人们进行说教和操控，压制"高层文化"中的对立性因素和超越性因素，使之屈从于流行于发达资本主义社会的俗化趋势。文化思想的否定性维度被清除，只留下肯定性维度，于是各种"文化价值"被全部纳入已确定的秩序，通过工业手段被大规模地复制和显示。马尔库塞这样论述："今天的新奇之处是通过消除高层文化中对立的、异己的和超越性的因素——它们借助高层文化而构成现实的另一种向度——来消除文化和社会现实之间的对立。消除双向度文化的办法，不是否定和排斥各种'文化价值'，而是把它们全部纳入已确定的秩序，并大规模地复制和显示它们。"① 于是，艺术成了社会团结的工具。

在马尔库塞看来，这是艺术异化的表现。艺术原本是唯一可能超越现存一切、对现实进行反思和批判的东西，在发达资本主义社会，艺术已经丧失了它的传统功能。"公开保存于艺术异化中的艺术和日常秩序间的重大裂隙，被发达技术社会逐渐弥合了。随着裂隙的弥合，大拒绝转而被拒绝；'其他向度'被占优势的事态所同化。异化作品被纳入了这个社会，并作为对占优势的事态进行粉饰和心理分析的部分知识而流传。这样，它们就变成了商业性的东西被出售，并给人安慰，或使人兴奋。"② 在这个意义上，艺术已成为一种单纯的消费品，艺术异化和其他否定方式一起屈从于技术合理性的进程。

三是话语领域的一体化。马尔库塞指出，社会宣传机构塑造了单向度行为表达自身的交流领域，即话语领域。我们的日常语言早已是受到操纵和灌输的语言。被全面管理的语言是同一性和一致性的证明，是有步骤地鼓励肯定性思考和行动的证明，是步调一致地攻击超越性批判观念的证明。统治阶级通过对语言的概念和命题等的全面"转译"，使语言所指的内容不再具有张力，并具有了功能化特征。于是，"魔术似的、专横的、礼仪的要

① 〔美〕赫伯特·马尔库塞：《单向度的人：发达工业社会意识形态研究》，刘继译，上海译文出版社，2008，第47页。
② 〔美〕赫伯特·马尔库塞：《单向度的人：发达工业社会意识形态研究》，刘继译，上海译文出版社，2008，第52页。

素充斥于言语和语言之中，话语的作为认知和认知评判发展阶段的那些中间环节被剥夺。曾经把握了事实并因而超越了这些事实的概念正在失去其可靠的语言表现力。由于缺少中介环节，语言必然表达和促进理性与事实、真理与被认定的真理、本质与实存、事物与它的功能之间的直接等同"①。语言是思想的直接现实，对语言的清洗就意味着对大脑的清洗。无批判地直接接受既定事实就意味着否定性思维的丧失。"名词以一种专横的、极权主义的方式统治着句子，句子则变成为一个有待接受的陈述——它拒绝对其被编纂和断言的意义进行证明、限制和否定。"② 在此意义上，功能性语言是一种极端的反历史语言。它以一种仪式化的方式诠释、维护了极权主义力量。在马尔库塞看来，仪式化的极权主义语言遍布当代世界，无论是民主的还是非民主的，无论是资本主义的还是非资本主义的国家。

2. 单向度思维压制了人的否定性、批判性和超越性

马尔库塞深刻地洞察到，发达资本主义社会营造了一种"幸福意识"，这种意识使人们相信现实就是合理的并且相信这种制度终会不负所望。这是一种"新型的顺从主义"，它意味着合理性达到了前所未有的程度。

一是双向度思维向单向度思维的嬗变。马尔库塞赋予了"向度"一词特有的价值取向和评判尺度。在前工业文明中，思维模式具有双向度，它具体表现为：在现实和试图把握现实的思想之间存在一种矛盾对立的张力结构。因此，在双向度思维模式中，对现实的认同和对现实的抗议以辩证的方式结合在一起，由此既形成了维持既有现实状态的倾向，又形成了一种对现实具有否定性和破坏性的力量。"直到发达工业文明的成就导致单向度现实取得对各种矛盾的胜利为止，稳定的趋势同理性的破坏性因素、肯定性思维的力量同否定性思维的力量都是相冲突的。"③ 在发达工业文明中，

---

① 〔美〕赫伯特·马尔库塞：《单向度的人：发达工业社会意识形态研究》，刘继译，上海译文出版社，2008，第69页。

② 〔美〕赫伯特·马尔库塞：《单向度的人：发达工业社会意识形态研究》，刘继译，上海译文出版社，2008，第71页。

③ 〔美〕赫伯特·马尔库塞：《单向度的人：发达工业社会意识形态研究》，刘继译，上海译文出版社，2008，第100页。

认同"既有的现实便是合理的"肯定性思维模式符合技术合理性的要求，在意识形态的掩护下击败了具有破坏性力量的否定性思维。

首先，近代科学精神和技术是肯定性思维蚕食否定性思维的最大推手。近代科学精神消解了主体和客体之间的矛盾、对抗关系，使科学成为技术。于是，"对待工具的'正确'态度是技术态度，正确的逻各斯是技术学（technology），它是对技术现实的谋划和反应。在技术现实中，物质和科学都是'中立的'；客观现实既无目的，又不是为了某些目的而构造的。不过，正是其中立特征把客观现实同特定历史主体联系起来，即同流行于社会中的意识联系起来，其中立性则是通过这个社会并为了这个社会而确立的。它在构成新型合理性的抽象中发挥作用——作为一种内在的而不是外在的因素发挥作用。纯粹的和应用的操作主义，理论的和实践的理性，科学的和商业的谋划都在把第二性质还原为第一性质，对'特种实体'进行量化和抽象"①。这一中立性就是肯定性。因为对自然的愈加有效统治的科学方法，已经通过对自然的统治而逐步扩展到对人的统治。"保持纯粹性和中立性的理论理性已经开始参与实践理性的事业。"②

其次，意识形态是最大的掩护者。技术合理性一方面使统治权力合法化，另一方面也通过这种合法化使人的不自由合理化，从而强化肯定性思维。"统治不仅通过技术而且作为技术来自我巩固和扩大；而作为技术就为扩展统治权力提供了足够的合法性，这一合法性同化了所有文化层次。"③于是，政治意图堂而皇之地渗透进处于不断进步的技术中。作为人的解放力量——技术转而成为人的解放的桎梏，并使人成为工具化的存在。个体自愿被整合到生产和技术体系中，不再作为现存生产和社会交往体系的否定力量，而是作为其肯定的力量而存在。

---

① 〔美〕赫伯特·马尔库塞：《单向度的人：发达工业社会意识形态研究》，刘继译，上海译文出版社，2008，第125页。
② 〔美〕赫伯特·马尔库塞：《单向度的人：发达工业社会意识形态研究》，刘继译，上海译文出版社，2008，第126页。
③ 〔美〕赫伯特·马尔库塞：《单向度的人：发达工业社会意识形态研究》，刘继译，上海译文出版社，2008，第126页。

　　二是辩证思维向形式思维的转变。马尔库塞认为，肯定性思维和否定性思维之间的冲突可以回溯到哲学思想的起源，即柏拉图的辩证逻辑和亚里士多德的形式逻辑的差异之中。在柏拉图的辩证逻辑中，现实和哲学的理念之间存在永恒性的辩证运动。在现实之上，存在一个超越的纯粹的理念王国。现实和思想之间既有着紧密的联系，又始终保持着特定的距离和张力。在这样的逻辑建构中，哲学来源于现实，但并不认同既有的现实，而是追求一种比现实更高的真实性，换言之，追求一种超越现实的本质。在马尔库塞看来，辩证逻辑的对象是真实具体的实在，它对现实的历史内容保持着一种开放性的姿态，从而保留着思维的否定性和批判性向度。

　　亚里士多德将柏拉图的辩证逻辑发展为形式逻辑，使思维规则获得了一种普遍有效性，但同时也使思维慢慢地丧失了否定性和批判性维度。马尔库塞认为，形式逻辑将具体的历史内容抽离，强调形式的本质性作用，这是用形式取代了内容，使思维成为对现实的纯粹肯定。马尔库塞说道："总之，在形式逻辑中，思维的组织方式与柏拉图的对话方式大不相同。在这种形式逻辑中，思想对它的对象漠不关心。无论对象是精神的还是物质的，也无论它们是属于社会的还是自然的，反正它们已成为同一组织、计算和推论的普遍规则的附属物——不过，在从其独特的'实质'中进行抽象时，它们是作为可以替换的记号或符号而成为普遍规则附属物的。这一普遍性质（量的性质）是逻辑和社会中的法则和秩序的先决条件，是普遍控制的代价。"① 形式逻辑只是通往科学思维道路的第一个阶段，随着技术合理化的调整，思维方式向着更高程度的抽象和数学化方向发展，并不断成为控制的手段。"前技术的和技术的合理性，本体论和技术学，被按照控制和统治规则来调整思维规则的那些思想要素联结起来。前技术和技术的统治方式是根本不同的——就像奴隶不同于自由工资劳动者，异教不同于基督教，城邦不同于国家，屠杀被攻陷城池中平民的刽子手不同于

① 〔美〕赫伯特·马尔库塞：《单向度的人：发达工业社会意识形态研究》，刘继译，上海译文出版社，2008，第109页。

纳粹集中营一样。然而，历史依然是统治的历史，思维的逻辑依然是统治的逻辑。"①

三是肯定性思维对否定性思维的胜利。马尔库塞认为，实证主义哲学是肯定性思维的最初源头，换言之，肯定性思维是实证主义的基本思维模式。实证主义追问经验事物的确定性和精确性，并将之作为知识或真理进步的前提。尽管实证主义者严守中立的观点，但预先受到制约的分析模式会产生一种内在的肯定态度，使之屈服于肯定性思维的力量。另外，由于实证主义把各种形而上学、先验论和唯心主义都当作蒙昧主义的落后思想方式加以批判反对，把各种非实证的概念攻击为单纯的玄思、幻想或奇谈怪论，于是，"既定现实在多大程度上得到科学的理解和改造，社会在多大程度上变成工业社会和技术社会，实证主义就在多大程度上在该社会中发现实现（和证明）其概念的媒介——理论与实践、真理与事实的一致"②。在这种情况下，实证主义哲学为自己建立了一个自足的、封闭的、对引起动乱的任何可能性外部因素严防死守的世界。"这种理性界限一旦被承认和接受，就会保护人们不受无益的精神冒险的侵害，同时使他能够完满地适应既定的环境。"③ 哲学思想也变成了肯定性的思想，哲学的批判只能被限制在社会结构的范围之内，而无法超越当下的现实进行否定性的反思和批判。丧失了否定性能力和权力的哲学只能沦为当下社会意识形态的附庸。

现代语言哲学是实证主义的新形式。马尔库塞批评，现代语言哲学退化成单调的语言游戏。"它通过对意义进行澄清、归类和分离来清除矛盾、幻想和越轨的思想言语。"④ 所以语言分析所使用的素材是一种被"过滤"和"裁剪"的单向度语言，它具有特殊的"治疗"功能。"它所采用的方法

---

① 〔美〕赫伯特·马尔库塞：《单向度的人：发达工业社会意识形态研究》，刘继译，上海译文出版社，2008，第 110～111 页。

② 〔美〕赫伯特·马尔库塞：《单向度的人：发达工业社会意识形态研究》，刘继译，上海译文出版社，2008，第 137～138 页。

③ 〔美〕赫伯特·马尔库塞：《单向度的人：发达工业社会意识形态研究》，刘继译，上海译文出版社，2008，第 138～139 页。

④ 〔美〕赫伯特·马尔库塞：《单向度的人：发达工业社会意识形态研究》，刘继译，上海译文出版社，2008，第 145 页。

贬损或'转译'了引导人们去理解处于压抑性不合理结构中的已确立现实的概念，也即否定性思维的概念"①。于是，具有意义的、容易引起异议的历史内容被迫保持沉默，否定性的思维也成了幽灵。这种丧失批判性的语言哲学所建构的是一个空谈具体性的全面贫乏世界。它代表了肯定性思维对否定性思维的胜利。在当代发达资本主义社会里，单向度的思想和行为模式由此确立起来。"在这一模式中，凡是其内容超越了已确立的话语和行为领域的观念、愿望和目标，不是受到排斥就是沦入已确立的话语和行为领域。它们是由既定制度的合理性及其量的延伸的合理性来重新定义的"②。所以，马尔库塞批判，当代实证主义所创造的虚假问题比它毁掉的更多。它昭示着肯定性思维在当代资本主义社会的最终思想统治权。而肯定性思维的统治是极权主义在哲学领域发展和应有的结果。单向度在思维领域的产生意味着人们批判的、否定的、超越性的和创造性的内心向度已然缺失。

二 技术理性的意识形态遮蔽：发达资本主义社会下的虚无主义根源

马尔库塞的单向度人批判揭示了发达资本主义社会里人的存在虚无化状态。而造成这一现象的根源在于技术理性的意识形态遮蔽。马尔库塞的技术理性批判，与海德格尔的"技术之思"、霍克海默和阿多诺的"工具理性批判"并列为20世纪技术反思的三大重要理论。作为海德格尔的弟子，"在马尔库塞的技术统治概念中发现海德格尔批判技术'框限'的踪迹是极其寻常的事情"③。在技术反思问题上，马尔库塞赞同导师的创见。他在一次访谈中评论过，海德格尔在他的晚期著作中或许已经独到地获得了对技术真正的历史性洞见。但马尔库塞终究不同于海德格尔，他对技术的意识

① 〔美〕赫伯特·马尔库塞：《单向度的人：发达工业社会意识形态研究》，刘继译，上海译文出版社，2008，第146页。
② 〔美〕赫伯特·马尔库塞：《单向度的人：发达工业社会意识形态研究》，刘继译，上海译文出版社，2008，第11页。
③ 〔加〕安德鲁·芬博格：《海德格尔和马尔库塞：历史的灾难与救赎》，文成伟译，上海社会科学出版社，2010，第83页。

形态和统治功能的洞见使他超越了海德格尔，与阿多诺和霍克海默达成了一致。马尔库塞的技术理性概念具有许多模糊之处，但有一点可以明确的是，"他的技术理性概念不能够等同于正式的功效和控制的概念，而必然拥有一个作为社会意义上目的取向的特别形态的内容；它也不会是单纯的意识形态'反思'，因为那样的话它既不会具有技术功效也不会拥有真理价值"①。

1. 技术理性的价值性和二重性

首先，技术不再具有中立性特征。传统观念认为，技术作为工具和手段，具有中立性特征。但从当代发达资本主义社会的现状透析，马尔库塞深刻地洞察到，"面对这个社会的极权主义特征，技术'中立性'的传统概念不再能够得以维持。技术本身不能独立于对它的使用；这种技术社会是一个统治系统，这个系统在技术的概念和结构中已经起着作用"②。技术在它的发展过程中不断获得它的独立性和自律性。必须深刻地意识到，技术有着自己的逻辑，并不为它所服务的目的所束缚。因此，单纯改变目的并不会改变它的内在逻辑。这一内在逻辑充分体现了技术的工具主义特性，并构成终极威胁的根源。在此，马尔库塞对技术进行了"价值具体化"的处理。芬博格评价道："'价值具体化'（materialization of values）是马尔库塞在批判技术价值中立性过程中的对应概念。技术根本不是价值中立的，相反，在资本主义体制下，早前曾支配它的传统价值的中立使它适应了对利益和权力的追求。这种狭义的资本主义价值不再尊重客体、人类以及任何限制性规定。价值无涉的技术'无顾忌'地把任何所有人、所有事物都当作原始材料。海德格尔式的框限在这里又一次出现，并被天衣无缝般地兼容到马尔库塞的马克思主义中。"③

---

① 〔加〕安德鲁·芬博格：《海德格尔和马尔库塞：历史的灾难与救赎》，文成伟译，上海社会科学院出版社，2010，第 97 页。

② 〔美〕赫伯特·马尔库塞：《单向度的人：发达工业社会意识形态研究》，刘继译，上海译文出版社，2008，导言，第 6 页。

③ 〔加〕安德鲁·芬博格：《海德格尔和马尔库塞：历史的灾难与救赎》，文成伟译，上海社会科学院出版社，2010，第 97 页。

其次，技术具有二重性。在现代社会生活和社会结构发展过程中，技术扮演了双重角色。一方面，技术对现代社会的发展具有巨大的推动作用，它通过对事物的客观秩序和理性结构的把握取代了传统的人身依赖和自然依赖，并愈加高效地"开发自然和精神资源"。另一方面，技术的"险恶力量"也不容忽视。在类似卢卡奇物化逻辑的分析中，马尔库塞指出了"人被生产手段渐进地奴役"的现实。"对自然进行愈加有效统治的科学方法，通过对自然的统治而逐步为愈加有效的人对人的统治提供纯概念和工具。保持纯粹性和中立性的理论理性已经开始参与实践理性的事业。它们的合并已经证明对二者都是有益的。如今，统治不仅通过技术而且作为技术来自我巩固和扩大；而作为技术就为扩展统治权力提供了足够的合法性，这一合法性同化了所有文化层次"①。晚期马尔库塞将技术理性的二重性概括为这样一个公式，即技术进步＝社会财富的增长＝奴役的扩展。这是技术理性奴役性的简洁而充分体现。如果说，海德格尔是在认识论角度揭示技术思维对人的存在的破坏，马尔库塞则深刻地洞察到技术与当代政治的联姻所生成的统治方式，并毫无保留地批判它所具有的隐藏的意识形态功能。

2. 技术理性成为极权主义统治的合法性基础

第一，技术与政治的联姻建构了极权主义的统治方式。马尔库塞指出，技术理性以富足和自由的名义渗透到全部个人生活和所有社会生活领域，"在技术的媒介作用中，文化、政治和经济都并入了一种无所不在的制度，这一制度吞没或拒斥所有历史替代性选择。这一制度的生产效率和增长潜力稳定了社会，并把技术进步包容在统治的框架内。技术的合理性已经变成政治的合理性"②。所以，当代发达资本主义是一个由技术建构而成的政治世界，在这个世界中，对自然（甚至包括人）的实验、改造和组织都仅仅作为统治的材料。技术理性逻辑与统治逻辑一脉相承。技术理性的统治

---

① 〔美〕赫伯特·马尔库塞：《单向度的人：发达工业社会意识形态研究》，刘继译，上海译文出版社，2008，第126页。
② 〔美〕赫伯特·马尔库塞：《单向度的人：发达工业社会意识形态研究》，刘继译，上海译文出版社，2008，导言第7页。

是通过与政治的联姻而实现的，并构筑了一种全新的统治方式，一种"极权主义"的统治模式。"技术合理性是保护而不是取消统治的合法性，理性的工具主义视界展现出一个合理的极权主义社会……政治意图已经渗透进处于不断进步中的技术，技术的逻各斯被转变成依然存在的奴役状态的逻各斯。技术的解放力量——使事物工具化——转而成为解放的桎梏，即使人也工具化"[①]。

第二，技术理性具有更大的合法性或合理性外观。技术理性采取了与传统统治模式不同的新方式，更容易获得人们的认同和接受。"当代工业社会，由于其组织技术基础的方式，势必成为极权主义。因为，'极权主义'不仅是社会的一种恐怖的政治协作，而且也是一种非恐怖的经济技术协作，后者是通过既得利益者对各种需要的操纵发生作用的。"[②] 这表现在：技术理性更多地求助于休闲和娱乐等现代消费手段，使人心甘情愿地被纳入现存社会秩序之中。"在这个领域内，技术也使人的不自由处处得到合理化。它证明，人要成为自主的人、要决定自己的生活，在技术上是不可能的。因为这种不自由既不表现为不合理的，又不表现为政治性的，而是表现为对扩大舒适生活、提高劳动生产率的技术装置的屈从。"[③] 于是，技术理性具有了意识形态功能，它为现代人的被奴役状态提供了合理性论证，为现存社会秩序提供了合法性证明。反思和反抗止步于科技完美组织的"秩序世界"面前。

3. 技术理性造成了自由的丧失与人的被奴役状态

技术理性剥夺了批判和超越的基础。"当一个社会按照它自己的组织方式，似乎越来越能满足个人的需要时，独立思考、意志自由和政治反对权的基本的批判功能就逐渐被剥夺。这样一个社会可以正当地要求接受它的原则和制度，并把政治上的反对降低为在维持现状的范围内商讨和促进替

---

① 〔美〕赫伯特·马尔库塞：《单向度的人：发达工业社会意识形态研究》，刘继译，上海译文出版社，2008，第 127 页。

② 〔美〕赫伯特·马尔库塞：《单向度的人：发达工业社会意识形态研究》，刘继译，上海译文出版社，2008，第 4 页。

③ 〔美〕赫伯特·马尔库塞：《单向度的人：发达工业社会意识形态研究》，刘继译，上海译文出版社，2008，第 126 ~ 127 页。

代性政策的选择。"① 于是，技术理性营造了一种"舒舒服服、平平稳稳、合理而又民主的不自由"。高度发达的物质生产效率和丰富的物质产品不断满足人们的虚假需求，从而使人将真正的需求——自由拱手相让。人们沉溺于这种安全的、看得见摸得着的幸福和幸福意识。技术理性成功地阻止了有效反对社会整体的局面的出现。这样，技术理性有了意识形态的功能。它成为维护资本主义制度、维护人们不合理生存状态的统治工具，成为剥夺人们自由和人的本性的现实力量。在技术理性的全面统治下，人成为单向度的人，成为历史的被动的客体，丧失了反思和批判能力，丧失了主体性和革命精神，丧失了否定的、超越的维度，使人们与不合理的社会现实相认同。

马尔库塞的技术理性批判揭示了发达资本主义社会里人的生存虚无根源。他的分析具有很明显的存在主义色彩。但与海德格尔不同的是，马尔库塞深刻地洞察到了技术的意识形态功能。马尔库塞充分地考虑到了社会经济和政治统治因素对技术理性的根本性影响，这使他的技术理性批判具有鲜明的政治批判意向和历史性特征。这是西方马克思主义者有别于其他现代西方哲学家们的出彩之处。和阿多诺一样，马尔库塞坚持了社会批判的立场。这得益于他们对马克思主义理论的承继。而在马尔库塞之后，哈贝马斯以此发展出了"作为意识形态的技术与科学"理论，这已是后话。最重要的是，马尔库塞的技术理性批判呈现一种独特的关于虚无主义根源的分析。海德格尔对技术虚无主义的批判只限于语言层面的解构，而缺乏政治、经济和社会伦理层面的思考。这使海德格尔一方面悲观地将虚无主义的根源直接等同于现代性本身，另一方面对这种现状保持了"高贵的沉默"。对技术统治功能的分析使马尔库塞避开了海德格尔的错误。在马尔库塞看来，虚无主义的产生不仅与技术理性自身的演变逻辑相关，更与当前的政治制度密切关联。因此，破除虚无主义，不仅是形而上学的事情，而且是现实的政治实践任务。

---

① 〔美〕赫伯特·马尔库塞：《单向度的人：发达工业社会意识形态研究》，刘继译，上海译文出版社，2008，第 3 ~ 4 页。

三　重建审美解放的乌托邦：虚无主义的超越路径

马尔库塞的思想集成了马克思主义、海德格尔思想和弗洛伊德主义。多元的思想汇集使马尔库塞对资本主义的批判形成了自身的特点。他既关注个体当下的生存状态，也考虑造成个体和社会异化的政治制度因素。他既关注理论的探讨，也重视实践问题。总之，马尔库塞"把对资本主义社会的批判和为新社会建立而进行的革命这些政治实践问题，与感性解放的审美问题结合起来"①。单向度人和社会的出现，源于技术理性所导致的极权主义。要扬弃技术理性，最根本的途径就是消除技术理性的操作统治功能，恢复审美的感性力量，以审美的思维方式看待世界，使世界审美化。所以，扬弃技术理性，使人获得自由和解放，就是要使技术理性化的人变成审美化的人，走向非压抑性的审美世界。这就是马尔库塞的审美解放乌托邦。

1. 作为自律形式的艺术具有超越现实和历史的能力

虽然马尔库塞的思想在早期和晚期发生过重大的演变，但他始终坚持，只有艺术和审美才能维护人类幸福和解放的形象，艺术和审美是摆脱单向度社会的解放性力量。

在马尔库塞看来，艺术和审美表现了人类心理和精神世界的内在要求，它始终在精神指向上超越现实，表达了对现实社会的否定和超越。"艺术和艺术人物的纯洁人性所表现出的统一体是非实在的东西：他们是出现在社会现实中的东西的倒影。但是，在艺术非实在性的深处，理想之批判和革命力量，充满生气地保存着人在低劣现实中最热切的渴望；这些东西，在餍足了的社会阶层完全背弃他们自身理想的时代，表现得最为清楚。"② 在资本主义社会里，技术理性压制了自由和幸福。只有艺术，也只有艺术的

---

① 〔美〕赫伯特·马尔库塞：《审美之维》，李小兵译，广西师范大学出版社，2001，译序第6页。

② 〔美〕赫伯特·马尔库塞：《审美之维》，李小兵译，广西师范大学出版社，2001，第13页。

感性性质，才能用幻想和理想的方式，帮人们超越眼前的"黑暗和悲剧"，使人们置身于现实中感受不到的自由和幸福中。艺术"让人们超越现实的不幸和苦难，它所超越的不是现实事物本身，而是现实事物的一切，包括人在内的物化和异化。超越了物化和异化之后的事物，回复到了自身，也就获得了解放"[①]。在此意义上，物化可以在私下单个的领域中被戳穿，因为在艺术世界中，至关重要的是人本身。

马尔库塞承认，在技术理性统治的资本主义社会，艺术也遭到了异化。它通过与现代大众传播媒介、通过激发现代人的物欲，掩饰了现存的张力和冲突，使人们产生了与现实苟且为安的虚假意识。但是，艺术本身自律的审美形式使马尔库塞深信艺术超越现实和历史的潜力。正是艺术的自律形式使艺术得以从现存东西的神秘力量中挣脱出来，自由自在地表达自己的真理。"艺术的异化使得艺术作品、艺术的天地在根本上成为非现实的了。艺术创造出一个并不存在的世界，一个'显现'、幻象、现象的世界。然而，正是在这种把现实变为幻象的转化中，也只有在这个转化中，表现出艺术倾覆性之真理。"[②]

卢卡奇、阿多诺等西方马克思主义者们都强调艺术的特殊性，卢卡奇突出了艺术对总体性的反映，阿多诺强调了艺术的认识论优越性，而马尔库塞将对艺术的自律性推崇推向了极端。这也是马尔库塞批判正统马克思主义所在。马尔库塞批评正统马克思主义过于重视内容，而低估艺术的形式。马尔库塞坚持，形式是艺术的核心和实质。只有借助形式，内容才获得其独一无二性。形式的自律性使作品从既存现实中分离、分化、异化出来，也使艺术区别于其他人类活动。在此意义上，形式的王国是一种历史的现实，是走向解放的真理之路。"审美的形式、自律和真理，这三者是互相关联的东西，它们都是社会—历史的现象，又都超越了社会—历史的竞技场；当社会—历史限制艺术自律的时候，它必定也破坏着艺术作品所表

---

① 冯宪光：《"西方马克思主义"美学研究》，重庆出版社，1997，第205页。
② 〔美〕赫伯特·马尔库塞：《审美之维》，李小兵译，广西师范大学出版社，2001，第157页。

现的超历史真理。艺术的真理，就在于它能打破现存现实（或那些造成这种现实的东西）的垄断性，就在于它能由此确定什么东西是实在的。艺术在这种决裂中，即在它的审美形式获得的这个成果中，艺术虚构的世界，表现为真实的现实。"① 所以，艺术可以让个体在社会中摆脱他的功能性生存活动（如物化活动），使个体在所有主体性和客体性的领域中重新解放感性、想象和理性。这是艺术认识和控诉的手段，而这是以艺术的自律形式为前提的。在此意义上，"艺术既受现存的规则制约，又超越着现存的规则"②。

由此可见，与正统马克思主义美学将艺术当成对现存社会涂脂抹粉和宽恕的东西不同，马尔库塞在承认艺术异化的现实情况下，充分挖掘了艺术的"自律的否定性的生产力"。这在某种程度上体现了马尔库塞的海德格尔式马克思主义立场。也正是艺术的"自律的否定性的生产力"观点决定了马尔库塞对审美解放的另一层观点，即强调艺术与审美的政治实践功能，也即艺术与审美的革命性。在这一点上，马尔库塞充分展示了自己与导师海德格尔的差别。

2. 作为政治实践的艺术具有革命性力量

杰拉德·格拉夫把马尔库塞的审美救赎理论定位为"左派浪漫主义"，这种浪漫主义"并不想扭转历史进程，而是想推进它，实现它对于人类解放的诺言。这种'左派浪漫主义'不是怀旧式地而是预言式地运用想象力，力图克服这种背叛，使之合理化，并通过一场以艺术感受力示范的革命来促进那种有机统一的恢复"③。马尔库塞认为审美形式具有强烈的革命意味。艺术的政治实践功能决定了艺术的革命性。

首先，革命是艺术的实质。艺术的革命性并不在于其所描述的革命斗争，而是在于它反映了人类的苦闷，在于它反映了普遍的人性追求。艺术

---

① 〔美〕赫伯特·马尔库塞：《审美之维》，李小兵译，广西师范大学出版社，2001，第197页。
② 〔美〕赫伯特·马尔库塞：《审美之维》，李小兵译，广西师范大学出版社，2001，第198页。
③ 转引自冯宪光《"西方马克思主义"美学研究》，重庆出版社，1997，第198页。

的政治潜能是建立在与现实的距离基础上的。所以，艺术作品的革命性是潜在的、间接的。艺术作品只有忠实于艺术本身的结构，忠实于戏剧、小说、绘画、诗歌等形式，才能表现与现实的距离，才能通过形式的否定，超越现实。在此意义上，艺术乃是现实的"他者"。艺术的革命性不在于其通过内容展示某种政治观点或者成为革命实践的宣传性工具，而在于其为在审美形式所构成的对既定现实内容（如传统的经验、意识或感觉）的破坏，在于通过艺术的中介展示当下人类生存状态的异化和意义的虚无，在于通过艺术表达人类对于一种意义生活和自由生活的向往和追求。"艺术，作为这种激进主义的特征，其政治潜能首先表现为一种需要。这种需要渴望着要在对现存现实的控诉与解放的目标之间，达到有效的交往。"[1] 在此意义上，借助否定性的审美形式超越现存，这是艺术永恒革命性的来源。

其次，艺术的革命性要建立在个体的主体性需求基础上。技术理性机制营造了"虚假的需要"假象，使个体沉溺于物欲的满足，从而不断为既定社会秩序所同化，满足于当下的不合理状态，并在心理精神层面上对现存秩序产生认同。将个体还原为经济客体并使之纳入现存的经济结构，这是对个体主体性的消解，随之也瓦解了革命主体的潜能。但具有自律形式的艺术作品可以让个体跳出技术理性所编织的普遍的单向度状态，走向否定性的、超越性的生存之维。也就是说，它可以唤醒个体主体性需求，使之由以操作原则和利润动机为主的领域转向以人类心灵追求为主的领域。摆脱操作原则的个体将以新感性的方式去感知对象世界，也即以审美的形式来处理人与自然、人与人以及人与自身的关系。这种基于新感性认知能力的主体性具有了革命性的力量。"艺术正是在这一最基本的维度上创造出一个自由王国。在这里，艺术特有的对技术理性的经验框架的倾覆成为可能。"[2] 由此可见，马尔库塞与卢卡奇一样重视扬弃物化/技术理性的主

---

① 〔美〕赫伯特·马尔库塞：《审美之维》，李小兵译，广西师范大学出版社，2001，第139页。

② 陈俊：《技术与自由——马尔库塞技术哲学思想研究》，中国社会科学出版社，2013，第166页。

体性功能。如果说卢卡奇诉诸无产阶级意识的觉醒是在群体性主体层面上的建构的话，那么马尔库塞则更倾向于个体的主体性意识。马尔库塞更强调个体的理智与激情、个体的冲动与目标。群体性主体的建构是建立在个体性主体的建构基础之上的。关注个体是为了在个体中揭示普遍。这从侧面体现了马尔库塞对正统马克思主义理论忽视主体性（尤其个体主体性）的批判。

3. 审美之维走向非压抑性的自由世界

马尔库塞对弗洛伊德的精神分析学给予了极大的重视。他将马克思的异化理论与弗洛伊德的思想结合起来，对发达资本主义社会里人的压抑性生存方式和精神心理机制进行了深刻的分析。技术理性对人的统治表现为隐蔽无形的力量对人的内在操控和人的主体性的消解。这种压抑性隐藏在"合理性"外观和"自愿性"机制之下。"发达工业社会的巨大能力正在被日益动员起来，以阻止用它自己的资源去抚慰人类生存。所有关于消除压抑、关于反抗死亡的生命等宏论都不得不自动地进入奴役和破坏的框界。在这个框界内，即使个体的自由和满足也都带上了总的压抑的倾向。"[1] 在马尔库塞看来，作为生命本身的消遣形式的审美冲动可以超越压抑性心理机制，走向非压抑性的自由世界。

在弗洛伊德看来，文明起源于性压抑。无论在何种意义上，人类都不可能彻底解放快乐原则。对弗洛伊德来说，非压抑性的生存方式是不可能的。对此，马尔库塞表达了相反的观点。在《审美之维》中，马尔库塞阐释了审美冲动建构非压抑性的生存方式的可能性和实现途径："审美之维可作为一种对自由社会的量度。一个不再以市场为中介，不再建立在竞争的剥削或恐惧的基础上的人际关系的天地，需要一种感性，这种感性摆脱了不自由社会的压抑性满足，这种感性受制于只有审美想象力才能构织出的现实所拥有的方式和形式。审美需求有其自身的社会内容：这就是坚信作

---

① 〔美〕赫伯特·马尔库塞：《爱欲与文明》，黄勇、薛民译，上海译文出版社，1987，序言第17页。

为心身统一的人类有机体，应当有一个完满的维度，该维度的建立，只能以反对那种其本身功能是否定和破坏人的身心完满的体制为前提"①，"艺术对爱欲的执著，即艺术在反抗本能和社会的压迫时，对生命本能的深切肯定。艺术用它的恒常性即它历经千万次劫难之历史性不朽，证明着它的这种执著"②。审美之维的建立使异化劳动转变为消遣、性欲深化为爱欲成为可能。这两方面的转变的共同结果是"建立本能和理性的新联系"，一种非压抑的生存方式得以产生。

　　总之，马尔库塞主张在现代性语境下对理想与现实进行美学调和，对技术理性进行价值理性的调和，通过审美形式的政治实践功能实现理论与实践的统一，使人走向一种非压抑性的自由世界。尽管马尔库塞坚持艺术的革命性和政治实践性，但仍无法掩盖其审美乌托邦色彩。其实这是西方马克思主义审美救赎的共同困境。

---

① 〔美〕赫伯特·马尔库塞：《审美之维》，李小兵译，广西师范大学出版社，2001，第101~102页。
② 〔美〕赫伯特·马尔库塞：《审美之维》，李小兵译，广西师范大学出版社，2001，第198页。

第五章

虚无主义的中国反思：
实践路径的开启

虚无主义是一个全球性问题，也是一个中国问题。如何走出虚无主义的深渊，是我们建设现代人的精神家园、奠定人类生存意义根基的前提条件，也是当代中国自觉的使命担当。在当下中国思考虚无主义，一个前提性问题便是：当代中国是否有克服虚无主义的必要性和可能性。换言之，虚无主义之于当代中国，是否相关，如何相关；当代中国之于虚无主义，是只能无奈接受，迎接这位尼采口中最恐怖的来客，还是积极探索，提供一个具有独特历史文化特征的中国答案。

第一节　形式错觉抑或文化共鸣：虚无主义问题的缘起

虚无主义是个西方的哲学概念和历史事件，但这个舶来品却引起了当代中国学者的关注。这是学界的形式错觉，还是文化内容的共鸣？虚无主义与当代中国有关系吗？到底虚无主义是个纯粹的西方问题，还是一个与中国实际发生关联的现实问题？对此，学界颇有争议。有一种观点认为，虚无主义问题于中国而言，仅是纯粹的学理问题，关于虚无主义之虑，纯粹邻猫生子之忧而已。另一种观点则认为，虚无主义问题与国人切身相关，反映了国人对当下生存状态和精神文化状况的反思。

将虚无主义指认为纯粹的西方问题，与当代中国没有关系，这一判断主要基于以下几点考虑。首先，虚无主义问题是一个纯粹的西方事件，"Nihilism"（虚无主义）中的"nihil"意指"无"，与"creation"（创造）对应。在西方基督教的背景下，只有上帝才能创造，而人只能在上帝给予的质料的基础上进行建构（construction）。也就是说，上帝造人之际同时也创造了虚无，只有基督教信仰的情结方能有虚无的体验。所以，虚无主义能不能嫁接到中国文化上，这个有待考察。其次，从中国本身而言，虚无主义体验究竟切身到怎样的程度？可以说，中国的问题不是虚"无"，而是虚"物"。虽然道家有关于"无"的学说，但究其本质，这只是一种艺术体验，不足以构成西方程度的困扰和焦虑。因而，我们还没有达到虚无主义的高度，不必为虚无主义过度焦虑。① 最后，必须明确区分两个命题，即"虚

---

① 以上观点主要来源于邹诗鹏于"虚无主义、形而上学与资本的逻辑"学术研讨会（中山大学马克思主义哲学与中国现代化研究所，2011 年 11 月）的发言，参见杨丽婷《"虚无主义、形而上学与资本的逻辑"学术研讨会综述》，《现代哲学》2012 年第 2 期。

无主义作为理论学说与中国的关系"与"虚无主义作为现象与中国的关系"。虚无主义是纯粹的西方哲学问题，与中国没有本质关联，我们对它的关注，只是哲学理论的梳理。而作为现象与中国的关联，还需要进一步肃清。尤其需要明确，中国哪些现象是虚无主义的，而哪些现象是犬儒主义的。[①]

　　另一种观点则认为，尽管虚无主义源于西方，但是，虚无主义作为现代性的危机与当代中国密切相关。换言之，我们亟须面对虚无主义问题。一则，中国现实历史上的虚无主义体验者朱谦之的"新虚无主义"提供了现实的历史证据。朱先生在其所处的社会历史条件下深刻地体认到虚无主义的切身之痛，以实际行动展示一名虚无主义体认者在虚无的深渊中如何痛苦挣扎，并寻找应对之法。二则，中西方都历经了崇高价值的世俗化过程，儒家的圣、凡区分到宋明理学的圣、凡一致即为明证。[②] 三则，中国经济的高速发展难免带来精神困境，信仰与价值上的虚无是当代国人面临的严重问题。此外，尽管虚无主义是西方形而上学的后果，是标准的欧洲现象，但世界在"欧洲化"，参与这一进程的中国无法规避这一历史性问题。但由于缺乏柏拉图意义上的形而上学传统，我们对虚无主义问题的探讨会受制于"道器不分、体用不二"的大传统。所以，当中国参与到"世界欧洲化"进程中时，它能否以及如何开拓出一条非西方形而上学的应对虚无主义的道路，仍有待研究。[③] 四则，资本逻辑与虚无主义具有同构关系，资本逻辑导致了虚无主义，虚无主义是资本逻辑统治世界的后果。当中国引进资本逻辑时，便构建了复杂的嫁接语境，尤其资本逻辑与中国传

---

① 这一观点主要来自徐长福于"虚无主义、形而上学与资本的逻辑"学术研讨会（中山大学马克思主义哲学与中国现代化研究所，2011 年 11 月）的发言，参见杨丽婷《"虚无主义、形而上学与资本的逻辑"学术研讨会综述》，《现代哲学》2012 年第 2 期。

② 以上两则观点来自刘森林于"虚无主义、形而上学与资本的逻辑"学术研讨会（中山大学马克思主义哲学与中国现代化研究所，2011 年 11 月）的发言，参见杨丽婷《"虚无主义、形而上学与资本的逻辑"学术研讨会综述》，《现代哲学》2012 年第 2 期。

③ 这两则观点来自吴晓明于"虚无主义、形而上学与资本的逻辑"学术研讨会（中山大学马克思主义哲学与中国现代化研究所，2011 年 11 月）的发言，参见杨丽婷《"虚无主义、形而上学与资本的逻辑"学术研讨会综述》，《现代哲学》2012 年第 2 期。

统文化的衔接或共处是亟须解决的问题。所以，虚无主义问题在中国将表现出更为复杂和严峻的形势。[①] 鉴于复杂的现代性嫁接境域，当代中国的虚无征象更为复杂和隐蔽，包含着对中国传统精神价值和当代西方精神价值的双重虚无。

总体而言，前一种观点谨慎地考虑了虚无主义的缘起及其原初的历史文化境域，尤其注重其典型的"西方"语境，深刻地展示了虚无主义问题域的缘起。后一种观点则从历史实据、历史进程、社会现状、当下的历史境域和社会根源等方面考虑虚无主义的历史性影响和变化。我们更倾向于后一种立场。诚然，我们需要明确虚无主义的原始问题境域，厘清虚无主义的历史源头。但是，我们更需要从虚无主义问题对当下存在的影响、它在现时代的演变和发生机制出发，对虚无主义问题进行现实的社会历史性的考察。国人对虚无主义的体验肯定达不到西方人的生存论高度，但当代中国接触到虚无主义问题是一个不争的事实。国内学者们的关注以及由此引发的争论恰恰说明了，虚无主义问题并非学界的形式错觉，而是国人的文化共鸣！

然而，同样的问题，在不同的社会历史文化背景下自有迥异的发生根源和表现样态。在当下中国反思虚无主义，既要准确把握问题的中国特征，也要厘清问题的发生机制。换言之，虚无主义是一个现代病症，但并不意味着可以把当代中国人的精神生活病况悉数归结为虚无主义。反思虚无主义问题，首先要澄清的一个前提性问题就是：虚无主义之于当代国人究竟切身到何种程度。

在日常生活中，"虚无主义"这一概念尚未为人们所广泛熟知。人们即便了解，也大多持反对的态度。但虚无主义的症状在当前社会是确然存在的。信仰缺失、精神空虚、道德失范已经是人们普遍感受到的精神文化病症。由于流俗的理解，人们一方面将虚无主义简单视为物质丰裕时代的

[①] 这些看法主要来自仰海峰在"虚无主义、形而上学与资本的逻辑"学术研讨会（中山大学马克思主义哲学与中国现代化研究所，2011 年 11 月）的发言，参见杨丽婷《"虚无主义、形而上学与资本的逻辑"学术研讨会综述》，《现代哲学》2012 年第 2 期。

"矫情病""富贵病"，另一方面又将虚无主义的症候完全归为实用主义和功利主义的"后遗症"。确实，当前中国的虚无主义现象与社会的市场化和世俗化是直接相关的。市场化和世俗化促使了实用主义和功利主义的盛行，使金钱和实惠成为人们奉行的实用价值，传统价值、信仰和情感皆被解构为利益与效用。如果说在现代西方，是理性和启蒙运动杀死了上帝，在现代中国，则是物欲和利益冲击着我们的精神家园。因此，正如邹诗鹏所言，"从积极的方面看，实用主义与功利主义创造了与市场经济相适应的外部环境，甚至于提供了与市场经济相适应的理性形式。从消极的方面看，则是物化意识的加深，享乐主义与虚无主义盛行"①。

思考虚无主义与当代中国的关系，需要从以下几个层面展开思考。

其一，在当下中国，虚无主义只是体现在情感体验和情绪感知等感性层面，还是已深化为有待理智分析的哲学问题？答案若是前者，它首先是由个体引发的，至于是否扩展为群体性问题，甚至已然成为普遍的社会问题，尚未盖棺定论。答案若是后者，那么毫无疑问虚无主义问题已然深入影响到我们时代精神的本质层面，其隐含的后果、关联的机制都将是我们必须严肃探讨的问题。换言之，作为一个现代性的伴生性危机，虚无主义对当代国人精神心灵的入侵，究竟深入到何种程度？程度差异的判断，将直接决定我们对待虚无主义将持何种"恰当"的态度。

其二，当代中国的虚无主义现象可否直接归结为实用主义和功利主义的"后遗症"？实用主义和功利主义本身就是一种思潮和价值取向，背后是否有更深层次的动因？号准脉方能下对药，对虚无主义根源的把握是否确切，将直接决定我们应对虚无主义的方案是否可行。

其三，迷茫与反抗同在，批判与建构并存。这可以说构成了当代虚无主义问题的中国特征。尽管对于虚无主义的感知迥异，但人们对待虚无主义的态度有着明显的批判共识。尽管存在信仰缺失的现象，但人们仍然积

---

① 邹诗鹏：《三十年来中国社会文化思潮的走向及其历史效应》，《马克思主义与现实》2009年第1期，第42页。

极地寻求个体的具象的价值来弥补。尽管对人生目的和意义有着迷茫和困惑，但人们仍然主动地寻求出路。这反映了当代国人对意义生活的追求和向往，同时也反映了其直面问题、解决问题的勇气。

当代中国确实存在虚无主义现象，但这一现象在什么样的程度上影响着国人的生存状态和精神状况？这仍有待细究。若过于轻视当代中国的虚无主义问题，有逃避放任之嫌；但若将之夸大为本质性问题，则过于杞人忧天。大体而言，从虚无主义的影响程度和范围考虑，我们可以将虚无主义划分为三种层次：第一是作为大众情绪体验的虚无主义，第二是作为价值共识或社会思潮的虚无主义，第三是作为时代精神的哲学虚无主义。

第一，当虚无主义仅仅表现为大众情绪体验时，因其与大众的生活经验、情绪感受直接相关，从而展现出个体性和暂时性特征。作为大众情绪体验的虚无主义经常与犬儒主义相互牵缠，难以彻底划分界限。近年来流行的"屌丝"称谓正是这一现象的典型。在"屌丝"这一网络亚文化的语言狂欢背后，是当下中国特定群体（尤其是年轻一代）对生活平庸和未来渺茫的焦虑、失落、自我放逐、宣泄性嘲讽和集体性焦虑。这种群体的社会负面心态根源于社会价值观的崩塌和人伦底线的退隐。在此意义上，"屌丝"现象可视为虚无主义和犬儒主义混杂的现代网络样态。

第二，当虚无主义表现为一种特定的价值取向和社会文化思潮时，因其与历史文化传统和社会价值取向直接相关，从而展现出一定的普遍性和长久性。考察作为价值取向和社会思潮的虚无主义时，应充分考虑其历史文化传统和时代价值取向的影响因素。西方的虚无主义问题来自其传统精神机制，那么，中国当下的虚无主义问题是否有其传统来源？可以说，在中国传统文化中，"无"的概念并不陌生。有意思的是，中国传统文化对"无"抱着泰然处之甚至推崇的态度，并未演变成尼采等人所谓恐怖的虚无主义问题。邹诗鹏先生分析得好："中国的虚无传统则视虚无、空灵与天道为一体，是生活样式，也是境界与工夫，并特别表现在中国的艺术与宗教传统中，并对日常生活产生了内在的影响，并非西式虚无主义思潮那样是消极的和负面的价值。"①

由此可以说，当代中国的虚无主义问题更多地是来自时代价值取向的渗透和影响，而不是根植于中国传统文化的土壤之中。对国人而言，作为一种舶来品的西方现代虚无主义具有了外生性和当下性的特征。作为价值取向和社会思潮的虚无主义经常与无政府主义、民粹主义、历史虚无主义、新自由主义、后现代主义、激进的反现代主义等牵扯不清，甚至成为这几种思潮的价值依据。在当下中国，它不再主要表现为对上帝和超感性、神圣维度的否定，而是表现为对人的基本规定性和存在方式的否定。这主要体现为以下四种症状。

一是否定人类整体的生存意义和目标，以自然性对抗人性，以个性对抗整体性，精神上颓废，信仰上迷失，沉溺于物欲，耽溺于享乐。二是否定历史文化传统的传承性，即认为当代中国与传统中华文化之间是彻底的断裂关系，漠视了中华优秀传统文化的内在传承和教化意义；认为改革开放后的中国与改革开放前的中国是彻底的断裂关系，漠视了中国历史和政治沿革的总体性和传承性，总之既抹杀了文脉，也摒弃了史脉，既强调了断裂性的迷茫，也表达了无根性的失落。三是否定公共生活和公共精神，以利己主义的立场和思维妖魔化集体主义，消解公共性。四是否定民族性，以所谓"国际主义""世界主义"来消解民族性，达到殖民主义的意图。

由此可见，作为价值取向和社会思潮的虚无主义不仅仅是个人的价值取向，更是一种集体意识和意识形态。它更深入地侵袭着社会整体精神和道德价值秩序，其负面的社会效应和政治效应不可忽视。在此意义上，当下的中国虚无主义问题已经是一个需要重视的批判性课题。

第三，当虚无主义表现为时代精神的哲学问题时，它所涉及的是对人的生存和根基的追问，是对哲学基本范式的反思。唐纳德·克洛斯比（Donald A. Crosby）在《荒诞的幽灵：现代虚无主义的起源与批评》中区分

———————————

① 邹诗鹏：《虚无主义研究》，人民出版社，2016，前言第 1 页。

了五种虚无主义，即政治的、道德的、认识论的、宇宙论的和存在主义的虚无主义。"政治虚无主义否定我们生活于其中的政治结构，以及表现这些结构的社会和文化。很少有甚至没有建设性的替代方案或改进计划。道德虚无主义否认道德责任的意义、道德原则或道德观点的客观性。认识论虚无主义否认任何像真理或意义这样的东西能够被严格定义，它们要么相对于某一单一的个体性的群体有意义，要么只属于某一概念架构。宇宙论虚无主义否认自然的可理解性或价值，认为它对人类的关切漠不关心或充满敌意。存在主义的虚无主义否定生活的意义。"① 克洛斯比认为，无论哪一种虚无主义，都意味着否定或拒绝，每一种虚无主义否定的都是人类生活的某一方面。而除了政治虚无主义之外，其余四种皆是哲学意义上的虚无主义。

所谓哲学意义上的虚无主义，意味着把虚无主义问题作为一个哲学问题来讨论。尼采和海德格尔是讨论哲学虚无主义的最典型代表。正如尼采所强调的，如果虚无主义仅仅是个人主观的情绪体验，或者是某种理论或思潮，那么它尚未构成我们的危险。但当虚无主义成为哲学问题时，当虚无主义成为西方形而上学的内在本质和机制时，它就是一名最恐怖的来客。尼采的这一判断获得了后人普遍的赞同。海德格尔支持尼采将虚无主义定义为西方形而上学的历史运动，并进一步指出，虚无主义问题不仅仅是哲学问题，更是哲学的基础问题。尽管不是十分确切但大致可以说，当虚无主义体现为时代精神的哲学形态时，主要指向的是存在论层面和认识论层面上的虚无主义。

在现代性的历史背景下，哲学意义上的虚无主义所关注的主题包括：对形而上学历史的反思、对近代理性主义和启蒙的诘问和思考、对现代性本质和精神危机的反思、对理性主义和非理性主义关系的探讨、对现代人的生存状态尤其精神文化状态的反思、对人与自然关系的反思、对人类普

---

① Donald A. Crosby, *The Specter of the Absurd*: *Sources and Criticism of Modern Nihilism*, Albany, NY: State University of New York Press, 1988, p. 35.

遍的生存意义来源以及价值构建体系的思考等。尽管思想家们之间的观点和立场各异，但依然存在一些共识，例如以理性主义为主导的现代性本身存在问题，正是现代性的发展机制导致了人类当前的生存状态尤其精神文化状态处于危机之中，而这一危机表现为虚无主义。理性主义与非理性主义之间的关系需要重新校正，对理性主义的过分僭越需要有所抵制，对非理性主义的被压抑状态也需要有所改善，人与自然、主体与客体之间的二元对立、支配与被支配关系需要反思和超越，等等。因此，哲学意义上的虚无主义所涉及的核心，无非就是对时代和生活的反思，对人类应然状态的探索这一基础层面上的哲学问题。观照到当下中国，这同样是中国学者面临的时代课题。

总之，"当代虚无主义本身带有很强的西方性，但对虚无主义的批判与遏制，却是全球性的。因为产生于西方社会的当代虚无主义，在全球资本主义、现代性以及物化处境的扩展过程中，不仅把后发展国家及民族裹挟进当代虚无主义漩涡之中，并且同时也还增生出种种殖民或后殖民现象。当代中国社会同样面临着上述诸多方面的虚无主义倾向，虽然在当代中国精神文化中并不占据主导地位，但仍然表现出极大的吞噬与同化效应，值得引起足够重视"①。我们不仅要思考虚无主义所涉及的现代性普遍境遇下的精神危机及其出路，更要审思探索中国独特文化样态与制度模式下的时代精神走向和人之生存意义问题。在此意义上，虚无主义问题与当代中国人切身相关。

第二节　相遇与反抗：虚无主义与当代中国的关联机制

现代性的伸张为虚无主义在中国这个外生型现代化国家的衍生提供了可能，使中国的虚无主义思潮隐蔽在传统与现代的社会转型以及全球化与

---

① 邹诗鹏：《当代虚无主义批判》，《光明日报》2007 年 5 月 22 日。

本土化的冲突与融合中。然而，当我们在学理层面上试图对中国式虚无进行个性化解释和表达时，仍然面临着如下困惑：如果从虚无主义的原初境域和本质规定考察，当代中国似乎还达不到虚无主义的高度；但若从虚无主义的历史性发展和现实影响考虑，虚无主义又与当代中国有着牵扯不清的关系。究其根本原因，这是我们对虚无主义与当代中国关系的不确定。在当下中国思考虚无主义，无论我们持何种态度，最根本的还是要明确虚无主义与当代中国的关联机制。虚无主义之于国人，为何虚无，如何虚无；国人之于虚无主义，是否切身，如何切身。这是我们碰触虚无主义的现实基点，也是中国式表达的话语根基。

一　现代性危机的反思与反抗：普遍境域的关联

虚无是现代人生存状态的一种映象。虚无主义问题是现代性问题的生存论变异。但虚无主义何以成为现代性的危机？尼采在价值－伦理层面上进行了分析。随着近代科学与理性的发展，基督教信仰所建构起来的超感性价值领域自行坍塌，导致了普遍价值的崩溃与生命意义的虚无。虚无主义，这个最恐怖的来客，不仅是个人的体验，更是"欧洲历史的基本运动"，即肇始于柏拉图主义的超感性领域的崩溃进程。在尼采看来，虚无主义来源于人的"心理学的需要"，是人的一种"幼稚性"的体现。因此，从历史层面考察，这种"幼稚性"可归因于某种偶然性，并非内在于现代性本身，在此意义上，虚无主义是现代性历史发展的"症候""特征"。

但对海德格尔来说，虚无主义是现代性内在的必然性危机。主客二分的形而上学将一切存在物都理解为主体的"表征物""被表象者"，成为相对于主体而存在的"存在者"，由此使其原初的存在状态被遮蔽了，甚至使人自身的存在状态也被遮蔽了。对海德格尔而言，存在乃是人的生命意义之源发处，存在被遮蔽、遗忘了，生命意义也随之被遮蔽了。存在的被遮蔽、意义的虚无，这是西方形而上学的内在逻辑，也是西方现代化的"命运"，"虚无主义乃是欧洲历史的基本运动。这种基本运动表明这样一种思想深度，即，它的展开只还能引起世界灾难。虚无主义乃是被拉入现代之权力范围中的全球诸民族的世界历史性的运动"①。在此意义上，虚无主义的历史就是现代性历史本身，无家可归的危险是现代人避无可避的宿命。

但此乃海德格尔一家之言。斯坦利·罗森把虚无主义理解为理性与善的分离，由此虚无主义只是源于"以往的一系列特殊的哲学决定"，它在不同的历史阶段表现为不同的形式，只是一种长期的潜在危险，而非人类的本质危险。施特劳斯则把虚无主义危机具象为德国现象，是德国人在现代性高度伸张的时代对现代文明本身的拒斥。由此虚无主义危机有了地域文化的局限。批判理论家包括霍克海默、阿多诺和哈贝马斯等从现代性的自我立法方面解释了虚无主义危机的产生机制。现代性通过主体理性的自我确证来获得合法根基，主体理性在最初表现出了自由与解放，但同时也展现了其欺骗性与支配性，退化为工具理性。工具理性压倒一切，使价值理性成为工具理性的婢女，启蒙倒退为神话，启蒙对自由的许诺成了自由的墓地。由此虚无主义是"现代性方案"的不良后果，是理性的"阿喀琉斯之踵"。

以上皆是从精神思想层面揭示现代性衍生虚无主义的发生机制。马克思没有直接描述过虚无主义，但在资本逻辑的批判中间接地呈现了现代性衍生虚无主义的现实发生机制。从马克思的哲学视角出发，资本逻辑是现代性衍生出虚无主义的现实根源。作为现代社会基本原则的资本逻辑把一切质的东西都量化了，使"人的尊严变成了交换价值"②。现实的活生生的生命成为资本增殖的工具和手段，人与人的关系采取了物与物的关系的虚幻形式。对象化劳动沦为异化劳动，人丧失了自身生命的全面性，丧失了自由自觉活动的本性，人本身的生命价值与意义虚无化了。马克思没有将这种人的生命意义虚无状态当成现代性的内在必然结果，而是指出产生它

---

① 《海德格尔选集》下卷，孙周兴选编，上海三联书店，1996，第772页。
② 《马克思恩格斯选集》第1卷，人民出版社，1995，第275页。

的具体的社会历史场景——资本主义制度。"虚无主义是资本主义的必然产物，正如资本主义条件下物化已成为控制人并奴役人的异化的生存方式，虚无主义也成为资本主义无法克服的痼疾。"① 在此意义上，作为现代性危机的虚无主义，只是特定历史条件——资本主义制度下的特殊产物，因此，克服虚无主义，在制度层面上，首先需要的是废除资本主义制度，而真正废除资本主义制度，最根本的在于超越资本逻辑。

现代化冲动是当代中国的发展诉求，这种诉求不仅明确地体现在国家发展战略层面，也体现在绝大部分知识分子的社会发展愿景以及普通老百姓的生活追求中。这为虚无主义在中国这个外生型现代化国家的衍生提供了可能，虚无主义与当代中国就此有了普遍境域的关联。

第一，当代中国所遭遇的虚无主义问题域具有复杂的嫁接语境。一方面，中国是在西方现代性充分伸张之际才匆匆被迫地卷入现代化浪潮中的，这如同一个牙牙学语的孩童尚未发育成熟便要被迫早熟地面对大人的问题。普遍的及中国自己的现代性问题将以跨时空压缩性的样态呈现在国人面前。另一方面，更重要的是中国与西方分属异质文化传统。西方传统中，世俗生活与超验世界严格区分，人的生命意义与存在根基是由神来规范的，因此，"上帝死了"对西方人而言，那是一切坚固的东西都烟消云散的后果。而中国传统主流的思想中，世俗生活与超验世界是一致的。如冯友兰所言，"中国哲学所求底最高境界，是超越人伦日用而又即在人伦日用之中"②。这是即世间而出世间。在中国人的宗教信仰中，这种世俗与超验的一致性更为明显。李泽厚说得直接："中国人的价值观念非常重视此生，虽然也祭拜鬼神，其实是一个世界，天堂、地域等等另一个世界事实上是为这个世界服务的。拜神求佛，是为了保平安、求发财、长寿，这与基督教是不一样的，所以，我说中国的神不只救灵魂，更重要的是救肉体。"③

---

① 邹诗鹏：《现代性的物化逻辑与虚无主义课题——马克思学说与西方现当代有关话语的界分》，《天津社会科学》2009年第3期。

② 冯友兰：《新原道》（中国哲学之精神），北京大学出版社，2014，第9页。

③ 李泽厚：《新儒学的隔世回响》，《天涯》1997年第1期，第145~146页。

这就不难想象，本就世俗的中国人不会像西方人那样明显地体验到世俗化对生活世界与意义世界的强大冲击，甚至有可能沉醉在物的丰裕中无法自拔而选择忽视那些并不"实惠"、看不见摸不着的人文理性与价值追求。

对于国人而言，"信仰缺失＝生活空虚、迷茫"的公式是不必然成立的。个体的具象的世俗价值能在一定程度上弥补信仰的缺位。这一情况使得国人在面对虚无主义危机时，可能不会像西方人那样真切地体验到生存征象的虚无，而是把它视为一个理所当然的现代性的"附带品"，更有甚者，在享受物欲的同时拥抱虚无。正是在此意义上，俞吾金指出，"不少中国人引以为傲的所谓'充实感'正是虚无主义泛滥的一个结果"[1]。这不仅使虚无主义在中国以更为隐蔽的形态滋生发育，更有可能在"我们还达不到虚无主义的高度"的自我安慰中放弃了反思与批判意识。

第二，从另一个角度来看，当代中国在普遍的现代化实践中包含了个性的反现代性特征，这种悖论式的方式使当代中国处于既遭遇虚无主义又反抗虚无主义的双重境域。有学者指出，"反现代性的现代性理论"是晚清以降中国思想的主要特征之一，甚至对现代性的质疑和批判本身构成了中国现代性思想的最基本特征。这不仅源于中国的传统，更重要的是，"帝国主义扩张和资本主义现代社会危机的历史展现，构成了中国寻求现代性的历史语境"[2]。西方资本主义现代化所呈现的种种弊端和危急时刻刺激警示着中国的现代化实践，迫使中国必须尽力地规避、解决这些问题，并努力开展出一种崭新的现代化方案。就此我们看到当代中国反抗虚无主义的可能性。此时，国人未如西方人与虚无主义那般亲近切身，这倒成了一个好事。

二 现代性语境下的中国式虚无及抗争：具体镜像的生发

虚无主义之于中国，是普遍历史境遇下必然遭遇的现代性问题。从虚

---

[1] 《俞吾金讲演录——时代的哲学沉思》，长春出版社，2011，第92页。
[2] 汪晖：《死火重温》，人民文学出版社，2000，第50页。

无主义的衍生机制出发，结合当下国人普遍的生存状态，我们可以勾勒出当下中国式虚无的发生机制及征象表现。

资本逻辑的运行是引发中国式虚无的内在根源。根据马克思的哲学思想，资本逻辑是虚无主义的内在发生根源，虚无主义是资本逻辑在精神价值层面的表现形式。那么我们可以说，但凡资本逻辑存在、发生效用的地方，便无法否定虚无主义发生的可能性。迄今为止，资本仍然是现代社会中支配一切的经济权力，资本逻辑仍然是现代社会的原则与总纲。随着现代性的伸张，它凭借其权力将自身的原则向社会生活的每个层面渗透，向世界的每个遥远边缘渗透。如马克思所言，"一句话，它按照自己的面貌为自己创造出一个世界"①。中国的改革开放开展了社会主义市场经济的历史实践，与此同时中国的经济和文化生产过程被纳入全球市场秩序中。这使得资本逻辑在社会主义的国度中获得了伸张的空间。毫无疑问，资本是最成功最有效的经济发展方式，"发展社会劳动生产力，是资本的历史任务和存在理由。资本正是以此不自觉地为一个更高级的生产形式创造物质条件"②。当下中国是需要资本的，这不仅是为着资本的巨大经济效益，为着提高广大人民群众的生活水平，更是为社会主义从初级阶段进入高级阶段奠定物质基础。然而，资本具有内在的有限性，即便是在社会主义条件下，资本逻辑的运行仍然酝酿着虚无主义的风险，这主要体现为以下三个方面。

第一，在个体层面上，资本逻辑使"活劳动"处于从属地位，造成了个人生命意义的虚无。根据马克思的分析，资本之所以为资本，不在于它是生产的手段，而在于它是一种生产关系，即它使雇佣工人的劳动成为增殖的手段。体现人生命与意义的"活劳动"成为资本增殖的工具，人作为一种"劳动材料"而存在，作为一种资本因素而存在，人本身的价值虚无化。当然，资本逻辑的运行导致人的意义虚无具有历史性。马克思指出，

---

① 《马克思恩格斯选集》第 1 卷，人民出版社，1995，第 276 页。
② 《马克思恩格斯全集》第 25 卷，人民出版社，1979，第 288~289 页。

这是资本主义的历史性特征，只有在资本主义历史阶段，劳动与资本的关系才呈现出如此赤裸裸的剥削性与对抗性。但是，当前中国处于社会主义初级阶段，我们实施的是与之相适应的社会主义市场经济。社会主义市场经济要求要使市场在资源配置中起决定性作用，这意味着，一方面劳动力成了商品，另一方面生产资料与货币等成为资本。从某种意义上来说，资本与劳动之间的雇佣关系是成立的。① 无论何时何地，资本的本性都是自泒的，它的目的就是最大限度地追求剩余价值，而不是人的全面发展。在此意义上，资本是"反人类"的，资本逻辑的运行把人引向无意义状态，而不是建构丰富人的生命意义。这使我们不得不直面这样的危险：在资本逻辑的强力运行下，传统价值的立足点几乎全然崩溃，人只能日益被逼迫成为"经济动物"，日益丰裕的物质在不断地压缩消解精神生活的存在空间。资本逻辑不仅阻碍了个人的全面发展，使人成为片面化的工具化的存在，而且造成了人的身心冲突，使人成为物的奴役。可以说，这些风险在当下中国一定程度和范围内已是事实！改革开放以来，金钱至上、唯利是图、贪污腐败、权钱交易、媚俗恶俗、廉耻丧失、笑贫不笑娼等现象表面上是社会风气的恶化、个人私欲的膨胀，人们大多将之归为转型期中国必然经历的道德困境与价值危机，但实质上这是资本逻辑下个体生命意义虚无的表征。

第二，在社会层面上，资本逻辑使人与人之间处于冲突状态，破坏了普遍生命意义的社会维度建构。首先，资本逻辑破坏了主体间的意义建构纽带。资本逻辑不只虚无化人自身，也虚无化他人。如马克思所言，资本的限制就在于"他不是把他自己创造出来的东西当作他自己的财富的条件，而是当作他人财富和自己贫困的条件"②。资本逻辑不仅迫使人将自身降为

---

① 当然，这与资本主义条件下的资本与劳动关系有着本质的区别。资本主义下的劳动与资本关系是建立在生产资料私有制的基础上的。根据陈学明的分析，我们面临的劳动与资本的关系更多的是社会主义劳动所有权与资本所有权实现过程中所发生的对立与统一的关系。（参见陶德麟等《当代中国马克思主义若干重大理论与现实问题》，人民出版社，2012，第139页）

② 《马克思恩格斯全集》第46卷（下），人民出版社，1985，第36页。

物，虚无化自身的存在意义，而且迫使人将他人也视为工具，虚无化他人的存在价值，从而使得人与人的关系异化为物与物的关系，使得人与人之间处于冲突排斥的关系中。其次，资本逻辑破坏了群体间的意义建构基础。资本逻辑的内在扩张必然导致两极分化，资本的游戏从来都是属于有钱人的，资本只会使得富者越富，穷者越穷。在中国现代社会里，构建普遍生命意义的社会根基正遭受资本逻辑的剧烈冲击。当前人们普遍抱怨的人际关系疏远冷漠、互为利用工具、道义丧失、诚信缺失、道德沦丧、仇富心理等是虚无主义的中国征象。并且，这并不简单地只是老百姓感叹的"人心不古"，也不只是某些学者所言的"自我文化身份"的缺失①，最根本的还在于资本逻辑对生命意义的蚕食，是个人在资本魔力下迫不得已的"自我保护"所造成的社会恶性循环。在快速流变的现代社会里，中国传统价值规范基本失效，现代价值根基立足未稳，要想在碎片化与多元化的洪流中凝练出整体叙事方式和意义共识仍是一件富有挑战性的历史性任务。

第三，在人与自然层面上，资本逻辑使人与自然处于敌对状态，遮蔽了普遍生命意义的源发之地。人与自然的关系是人类社会最基本的关系，是人之为人、构建生命意义的最基本维度。然而，资本追求利润的欲望是无限的，它把人和自然都当成资本增殖的工具和因素，使人与自然之间的关系异化为支配与统治的关系。但凡资本力量所到之处，自然环境皆受到无情的破坏。反思当下中国，几乎所有生态问题都与资本无节制地追求利润相关。在资本逻辑思想的主导下，"唯 GDP 论""唯技术论""发展论"使我们不计任何代价、肆无忌惮地从自然那里夺取资源，以无节制地消耗资源、破坏环境为代价换取经济的发展。"先发展后治理"的自我安慰已然压不住当前生态环境失衡的警钟声。大幅范围的雾霾、水土污染、土地荒漠化、环境恶化……当下中国已然欠了自然界一大笔"发展债"。人与自然

---

① 参见袁祖社《虚无主义的文化镜像与当代中国"自我经验"实践的困境——"事实"与"价值"的深度分离及其历史性后果》，《陕西师范大学学报》（哲学社会科学版）2009 年第 6 期。

之间的矛盾不断扩大，生态危机日益影响日常生活，这是大部分中国人的切身感受。表面上，这是工具理性思维导致的，但从最根源来说，资本逻辑才是罪魁祸首。是资本逻辑让我们走上了狐假虎威的道路，似乎我们是世界的主人，而忘了原来我们不过是自然界中的一员。对自然的狂妄僭越不仅不能使我们成为唯我独尊的主人，反而越发使我们成为无根之人。我们与自己的家园渐行渐远。无家可归的危险已经不只是海德格尔意义上的诗人呓语，而是与每个中国人切身相关的生存问题。

资本逻辑是中国式虚无产生的"原罪"，但同时也证明了虚无之于中国的外生性。根本上，资本逻辑在当代中国的运行为虚无主义的衍生营造了发生场域。可以说，当代中国尚未达到虚无主义的高度，但并不意味着没有遭遇虚无主义的危险；当代中国遭遇着虚无主义的危险，但并不意味着危险没有救度的可能。前文已提及，从普遍境遇考察，当代中国身处遭遇虚无主义又反抗虚无主义的双重境遇中。这种"反抗性"在虚无主义的具体镜像中同样闪烁着光芒。当前中国式的现代化实践以及对资本逻辑的自觉限定展示了对虚无主义的个性反抗。

首先，我们将这种中国式的现代化实践统称为中国特色社会主义道路，对其内涵的理解不仅是高速的 GDP 增长及对世界经济的起稳定"金锚"的作用，更是当代中国人对正处于危机中的西方文明支配下的人类生存方式的革命，是国人对新的生存方式、对一种真正属人的生存状态的追求与探索。中国独特的民族文化个性及现实处境使之不可能完全按照西方人的生活方式来生活，但纯粹的中国传统与现代社会又分属不同历史样态，简单回归古典只能是自欺欺人式的逃避，这倒逼着国人一方面必须放弃对自身特异性的自恋，接纳现代文明的普遍价值；另一方面在追求现代性的过程中保持自己的民族性，努力建构自身的民族身份认同，为民族的自我生存方式和生活原则寻求正当性依据。当前，国家层面上对社会主义核心价值观的培养践行以及对中华优秀传统文化的传承弘扬体现了这种努力。当然，我们还不能说一种全新的现代化发展模式和人的存在状态在当今中国已然形成，但是，这种对现代人的生存样态的反思，对新的文明秩序的探索就是对虚无主义的自觉反抗，而这种反抗已经具体到中国式实践中。

其次，对资本逻辑的社会主义伦理约束体现了当代中国对资本逻辑的自觉反思与限定。在学界，陈学明提出要"在限制与超越资本逻辑和发挥与实施资本逻辑之间保持合理的张力"①。在国家顶层设计方面，新的改革战略把处理好政府与市场的关系作为核心问题来突破，这意味着，一方面，在经济领域里，承认资本、发展资本，使经济的运行按照资本的逻辑展开，发挥资本的文明化作用，这仍然是当代中国现代化的不二选择；另一方面，严格限定资本逻辑的运行范围，防止其向非经济领域的僭越，保持资本原则与公正原则的辩证张力关系是当前努力的方向。"使市场在资源配置中起决定性作用"为资本原则的演绎保留了充裕空间，但也要通过国家治理进行限制和规范，把"社会公正""自由和平等""生态与可持续"置于与"经济效率""增长和发展""秩序与稳定"同等重要的地位，努力以制度的优越性来弥补资本原则所带来的经济的不公正和非经济的不公正，从而为普遍生命意义的建构提供经济社会根基。

需要再次强调的是，考察虚无主义与当代中国的关联机制，目的不在于如尼采、海德格尔一般投入虚无的深渊中，而是引起我们对当下生存状态和意义的反思。中国没有系统的虚无主义哲学思想体系，也没有基督教背景下对虚无的生存论体验。很多时候，我们在谈论虚无主义时，总会有种"文化奢侈品"的高攀与话语范式的隔膜之感。但恰恰是这种外生性的"隔膜"使我们可以抛开范式与情感的束缚。我们不会站在虚无的角度诋毁当代中国的各种信念，更不会因问题域的产生而陷入盲目的悲观。只是，我们要在同样的语境下，为人类共同的问题找到一个中国式的答案。从这个角度来说，虚无主义之于中国，不仅仅是问题危机的倒逼，也是责任担当的体现。

---

① 陶德麟等：《当代中国马克思主义若干重大理论与现实问题》，人民出版社，2012，第153页。

第三节 当代中国克服虚无主义的实践资源

克服虚无主义是一个理论问题，也是一个实践问题。虚无主义的中国反思，需要理论逻辑的建构，更需要实践资源的探索。当下中国的现代化实践中就蕴含着克服虚无主义的现实资源。这体现在我们对资本原则与公正原则辩证关系的建构、精神家园与心灵秩序的重建以及民族文化身份的构建上。它们分别从经济制度层面、精神价值层面与文化心理层面上对虚无主义进行了遏制。

一 资本原则与公正原则辩证关系的建构：经济制度层面上的遏制

在伯曼看来，马克思对虚无主义的认识要比尼采等人深刻得多。尼采及其追随者从来都没有揭示出现代灵魂与现代经济两者之间的联系。马克思虽未曾论述过虚无主义，却揭示了虚无主义的现实根源。从马克思的视角看，资本逻辑是虚无主义产生的经济根源，资本主义是虚无主义的滋生土壤。"资产阶级社会并没有抹掉而是吞并了旧的价值结构。旧的尊严方式并没有死亡；相反，它们并入了市场，贴上了价格标签，获得了一种作为商品的新的生命。于是，任何能够想像出来的人类行为方式，只要在经济上成为可能，就成为道德上可允许的，成为'有价值的'；只要付钱，任何事情都行得通。"[①] 尼采们将之归罪于科学、理性主义和上帝的死亡。在马克思看来，这基础要具体和平凡得多，"现代虚无主义被化入了日常的资产阶级经济秩序的机制之中——这种秩序将人的价值不多也不少地等同于市场价格，并且迫使我们尽可能地抬高自己的价格，从而扩张我们自己"[②]。它表现在，在个体层

[①] 〔美〕马歇尔·伯曼：《一切坚固的东西都烟消云散了——现代性体验》，徐大建、张辑译，商务印书馆，2003，第 143 页。

[②] 〔美〕马歇尔·伯曼：《一切坚固的东西都烟消云散了——现代性体验》，徐大建、张辑译，商务印书馆，2003，第 143 页。

面上，资本逻辑使体现生命意义的"活劳动"成为资本增殖的工具，造成了人与物关系的颠倒，使个体生命意义处于虚无状态。在社会层面上，资本逻辑迫使人将他者视为工具，使人与人之间处于矛盾冲突状态，破坏了生命意义的社会维度建构基础。在人与自然关系层面上，资本逻辑使人与自然处于敌对状态，遮蔽了普遍生命意义的源发之地。资本逻辑是虚无主义的内在根源，但资本逻辑导致虚无主义的产生具有历史性。确切地说，这是资本主义的历史性特征。因为只有在资本主义阶段，劳动与资本的关系才呈现出如此赤裸裸的剥削性与对抗性；只有在资本主义阶段，资本逻辑才能"合法"地使一切价值都成了交换价值。由此，虚无主义是资本主义的必然产物。破除虚无主义首要的是摧毁资本主义制度，根本的是超越资本逻辑。

中国的改革开放开启了社会主义市场经济的历史实践进程，这使资本逻辑在社会主义的国度中获得了新的发展场域。资本逻辑的运行大大地解放了生产力，使我们在物的领域取得了惊人的成就；然而，必然王国的进步并不等于自由王国的发展。资本逻辑同时也引发了中国式的虚无主义症象。要克服虚无主义，根本的是要超越资本逻辑。但简单地摒弃资本逻辑，这在当前阶段是不现实的。行之有效的办法只能是努力建构起资本原则与公正原则之间的辩证张力关系，在经济与制度层面上对虚无主义进行遏制。

第一，正确认识资本逻辑的历史性。马克思指出，资本是一种社会生产关系。它具有明显的历史性特质，是资产阶级的生产关系，是资产阶级社会的生产关系。只有到了资本主义社会阶段，资本逻辑才获得了统摄一切价值的魔力。而资产阶级社会最隐蔽的意识形态就是将资本逻辑去历史化，当成外在于人的永恒的规律。在这种意识形态的遮蔽下，资本逻辑披上了永恒神圣的外衣，虚无主义自然就成为人类无法摆脱的命运。当下中国引入资本逻辑，必须深刻认识资本逻辑的历史性。资本是现代社会兴起的根源，但并不是现代社会的永恒法则。当下中国需要资本，但也需要超越资本。资本的存在有其合理性，但并不意味着要等这些合理性都丧失殆尽后才能去超越资本。资本的利用与资本的超越是同一个历史过程；同理，虚无主义的产生与克服也是同一个历史过程。

第二，对资本逻辑进行社会主义伦理约束。资本逻辑具有双面效应，资本有利于财富的积累，但不利于人的全面发展；资本既不能实现所有人的幸福，也不能实现社会的和谐发展。以资本逻辑为主导的市场经济必然带来社会不公正、贫富悬殊等，它与建构人的生命意义是相左的。这要求我们，一要把资本原则严格限定在经济领域内。全面深化改革要求要"使市场在资源配置中起决定性作用"，这意味着要在经济领域给予资本逻辑充裕的发展空间，使经济的运行按照资本的逻辑展开，充分发挥资本的正面效益，让资本完成发展社会劳动生产力的历史任务。但同时也要防止资本原则的滥用，防止资本原则向政治、社会、文化、道德价值领域的僭越。对此，孙承叔主张把社会生活分成两个方面，即经济的方面和非经济的方面，在经济方面承认资本、发展资本，在非经济的方面，即民生领域里坚持以人为本的最高发展原则，努力解决资本与社会和谐的关系。[①] 这是中国学者对资本逻辑的自觉反思，也是对虚无主义的主动抵制。二要大力伸张社会主义的公正原则。资本逻辑的运行形成了当今中国"强资本，弱劳动"的格局，即"当今中国劳动与资本在收入分配中所占的比重存在较大差异，而且呈急剧扩大的趋势"[②]。这在现实生活中表现为贫富差距拉大、资源分配不合理、权力寻租等社会现象。经济上的不平等带来了非经济上的不公正，导致了一定程度上的社会阶层极化、个体上升通道阻塞、群体间的不信任甚至仇视状态以及社会上的拜金心理和仇富心态等。这要求我们要努力以社会主义制度的优越性来弥补资本逻辑带来的经济的和非经济的不公正，努力创造条件从"形式上的公平"向"事实上的公平"转化。在实践层面上，这些努力体现在国家战略部署中的

---

① 参见陶德麟等《当代中国马克思主义若干重大理论与现实问题》，人民出版社，2012，第223~227页。

② 陶德麟等：《当代中国马克思主义若干重大理论与现实问题》，人民出版社，2012，第139页。

强化权力运行制约和监督、打破利益藩篱固化、开展反腐倡廉、养老金并轨改革、高考制度改革等等。这些举措的目的都在于使全体人民平等参与现代化进程、共同分享现代化成果，实现发展成果更多更公平惠及全体人民。从这个视角来看，这正是当代中国在制度层面上对资本逻辑的自觉约束。

二　精神家园与心灵秩序的重建：精神价值层面上的遏制

海德格尔说，无家可归是现代人的宿命。但悲观如他，依然在虚无的深渊中寻找人类可以诗意栖居的家园。对于精神家园的渴望与心灵秩序的需要，是人类共同的本性。近代以来，我们对传统价值体系与心灵秩序的自我解构使国人身处"古今中西"的冲突牵扯中。传统道德载体在国家与社会层面的坍塌构成了当代中国价值虚无的历史情境。改革开放以来资本逻辑的运行引发的信仰缺失与价值真空成为中国式虚无的真实内容。有学者指出："包括一代中国民众在内的'现代人'在精神和生存信仰方面，普遍缺乏扎根于'心灵整体'的那种深刻的'知性'：他们有情感和欲望的躁动，却没有心灵对世界、对存在、对自我的敏感与感动；有悟性，却没有灵魂；有对物质、性欲、感官快乐的无穷无尽的知性，却没有对生命存在、对人的存在的'自神'、'自圣'的精神向往；有物质幸福论和感性快乐主义的忙碌活动，却没有普遍的伦理理性和道德欲望。"[①] 因此，摒弃虚无的侵扰，获得一种良好的精神生活和心灵秩序，这是我们在现代性快速流变的大地上诗意栖居的前提。

中国的传统主义者渴望在传统的温情中找到家园之感。他们希望通过重返传统共同体和传统德性，以拯救国人的人文心性，重建生活的意义世界。近年来的传统文化热潮尤其儒学复兴运动、国学思潮等表明了这种渴望。在一定程度上，这种寻根之旅能让我们倾听到那些压抑太久、遗忘太

---

① 袁祖社：《"文化现代性"的实践伦理与精神生活的正当性逻辑——现代个体合理的心性秩序吁求何以可能》，《思想战线》2014 年第 3 期，第 80 页。

久的乡音。在这些遥远而熟悉的音调中，文化的共鸣与亲近之感油然而生。然而，传统资源的重新捡拾并不意味着根基的自然重建。传统资源载体消失后，如何将传统资源架构于现代社会生活的根基之上，仍然是我们无法回避的根本性问题。启蒙主义者坚信，现代性乃是一个未完成的方案。现代性的核心是统摄科学精神与人文精神的理性精神。物质层面的现代化开展了科学精神的实践历程，并为人文精神的实现奠定物质基础。从这个视角来看，当代国人的精神家园建设也是一个"未完成的方案"，是现代性在文化心理层面上的开展。而现代化进程中的价值虚无与信仰失落，与其说是现代性的弊端，不如说是传统价值观念失效而新的价值观念（现代人文理性价值等）的受阻造成的。① 然而，这只是说明了建构现代人文心灵秩序的可能性，却并不意味着这种秩序发生的必然性以及存在的现实性。事实上，在现实实践中，蜕变的/工具化的科学精神往往以一种僭越的态度粗暴地抑制了人文精神的发展，导致了人文精神的萎缩、缺位，这也正是哈贝马斯意义上的"现代性的文化困境"。因此，如何使人文心灵秩序的构建获得一个可能的伸张空间，理性规划和实现现代性两个方面之间的良好互动，仍是一个有待解决的时代难题。后现代主义者认为一切都是话语的建构，而没有事实本身的存在，更遑论普遍的有效价值共识。他们追求多元化的价值取向与个性的伸张，并以此对抗秩序包括思想、文化、道德体系的僵化和极权化。这种对他异性的追求可以提醒我们，在普遍的心灵秩序建构过程中要及时地倾听那些异质性的声音，谨防以总体的名义压抑他者，造成个体存在的虚无。但是，若是以后现代主义的价值范式来构建国人的心灵秩序——它本身就是反对范式、主张解构的，这不仅是对理论本身的勉强，也与其理论主张相悖。

无论传统主义、启蒙主义还是后现代主义，皆从各自的视角提供了重塑现代人文心性、抵制虚无的可能性路径。但如尼采所强调的，虚无主义不只是个人的情感体验，也不是某种理论或学说。虚无主义是一个现实的社会历

---

① 参见杨春时《未完成的现代性与中国当代学术思潮》，《江海学刊》2010 年第 2 期。

史进程。驱逐虚无，不能仅仅依靠个人精神世界的自我充裕，也不能仅靠某种主义或理论的肃清与反抗。它需要一次普遍的彻底的价值重估，在全新的根基上，为全新的价值主体（现代性主体）构建一套符合生命意志伸张的全新价值体系。而"必要的价值系统无须在社会内'自发地产生'。它可以通过类似于成人文化被儿童内化（即人类学家所说的传播）过程来制度化"①。从这个视角来看，一种在国家意识层面上的对心灵秩序的外在形式化制度建构在当代中国有了实践的意义。近年来，国家战略层面上提出的培育践行社会主义核心价值观、建设社会主义核心价值体系体现了这种努力。

根本而言，社会主义核心价值观和核心价值体系之于当代中国人，是价值意义根基、主体和秩序的重塑。中国人正在进行着尼采式的价值重估，从克服虚无主义的角度来看，需注意以下三个方面。

第一，这种重估必须摒弃工具理性的侵扰，锁定在价值理性的根基之上。工具理性对价值理性的僭越，是许多现代性问题产生的根源，更是虚无主义产生的重要原因。霍克海默与阿多诺看到了这一危害。现代理性倒退为工具理性，我们曾赖以获得自由的启蒙倒退为奴役人的神话。工具理性的抽象同一性摒弃了质的属性，扼杀了异质性与多样性。自然不再如其所是地存在，人也不再是富有个性和独立性的存在者，他们都被降为"物"的水平，处于存在意义的虚无状态。韦伯更深刻地体会到工具理性对人的"宰制"。在他看来，现代社会是一个合理化的社会，这种合理化思维渗透到了社会的每一个角落，"自由丧失"与"意义丧失"成为个人生存上的挑战。由此可见，当工具理性妄图成为价值理性的基础，甚至取而代之，必然使价值理性沦为"工具"与"手段"，在此基础上所建构起来的价值与意义是失效，因为在这种价值秩序中，人以物的方式存在，只是一个片面的孤立的符号或质料，而不是一种自由自觉的总体性存在。所以，当我们进行普遍社会价值共识与价值秩序构建时，必须深刻意识到工具理性的局限性，尽可能地摒除工具理性的干扰，使价值理性获得一片自由开放的园地。唯有此，我们方能真

---

① 〔美〕帕森斯：《现代社会的结构与过程》，光明日报出版社，1998，第12页。

正建立起一个能够沉淀浮躁、过滤灵魂、滋养身心的心灵家园。

第二，这种重估必须实现价值主体的时代性更迭。新中国成立初期，我们以国家为重心独立凝聚起社会价值共识，并将之放到普通民众的日常生活的整体安顿上。这种以国家为主体的价值秩序在一定历史时期起到了良好的效果。以集体主义为核心的价值理念使个体价值在整体秩序中获得明确的归依与使命。"我是社会主义的一块砖，哪里需要哪里搬"等富有时代色彩的口号充分体现了这一历史时期的价值取向与秩序模式。但当最初的改革激情转变为发展的自我审视后，价值主体发生了更迭。以国家为核心的单一价值主体模式逐渐转变为以国家、社会、个体三重主体维度相互交织的多元模式。社会主义核心价值观分为国家、社会和个人三个层面，正体现了现代价值体系建构中三重价值主体维度的需求。但是，这种多元的价值主体要求有二。首先，价值秩序的建构要建立在教化与认同相互结合的基础上。价值观的形成既是一个主体内在生成的过程，也是一个社会共识与社会规范引导的过程。单纯以教化形式建构价值秩序，容易造成国家主体与社会主体对个体主体的压制；相反，仅仅依靠个体主体的认同来建构价值秩序，在复杂的社会环境中容易给各种错误的社会思潮可乘之机，或者造成个人价值与社会价值的错位。其次，价值秩序的代表主体与现实主体具有一致性关系。社会主义价值秩序的代表主体是广大人民群众，但是在社会转型过程中，出现了不同的利益群体和社会阶层，他们之间存在价值利益的差别、矛盾甚至冲突。因此，如何使价值利益的出发点和落脚点真正落实到实践的真正主体，使价值主体的创造与共享具有一致性，是社会主义核心价值观得以凝聚共识、获得社会广泛认同的前提。

第三，这种重估必须放弃形而上学的预设，建立在历史实践的基础上。无论是反对形而上学价值体系的尼采、海德格尔等人，还是现代的新儒家，都把价值体系建立在一个价值预设前提之上。这些观点忽略了，不仅人是一定社会关系的产物，人的价值及其体系也是一定社会历史实践的结果。从这个角度来讲，社会主义核心价值观及价值体系不是一个既定的前提悬设，而是一个开放的价值实践与检验过程；它不是一连串的先天道德律令，而是外在的社会制度规范要求与内在的道德理想和道德意志相互影响、相互渗透、相互融合的过程。在这个过程中，我们需要在价值理想与形式化制度结构之间保持某种必要的张力关系。一方面保持超越现实的价值理想，引导和规范价值的形式化制度建构；另一方面也需要使价值理想与现实的制度结构保持一定的距离，预防价值乌托邦主义。

三　民族文化身份的构建：文化心理层面上的遏制

对马克思来说，一个新的历史主体——无产阶级可以遏制、避免和超越虚无主义。在刘森林看来，在中国现代化新形势下，可以把这个创造历史伟业的未来新人看作各阶级、各民族联合的中华民族共同体。① 但是，这一共同体面临的最大难题是国人的自我经验实践问题，即如何成就真正的"民族文化自我"。② 换言之，构建当代国人的民族文化身份，达成群体性的价值共识与身份认同，是我们在文化心理层面上抵制虚无主义时需要解决的基础性问题。从古今、中西两个维度来看，可以从两个方面着手。

一是处理马克思主义与中华优秀传统文化相对接的问题。中华优秀传统文化是我们的民族基因，但作为一种前现代的文化形态，它需要经过现代化的诠释和创造性运用，才能与现代社会相适应、与现代文明相协调；马克思主义是我们的文化身份"名片"，但作为一种现代化的外来思潮，它需要不断强化自身的民族文化身份认同，才能更加深入我们的生活世界。在尊重文化形态历史性的基础上，从马克思主义的历史视角出发构建两者的历史性对接，是我们必须坚持的立场。首先，培育中华优秀传统文化的现代价值。从历史经验来看，对传统保持敬畏与传承、致力于修复传统与现代的关系，这是西方国家和民族克服虚无主义所采用的普遍性路径。中华优秀传统文化是我们民族的文化基因，对当代中国而言，汲取中华优秀

---

① 参见刘森林《资本与虚无：马克思论虚无主义的塑造与超越》，《吉林大学社会科学学报》2012 年第 9 期。

② 参见袁祖社《虚无主义的文化镜像与当代中国"自我经验"实践的困境——"事实"与"价值"的深度分离及其历史性后果》，《陕西师范大学学报》（哲学社会科学版）2009 年第 6 期。

传统的现代价值，这是我们克服虚无主义、构建民族文化身份的重要资源。然而，中华优秀传统文化的世界意义与未来意义，并不等同于它的本土意义、现实意义。这需要我们努力挖掘中华优秀传统文化中适合现代社会需要、符合现代文明发展要求的民族精神和价值观念，在自觉反思批判的基础上进行现代解读和创造性发展，形成当代国人的民族身份特征。其次，强化马克思主义的民族文化身份特征。在革命时期，马克思主义在救亡图存上充分发挥了凝聚共识、导航指向的作用。但在建设和改革时期，马克思主义中国化只侧重于政治话语建构和意识形态的建设，在日常生活和精神文化生活中日渐边缘化。正如习近平总书记2016年5月17日在哲学社会科学工作座谈会上的讲话中所指出的："实际工作中，在有的领域中马克思主义被边缘化、空泛化、标签化，在一些学科中'失语'、教材中'失踪'、论坛上'失声'。"① 马克思主义的中国话语体系建构要把马克思主义理论与中华民族的文化特质、精神品格、价值取向、行为方式、话语表达等有机结合起来，充分反映当代中国人的思维、实践、语言和心理，使马克思主义更加深入国人的心灵世界。

二是应对全球一体化逻辑与文明发展多样化相结合的问题。当前所开展的全球一体化逻辑本质上是以市场经济机制和资本为动力的一体化。这种一体化有一个最基本的特征，即同一化的运行模式。随着资本在世界性范围的扩展，越来越多的国家、地区和民族被卷入资本的旋涡里，各国家、地区和民族的劳动、商品、资源等要素都被同一化为资本，并在市场经济机制体系下进行世界性的生产、交换、流通和分配。"物质的生产是如此，精神的生产也是如此。"② 作为一个发展中国家，当代中国是在非常独特的国情和文化传统基础上进入全球化逻辑并践行自己的现代化任务的。这使我们在构建自己的民族文化身份时更深刻地遭遇到同一性与异质性相结合的难题。它要求我们，一方面，要破除简单的二元对立逻辑，摒弃非此即

---

① 习近平：《结合中国特色社会主义伟大实践 加快构建中国特色哲学社会科学》，《人民日报》2016年5月18日第1版。

② 马克思、恩格斯：《共产党宣言》，人民出版社，1997，第31页。

彼的惯性思维；另一方面，在借鉴的同时避免同一，摒弃同一性的侵扰，保留自身民族文化品格与身份特征。

如伯曼所言，"马克思主义的力量总是在于，它愿意从令人恐惧的社会现实出发，研究它们并且改造它们；抛弃这种首要的力量源泉将使马克思主义空有其名"①。虚无主义是现代社会里一个令人恐惧的现实。作为马克思主义研究者，我们不能逃避，也无须避讳。当我们直面虚无，努力在历史性实践中寻找各种超越的资源时，虚无主义将不再是现代人无法逃避的宿命，而只是一个具有历史性的实践问题。

---

① 〔美〕马歇尔·伯曼：《一切坚固的东西都烟消云散了——现代性体验》，徐大建、张辑译，商务印书馆，2003，第 156～157 页。

结　语

　　党的十九大报告指出，中国特色社会主义进入新时代，我国社会主要矛盾已经转化为人民日益增长的美好生活需要和不平衡不充分的发展之间的矛盾。人民美好生活需要日益广泛，对精神文化的需要也日益增长，并提出了更高要求。克服虚无主义，正是满足人民追求美好生活的必然要求。现代性的伸张与资本逻辑的引入使中国成为虚无主义蔓延的新场域。但作为外生型现代化国家，中国特有的反现代性特征也开启了一种反抗虚无主义的可能。虚无主义的中国式反思，与其耽溺于虚无的忧伤，不如想想该如何走出这一深渊。

　　诸多虚无主义的言说者与批判者为我们描绘了应对虚无主义的理论图景，但对后人而言，他们似乎都功亏一篑。在克尔凯郭尔赖以克服虚无主义的基督教信仰中，尼采看到了虚无主义产生的宗教根源。当尼采试图以超人的权力意志重估一切价值体系，重建符合生命意志伸张的新价值体系时，最终还是"消逝在癫狂的黑暗之中"。海德格尔看似谨慎地避开了尼采的悲剧，以追问存在摆脱尼采的价值怪圈，但最终仍无法避免"对虚无主义的克服反而成了虚无主义的表达"的困境。施特劳斯希望返回前现代的德国传统中，回到未曾朽坏、不可朽坏的源头，但自然正当在现代如何可能仍是个大问题。后现代主义者希望通过对现代性的解构捡拾他异性的意义，但仍流于碎片化。马克思的批判话语揭示了虚无主义产生的现实发生机制，即资本逻辑的运行与资本主义制度的设立，但仍难以彻底摆脱海德格尔、伯曼等人的质疑和批评。西方马克思主义承袭了马克思和海德格尔的思想资源，发展了一条富有批判理论色彩的审美救赎路径，但其理论在现实的历史长河中还是走向了终结。

前人的艰难挣扎和努力探索时刻警示着我们，在克服虚无主义的道路上，路径繁杂，挑战甚多。然而，正如本雅明所言："只是因为有了那些不抱希望的人，希望才给予我们。"① 众多先哲对人类无意义生活的批判，正是人们对意义生活永恒追求的写照。对虚无主义现象的反思，就是人们超越虚无主义的始点。

同时，这使我们思考，再完美的理论，若无实践的支撑，也只是无根之花，无源之水。再次重申，虚无主义是一个理论问题，更是一个实践问题。克服虚无主义，需要理论逻辑的建构，也需要实践资源的探索。新时代中国特色社会主义的现代化实践中蕴含着克服虚无主义的实践资源。作为马克思主义研究者，我们无须忌讳，更不能逃避这一时代命题。当我们立足新时代中国特色的道路、理论、制度、文化资源和实践，探寻克服虚无主义的中国方案时，虚无主义将不再是现代人的宿命，而只是一个具有历史性的实践问题。

---

① 〔美〕赫伯特·马尔库塞：《单向度的人：发达工业社会意识形态研究》，刘继译，上海译文出版社，2008，第203页。

参考文献

中文文献

《马克思恩格斯选集》第 1 卷，人民出版社，1995。

《马克思恩格斯选集》第 2 卷，人民出版社，1995。

《马克思恩格斯全集》第 3 卷，人民出版社，1960。

《马克思恩格斯全集》第 3 卷，人民出版社，2002。

《马克思恩格斯全集》第 23 卷，人民出版社，1979。

《马克思恩格斯全集》第 23 卷，人民出版社，1992。

《马克思恩格斯全集》第 25 卷，人民出版社，1979。

《马克思恩格斯全集》第 30 卷，人民出版社，1995。

《马克思恩格斯全集》第 31 卷，人民出版社，1998。

《马克思恩格斯全集》第 40 卷，人民出版社，1982。

《马克思恩格斯全集》第 46 卷（下），人民出版社，1985。

《马克思恩格斯全集》第 46 卷，人民出版社，2003。

《马克思恩格斯全集》第 47 卷，人民出版社，2004。

马克思、恩格斯：《共产党宣言》，人民出版社，1997。

马克思：《资本论》第 1 卷，人民出版社，2004。

马克思：《资本论》第 3 卷，人民出版社，2004。

〔德〕阿多诺：《道德哲学的问题》，谢地坤、王彤译，人民出版社，2007。

〔德〕阿多诺:《否定的辩证法》,张峰译,重庆出版社,1993。

〔德〕阿多诺:《克尔凯郭尔:审美对象的建构》,李理译,人民出版社,2008。

〔德〕阿多诺:《美学理论》,王柯平译,四川人民出版社,1998。

〔法〕阿尔贝·加缪:《局外人·西绪福斯神话》,郭宏安译,译林出版社,2011。

〔法〕阿尔弗雷德·登克尔、〔德〕马里翁·海因茨、〔美〕约翰·萨利斯、〔荷〕本·维德、〔德〕霍尔格·察博罗夫斯基主编《海德格尔与尼采》,孙周兴、赵千帆等译,商务印书馆,2015。

〔加〕安德鲁·芬伯格:《海德格尔与马尔库塞:论物化与具体哲学》,高海青、陈真君译,《国外理论动态》2014年第3期。

〔加〕安德鲁·芬博格:《海德格尔和马尔库塞:历史的灾难与救赎》,文成伟译,上海社会科学院出版社,2010。

〔美〕安东尼·吉登斯:《现代性的后果》,田禾译,译林出版社,2011。

〔英〕伯恩斯、〔英〕皮卡德:《历史哲学:从启蒙到后现代性》,张羽佳译,北京师范大学出版社,2001。

〔美〕查尔斯·巴姆巴赫:《海德格尔的根——尼采,国家社会主义和希腊人》,张志和译,上海书店出版社,2007。

〔加〕查尔斯·泰勒:《黑格尔》,张国清、朱进东译,译林出版社,2002。

陈嘉明:《现代性的虚无主义:简论尼采的现代性批判》,《南京大学学报》(哲学·人文科学·社会科学)2006年第3期。

陈俊:《技术与自由——马尔库塞技术哲学思想研究》,中国社会科学出版社,2013。

陈志刚:《马克思和海德格尔的技术批判思想之比较》,《自然辩证法研究》2002年第2期。

〔美〕大卫·库尔珀:《纯粹现代性批判——黑格尔、海德格尔及其以后》，臧佩洪译，商务印书馆，2006。

〔英〕戴维·弗里斯比：《现代性的碎片》，卢晖临、周怡、李林艳等译，商务印书馆，2003。

〔英〕戴维·麦克莱伦：《青年黑格尔派与马克思》，夏威仪等译，商务印书馆，1982。

邓先珍、郭亦鹏：《"虚无主义、现代性与现代中国"会议综述》，《现代哲学》2009年第1期。

邓晓芒：《欧洲虚无主义及其克服——读海德格尔〈尼采〉札记》，《江苏社会科学》2008年第2期。

段方乐：《总体性的终结——从卢卡奇到阿多诺》，中国社会科学出版社，2009。

方友金：《反辩证法：海德格尔存在本体论的实质》，《南京工程学院学报》（社会科学版）2006年第3期。

〔法〕费迪耶等辑录《晚期海德格尔的三天讨论班纪要》，丁耘摘译，《哲学译丛》2001年第3期。

冯宪光：《"西方马克思主义"美学研究》，重庆出版社，1997。

冯友兰：《新原道》（中国哲学之精神），北京大学出版社，2014。

〔美〕弗雷德里克·詹姆逊：《单一的现代性》，王逢振、王丽亚译，中国人民大学出版社，2009。

〔美〕弗雷德里克·詹姆逊：《马克思主义与形式》，李自修译，百花洲文艺出版社，1997。

〔美〕弗雷德里克·詹姆逊：《晚期马克思主义——阿多诺，或辩证法的韧性》，李永红译，南京大学出版社，2008。

傅永军：《法兰克福学派的现代性理论》，社会科学文献出版社，2007。

〔德〕伽达默尔：《访谈：伽达默尔论施特劳斯》，田立年译，载《回归古典政治哲学——施特劳斯通信集》，迈尔编，华夏出版社，2006。

〔日〕高田珠树：《海德格尔：存在的历史》，刘文柱译，河北教育出版社，2001。

〔法〕高宣扬：《鲁曼社会系统理论与现代性》，中国人民大学出版社，2005。

〔德〕格尔哈特·施威蓬豪依塞尔：《阿多诺》，鲁路译，中国人民大学出版社，2008。

〔德〕格尔哈特·施威蓬豪依塞尔等：《多元视角与社会批判：今日批判理论》上、下卷，鲁路、彭蓓译，人民出版社，2010。

〔美〕古尔德：《马克思的社会本体论》，王虎学译，北京师范大学出版社，2009。

关少棠：《尼采与海德格尔》，《科学·经济·社会》1999年第4期。

〔日〕广松涉：《资本论的哲学》，邓习议译，南京大学出版社，2013。

〔德〕哈贝马斯：《后民族结构》，曹卫东译，上海人民出版社，2002。

〔德〕哈贝马斯：《交往行为理论》上册，洪佩郁、蔺青译，重庆出版社，1994。

〔德〕哈贝马斯：《现代性的地平线——哈贝马斯访谈录》，李安东、段怀清译，上海人民出版社，1997。

〔德〕哈贝马斯：《现代性的哲学话语》，曹卫东等译，译林出版社，2004。

〔德〕哈贝马斯：《作为"意识形态"的技术与科学》，李黎、郭官义译，学林出版社，1999。

〔德〕海德格尔：《存在与时间》，陈嘉映、王庆节译，三联书店，2006。

〔德〕海德格尔：《林中路》，译文出版社，2004。

〔德〕海德格尔：《尼采》上、下卷，孙周兴译，商务印书馆，2008。

《海德格尔选集》上、下卷，孙周兴选编，上海三联书店，1996。

〔美〕汉娜·阿伦特：《人的境况》，王寅丽译，上海人民出版社，2009。

〔德〕汉斯-马丁·格拉赫：《马克思与海德格尔的形而上学批判》，《求是学刊》2005年第6期。

〔美〕汉斯·约纳斯：《诺斯替宗教：异乡神的信息与基督教的开端》，张新樟译，三联书店，2006。

〔德〕黑格尔：《精神现象学》下卷，贺麟、王玖兴译，商务印书馆，1997。

〔德〕黑格尔：《小逻辑》，贺麟译，上海人民出版社，2009。

〔德〕黑格尔：《法哲学原理》，范扬、张企泰译，商务印书馆，1961。

胡大平：《虚无·主义·Dis – play》，《"虚无主义、形而上学与资本的逻辑"学术研讨会论文集》，中山大学马克思主义哲学与中国现代化研究所，2011。

黄潇：《从虚无主义论海德格尔与纳粹的关系——基于政治哲学视角的解读》，《重庆科技学院学报》（社会科学版）2011 年第 4 期。

〔德〕霍克海默、阿道尔诺：《启蒙辩证法》，渠敬东、曹卫东译，上海人民出版社，2003。

江怡：《理性与启蒙》，东方出版社，2004。

〔英〕杰夫·科林斯：《海德格尔与纳粹》，赵成文译，朱刚、张祥龙校，北京大学出版社，2005。

〔法〕居伊·珀蒂德芒热：《20 世纪的哲学与哲学家》，刘成富等译，江苏教育出版社，2007。

〔英〕卡尔：《历史是什么》，陈恒译，商务印书馆，2012。

〔奥〕康拉德·保罗·李斯曼：《克尔凯郭尔》，王彤译，中国人民大学出版社，2010。

〔英〕柯林武德：《历史的观念》，何兆武等译，北京大学出版社，2010。

〔丹麦〕克尔凯郭尔：《恐惧与颤栗》，王才勇等译，华夏出版社，1999。

〔美〕劳伦斯·E. 卡洪：《现代性的困境：哲学、文化和反文化》，王志宏译，商务印书馆，2008。

黎熙元主编《现代社区概论》，中山大学出版社，2003。

李伟民、梁玉成：《特殊信任与普遍信任：中国人信任的结构与特征》，《社会学研究》2002 年第 3 期。

李泽厚：《新儒学的隔世回响》，《天涯》1997 年第 1 期。

李章印：《约纳斯对海德格尔的敌视和误解》，《云南大学学报》（社会科学版）2011 年第 3 期。

〔美〕理查德·沃林：《存在的政治——海德格尔的政治思想》，周宪、王志宏译，商务印书馆，2000。

〔美〕理查德·沃林：《海德格尔的弟子：阿伦特、勒维特、约纳斯和马尔库塞》，张国清、王大林译，江苏教育出版社，2005。

〔美〕理查德·沃林：《文化批评的概念：法兰克福学派、存在主义和后结构主义》，张国清译，商务印书馆，2001。

刘放桐等：《新编现代西方哲学》，人民出版社，2000。

刘贵祥：《历史唯物主义何以超越虚无主义——从海德格尔对马克思的一个论断谈起》，《南京大学学报》（哲学·人文科学·社会科学）2011 年第 1 期。

刘森林：《从支配到和解：焦虑的启蒙主体性之走向》，《学术月刊》2010 年第 5 期。

刘森林：《遏止虚无的两种路径：马克思批评施蒂纳的启示》，《学术月刊》2008 年第 6 期。

刘森林：《马克思与虚无主义：从马克思对施蒂纳的批判角度看》，《哲学研究》2007 年第 7 期。

刘森林：《启蒙辩证法与中国虚无主义》，《现代哲学》2009 年第 1 期。

刘森林：《实践、辩证法与虚无主义》，《哲学研究》2010 年第 9 期。

刘森林：《实践的逻辑》，社会科学文献出版社，2009。

刘森林：《物与无：物化逻辑与虚无主义》，江苏人民出版社，2013。

刘森林：《虚无主义与马克思：一个再思考》，《马克思主义与现实》2010 年第 3 期。

刘森林：《追寻主体》，社会科学文献出版社，2008。

〔匈〕卢卡奇：《关于社会存在的本体论》下卷，白锡堃、张西平、李秋零等译，重庆出版社，1993。

〔匈〕卢卡奇：《理性的毁灭》，王玖兴、程志民、谢地坤等译，江苏教育出版社，2005。

〔匈〕卢卡奇：《历史与阶级意识》，杜章智、任立、燕宏远译，商务印书馆，2004。

〔匈〕卢卡奇：《小说理论》，燕宏远、李怀涛译，商务印书馆，2013。

〔匈〕《卢卡奇早期文选》，张亮编译，南京大学出版社，2004。

〔法〕卢梭：《社会契约论》，何兆武译，商务印书馆，2003。

〔德〕吕迪格尔·萨弗兰斯基：《来自德国的大师——海德格尔和他的时代》，靳希平译，商务印书馆，2008。

〔德〕罗尔夫·魏格豪斯：《法兰克福学派：历史、理论及政治影响》上下册，孟登迎等译，人民出版社，2010。

〔美〕罗森：《诗与哲学之争》，张辉译，华夏出版社，2004。

〔美〕罗森：《施特劳斯与古今之争》，宗成河译，载《施特劳斯与古今之争》，刘小枫选编，华东师范大学出版社，2010。

〔德〕洛维特：《从黑格尔到尼采：19世纪思维中的革命性决裂》，李秋零译，三联书店，2006。

〔德〕洛维特：《克尔凯郭尔与尼采》，李理译，《哲学译丛》2001年第1期。

〔德〕洛维特：《世界历史与救赎历史——历史哲学的神学前提》，李秋零、田薇译，三联书店，2002。

〔德〕洛维特、沃格林等：《墙上的书写：尼采与基督教》，田立年、吴增定等译，华夏出版社，2004。

〔美〕马丁·杰：《法兰克福学派的宗师——阿道尔诺》，胡湘译，湖南人民出版社，1988。

〔美〕马丁·杰伊：《法兰克福学派史》，单世联译，广东人民出版社，1996。

〔美〕马尔库塞:《爱欲与文明》,黄勇、薛民译,上海译文出版社,1987。

〔美〕马尔库塞:《单向度的人:发达工业社会意识形态研究》,刘继译,上海译文出版社,2008。

〔美〕马尔库塞:《理性和革命——黑格尔和社会理论的兴起》,程志民等译,重庆出版社,1993。

〔美〕马尔库塞:《审美之维》,李小兵译,广西师范大学出版社,2001。

〔德〕马克斯·韦伯:《新教伦理与资本主义精神》,彭强、黄晓京译,陕西师范大学出版社,2005。

〔美〕马泰·卡林内斯库:《现代性的五副面孔》,顾爱彬,李瑞华译,商务印书馆,2010。

〔美〕马歇尔·伯曼:《一切坚固的东西都烟消云散了——现代性体验》,徐大建、张辑译,商务印书馆,2003。

〔德〕麦克斯·施蒂纳:《唯一者及其所有物》,金海民译,商务印书馆,1989。

梅耶斯:《施特劳斯与海德格尔——古希腊与现代性的意义》,徐英瑾译,载《施特劳斯与现代性危机》,刘小枫选编,华东师范大学出版社,2010。

〔德〕尼采:《悲剧的诞生》,赵登荣等译,漓江出版社,2000。

〔德〕尼采:《查拉斯图拉如是说》,尹溟译,文化艺术出版社,2003。

〔德〕尼采:《快乐的科学》,黄明磊译,漓江出版社,2000。

〔德〕尼采:《偶像的黄昏》,周国平译,光明日报出版社,1996。

〔德〕尼采:《权力意志——重估一切价值的尝试》,张念东,凌素心译,商务印书馆,1998。

〔法〕帕金森:《格奥尔格·卢卡奇》,上海人民出版社,1999。

〔美〕帕森斯:《现代社会的结构与过程》,光明日报出版社,1998。

〔法〕帕斯卡尔:《思想录:论宗教和其他主题的思想》,何兆武译,商务印书馆，1997。

〔法〕皮埃尔·布迪厄：《海德格尔的政治存在论》，朱国华译，学林出版社，2009。

〔法〕让－保罗·萨特：《存在与虚无》，陈宣良译，三联书店，2007。

任景辉、李丹琦：《技术统治下的"救渡"何以可能——海德格尔反虚无主义引发的对人的思考》，《理论界》2007年第11期。

〔英〕沙恩·韦勒：《现代主义与虚无主义》，张红军译，郑州大学出版社，2017。

〔德〕施特劳斯：《海德格尔式生存主义导言》，载贺照田主编《西方现代性的曲折与展开》（上），吉林人民出版社，2011。

〔德〕施特劳斯：《什么是政治哲学》，李世祥译，华夏出版社，2011。

〔德〕施特劳斯：《苏格拉底问题与现代性——施特劳斯讲演与论文集》卷二，彭磊、丁耘等译，华夏出版社，2008。

〔德〕施特劳斯：《犹太哲人与启蒙：施特劳斯讲演与论文集》卷一，刘小枫编，张缨译，华夏出版社，2010。

〔德〕施特劳斯：《自然权利与历史》，彭刚译，三联书店，2003。

宋海勇、王海峰：《试论尼采对虚无主义价值的重估》，《理论界》2010年第2期。

孙周兴：《说不可说之神秘——海德格尔后期思想研究》，三联书店，1994。

〔法〕泰尔图良：《海德格尔和卢卡奇著作中的异化概念》，张伯霖译，《世界哲学》1994年第3期。

陶德麟等：《当代中国马克思主义若干重大理论与现实问题》，人民出版社，2012。

田海平：《告别"欧洲虚无主义"》，《东南大学学报》2001年第2期。

田海平：《如何克服"欧洲虚无主义"》，《苏州铁道师范学院学报》2001年第2期。

田明：《指谓与对象化：克服虚无主义的辩证反思》，《马克思主义与现实》2015 年第 6 期。

〔俄〕屠格涅夫:《父与子》,丽尼、巴金译,上海译文出版社,2003。

《晚期海德格尔的三天讨论班纪要》,〔法〕F. 费迪耶等辑录,丁耘摘译,《哲学译丛》2001 年第 3 期。

汪晖:《死火重温》,人民文学出版社,2000。

汪行福:《从康德到约纳斯——"绝对命令哲学"谱系及其意义》,《哲学研究》2016 年第 9 期。

汪子嵩、范明生、陈村富、姚介厚:《希腊哲学史》第 3 卷,人民出版社,2003。

王凤才:《阿多尔诺否定的辩证法研究》,《山东大学学报》(哲学社会科学版)1991 年第 4 期。

王恒:《虚无主义:尼采与海德格尔》,《南京社会科学》2000 年第 8 期。

王金林:《历史生产与虚无主义的极致——评后期海德格尔论马克思》,《哲学研究》2007 年第 12 期。

王俊:《于"无"深处的历史深渊——以海德格尔哲学为范例的虚无主义研究》,浙江大学出版社,2009。

王永阳:《尼采哲学中的虚无主义概念》,《贵州社会科学》2002 年第 3 期。

〔美〕沃格林:《没有约束的现代性》,张新樟等译,华东师范大学出版社,2007。

〔德〕乌特·古佐尼:《"朝向对象的悠长而温和的目光":关于海德格尔与阿多诺之思可思考》,夏宏译,《求是学刊》2005 年第 11 期。

吴国盛:《海德格尔的技术之思》,《求是学刊》2004 年第 6 期。

吴书林:《海德格尔论现代技术的"危险"与"拯救"》,《浙江学刊》2007 年第 3 期。

吴晓明:《施蒂纳的"唯一者"与马克思的哲学革命》,《南京大学学报》(哲学·人文科学·社会科学)2007 年第 3 期。

吴晓明、邹诗鹏主编《全球化背景下的现代性问题》，重庆出版社，2009。

郗戈：《"后黑格尔"虚无主义境遇与马克思的哲学革命——以〈关于伊壁鸠鲁哲学的笔记〉为中心》，《中国人民大学学报》2014 年第 5 期。

〔日〕细见和之：《阿多诺——非同一性哲学》，谢海静、李浩原译，河北教育出版社，2002。

谢永康：《形而上学的批判与拯救》，江苏人民出版社，2008。

〔法〕雅克·德里达：《马克思的幽灵——债务国家、哀悼活动和新国际》，中国人民大学出版社，2008。

〔古希腊〕亚里士多德：《尼各马可伦理学》，廖申白译注，商务印书馆，2004。

〔古希腊〕亚里士多德：《形而上学》，吴寿彭译，商务印书馆，1959。

杨大春：《反思的现代性与技术理性的解构——海德格尔和福柯论现代技术问题》，《自然辩证法研究》2002 年第 2 期。

杨丽婷：《阿多诺与虚无主义：从其对海德格尔的批判谈起》，《江苏社会科学》2012 年第 2 期。

杨丽婷：《技术与虚无主义：海德格尔对现代性的生存论审思》，《深圳大学学报》（社会科学版）2012 年第 2 期。

杨丽婷：《虚无主义及其争辩：一种思想性的争辩》，《现代哲学》2012 年第 3 期。

杨丽婷：《"虚无主义、形而上学与资本逻辑"学术研讨会综述》，《现代哲学》2012 年第 2 期。

仰海峰：《西方马克思主义的逻辑》，北京大学出版社，2010。

仰海峰：《虚无主义问题：从尼采到鲍德里亚》，《现代哲学》2009 年第 3 期。

〔英〕伊格尔顿：《马克思为什么是对的》，李杨、任文科、郑义译，新星出版社，2011。

〔英〕伊格尔顿：《审美意识形态》，王杰、傅德根、麦永雄译，广西师范大学出版社，2001。

衣俊卿：《西方马克思主义概论》，北京大学出版社，2008。

余在海：《技术的本质与时代的命运——海德格尔〈技术的追问〉的解读》，《世界哲学》2009年第5期。

袁祖社：《"文化现代性"的实践伦理与精神生活的正当性逻辑——现代个体合理的心性秩序吁求何以可能》，《思想战线》2014年第3期。

〔美〕詹姆斯·施密特编《启蒙运动与现代性：18世纪与20世纪的对话》，徐向东、卢华萍译，上海人民出版社，2005。

张芳德：《技术框架与存在遗弃——海德格尔的技术批判》，《广西民族学院学报》（哲学社会科学版）2006年第4期。

张亮：《"崩溃的逻辑"的历史建构：阿多诺早中期哲学思想的文本学解读》，中央编译出版社，2003。

张亮：《国外阿多诺研究的历史、现状与模式》，《哲学动态》2001年第3期。

张亮：《什么是现代艺术的本质？——阿多诺的艺术真理论及其与海德格尔的潜在对话》，载《西方马克思主义研究前沿报告》，华东师范大学出版社，2007。

张曙光：《中国的危机根本上是价值危机》，载 http://www.21ccom.net/articles/zgyj/gqmq/article_2013022577662.html。

张文喜：《列奥·施特劳斯：政治哲学与历史唯物主义》，《浙江工商大学学报》2005年第3期。

张西平：《历史哲学的重建——卢卡奇与当代西方社会思潮》，三联书店，1997。

张祥龙：《海德格尔传》，商务印书馆，2007。

张祥龙：《海德格尔思想与中国天道：终极视域的开启与交融》，中国人民大学出版社，2010。

张一兵、胡大平：《西方马克思主义的历史逻辑》，南京大学出版社，2003。

张一兵：《无调式的辩证想象》，三联书店，2001。

张有奎：《西方马克思主义的虚无主义批判》，《中国社会科学报》2014年4月30日。

张有奎：《虚无主义的终结与人的解放——基于马克思主义实践逻辑的考察》，《南京大学学报》（哲学·人文科学·社会科学版）2015年第3期。

张有奎：《资本逻辑与虚无主义的批判》，《哲学动态》2011年第8期。

赵林、邓守成编《启蒙与世俗化：东西方现代化历程》，武汉大学出版社，2008。

赵卫国：《从马尔库塞的绝望和海德格尔的纳粹事件看应对技术统治之困境》，《自然辩证法通讯》2010年第1期。

赵勇：《整合与颠覆：大众文化的辩证法——法兰克福学派的大众文化理论》，北京大学出版社，2005。

周凡：《重审卢卡奇的物化理论》，《社会科学家》2003年第3期。

〔美〕朱利安·扬：《海德格尔哲学纳粹主义》，陆丁、周濂译，辽宁教育出版社，2002。

《朱谦之文集》第一卷，福建教育出版社，2002。

邹诗鹏：《三十年来中国社会文化思潮的走向及其历史效应》，《马克思主义与现实》2009年第1期。

邹诗鹏：《现代性的物化逻辑与虚无主义课题——马克思学说与西方现当代有关话语的界分》，《天津社会科学》2009年第3期。

邹诗鹏：《虚无主义的极致与人的解放问题——重思马克思对虚无主义的批判》，《复旦学报》（社会科学版）2015年第5期。

邹诗鹏：《虚无主义研究》，人民出版社，2016。

英文文献

Adorno, Theodor W., *Aesthetic Theory*, translated by C. Lenhardt, London: Routledge & Kegan Paul, 1984.

Adorno, Theodor W., *Against Epistemology: A Metacritique: Studies in Hus-*

serl and the Phenomeonological Antinomies, translated by Willis Domingo, Cambridge: The MIT Press, 1983.

Adorno, Theodor W. , and Max Horkheimer, Dialectic of Enlightenment, translated by John Cumming, New York: Herder, 1972.

Adorno, Theodor W. , and Max Horkheimer, Towards a New Manifesto, translated by Rodney Livingstone, London • New York: Verso, 2011.

Adorno, Theodor W. , Kierkegaard: Construction of the Aesthetic, translated by Robert Hullot – Kentor, Minneapolis: University of Minnesota Press, 1989.

Adorno, Theodor W. , Metaphysics: Concept and Problems, translated by Edmund Jephcott, Stanford: Stanford University Press, 2001.

Adorno, Theodor W. , Negative Dialectics, translated by E. B. Ashton, New York: Continuum, 1973.

Adorno, Theodor W. , Notes to Literature, Vo. I & II, translated by Shierry Weber Nicholsen, Shanghai: Shanghai Foreign Language Education Press, 2009.

Adorno, Theodor W. , Problems of Moral Philosophy, translated by Rodney Livingstone, Stanford: Stanford University Press, 2001.

Adorno, Theodor W. , "The Actuality of Philosophy," The Adorno Reader, edited by Brian O'Connor, translated by Benjamin Snow, Oxford: Blackwell, 2000.

Adorno, Theodor W. , The Jargon of Authenticity, translated by Knut Tarnowski and Frederic Will, London and New York: Routledge & Kegan Paul, 2003.

Balibar, The Philosophy of Marx, London and New York: Verso, 2007, p. 23.

Banham, Gary, and Charlie Blake, eds. , Evil Spirits: Nihilism and the Fate of Modernity, Manchester and New York: Manchester University Press, 2000.

Bernstein, J. M. , Adorno: Disenchantment and Ethics, Cambridge: Cambridge University Press, 2001.

Bernstein, J. M. , *Recovering Ethical Life: Jurgen Habermas and the Future of Critical Theory*, London and New York: Routledge, 1995.

Crosby, Donald A. , *The Specter of the Absurd: Sources and Criticism of Modern Nihilism*, Albany, NY: State University of New York Press, 1988.

Cunningham, Conor, *Genealogy of Nihilism*, London and New York: Routledge, 2002.

Dallmayr, Fred R. , *Between Freibuug and Frankfurt: Toward a Critical Ontology*, Amherst: University of Massachusetts Press, 1991.

Dallmayr, Fred R. , *Life – world, Modernity and Critique: Paths between Heidegger and the Frankfurt School*, Cambridge: Polity Press, 1991.

Deleuze, Gilles Louis René, *Nietzsche and Philosophy*, translated by Hugh Tomlinson, New York: Columbia University Press, 1983.

Dreyfus, Hubert L. , " Heidegger on the Connection between Nihilism, Art, Technology, and Politics," *The Cambridge Companion to Heidegger*, edited by Charles B. Guignon, London: Cambridge University Press, 1993.

Fagan, Andrew, " Morality and Nihilism," http: //www. iep. utm. edu/ adorno/.

Gibson, Nigel, and Andrew Rubin, eds. , *A Critical Reader*, Oxford: Blackwell, 2002.

Gillespie, Michael Allen, *Nihilism before Nietzsche*, Chicago and London: The University of Chicago Press, 1995.

Goudsblom, Johan, *Nihilism and Culture*, Oxford: Basil Blackwell, 1980.

Heidegger, Martin, *Basic Writings*, edited by David Farrell Krell, New York: Harper San Francisco, 1993.

Heidegger, Martin, *Being and Time*, translated by John Macquarrie & Edward Robinson, New York: Harper San Francisco, 1962.

Heidegger, Martin, *Nietzsche*, Vols. 1 and 2, translated by David Farrell

Krell, San Francisco: Harper One, 1991.

Heidegger, Martin, *Nietzsche*, Vols. 3 and 4, translated by David Farrell Krell, San Francisco: Harper One, 1991.

Heidegger, Martin, *The Question Concerning Technology & Other Essays*, translated by William Lovitt, New York: Harper & Row, 1977.

Hodge, Jonna, "Adorno and/with Heidegger: Between Aesthetics and Politics," in *The New Aestheticism*, edited by John J. Joughin and Simon Malpas. Manchester: Manchester University Press, 2003.

Huhn, Tom, ed., *The Cambridge Companion to Adorno*, Cambridge: Cambridge University Press, 2004.

Javis, Simon, *Adorno: A Critical Introduction*, Cambridge: Polity Press, 1998.

Jonas, Hans, *The Imperative of Responsibility: In Search of an Ethics for the Technological Age*, Chicago & London, The University of Chicago Press, 1984.

Kiekegaard, Soren Aabye, *The Present Age*, translated by Alexander Dru, New York: Harper & Row, 1962.

Kompridis, Nikolas, "Heidegger's Challenge and the Future of Critical Theory," in *Habermas: A Critical Reader*, edited by Peter Dews, Oxford: Blackwell, 1999.

Kroker, Arthur, *The Will to Technology and the Culture of Nihilism: Heidegger, Nietzsche and Marx*, Toronto: University of Toronto Press, 2004.

Lukacs, Georg, *The Meaning of Contemporary Realism*, translated from the German by John and Necke Mander, London: Merlin Press, 1962.

Löwith, Karl, *Martin Heidegger and European Nihilism*, translated by Gary Steiner, New York: Columbia University Press, 1995.

Macdonald, Iain and Krzysztof Ziarek, eds., *Adorno and Heidegger*, Stanford: Stanford University Press, 2008.

Magnus, Bernd, "Nihilism, Reason, and 'the Good'," *The Review of Metaphysics*, Vol. 25, No. 2 (Dec., 1971), pp. 292–310.

Myers, David B., "Marx and the Problem of Nihilism," *Philosophy and Phenomenological Research*, Vol. 37, No. 2, pp. 193 – 204.

Nietzsche, Friedrich Wilhelm, *Basic Writings of Nietzsche*, edited by Kaufmann Walter Arnold, New York: Modern Library, 2000.

Nietzsche, Friedrich Wilhelm, *The Birth of Tragedy and Other Writings*, edited by Raymond Geuss, Ronald Speirs, translated by Ronald Speirs, New York: Cambridge University Press, 1999.

Nietzsche, Friedrich Wilhelm, *The Will to Power*, translated by Anthony M. Ludovici, New York: Barnes & Noble, 2006.

Nietzsche, Friedrich Wilhelm, *Thus Spoke Zarathustra*, edited by Adrian Del Caro, Robert Pippin, translated by Adrian Del Caro, New York: Cambridge University Press, 2006.

Nishitani, Keiji, *The Self – overcoming of Nihilism*, translated by Graham Parkes, Albany: State University of New York Press, 1990.

O'Connor, Brian, "Adorno, Heidegger and the Critique of Epistemology," *Philosophy and Social Criticism* 24, No. 4 (1998), pp. 43 – 62.

O'Connor, Brian, *Adorno's Negative Dialectic: Philosophy and the Possibility of Critical Rationality*, Cambridge, Mass: MIT Press, 2005.

Oxford Dictionary of Philosophy, Shanghai: Shanghai Foreign Language Education Press, 1996.

Peters, Michael, Mark Olssen, and Colin Lankshear, eds., *Futures of Critical Theory: Dreams of Difference*, New York: Rowman & Littlefield Publishiers, Inc., 2003.

Reginster, Bernard, *The Affirmation of Life: Nietzsche on Overcoming Nihilism*, Harvard University Press, 2008.

Rose, Eugene (Fr. Seraphim), *Nihilism: The Root of the Revolution of the Modern Age*, Platina: St. Herman of Alaska Brotherhood, 1994.

Rosen, Stanley, *Nihilism: A Philosophy Essay*, New Haven and London:

Yale University Press, 1969.

Rosen, Stanley, *The Question of Being: A Reversal of Heidegger*, New Haven and London: Yale University Press, 1993.

Ruin, Hans, "Ge – stell: Enframing as the Essence of Technology," *Martin Heidegger: Key Concepts*, edited by Bret W. Davis, Durham: Acumen, 2010.

Sartre, Jean Paul, *Being and Nothingness: An Essay on Phenomenological Ontology*, translated by Hazel E. Barnes, London: New York: Washington Square Press, 1956.

Skulsky, Harold, *Staring into the Void: Spinoza, the Master of Nihilism*, Newark: University of Delaware Press, 2009.

Slocombe, Will, *Nihilism and the Sublime Postmodern: The (Hi) Story of a Difficult Relationship from Romanticism to Postmodernism*, New York & London: Routledge, 2006.

Solomon, Robert C. , ed. , *Nietzsche. A Collection of Critical Essays*, Notre Dame: University of Notre Dame Press, 1973.

Solomon, Robert C. , *From Hegel to Existentialism*, New York & Oxford: Oxford University Press, 1987.

Stahl, Gerry, "The Jargon of Authenticity: An Introduction to a Marxist Critique of Heidegger," *Boundary* 2, Vol. 3, No. 2 (Winter, 1975), pp. 489 – 498.

Steiner, Gary, *Descartes as a Moral Thinker: Christianity, Technology, Nihilism*, New York: Humanity Books, 2004.

Vattimo, Gianni, *Nihilism and Emancipation: Ethics, Politics and Law*, translated by William McCuaig, New York: Columbia University Press, 2004.

Weller, Shane, *Literature, Philosophy, Nihilism: The Uncanniest of Guests*, New York: Palgrave Macmillan, 2008.

Wiggershaus, Rolf, *The Frankfurt School*, Cambridge: Polity Press, 1994.

Zimmerman, Michael E. , "Heidegger on Nihilism and Technique," *Man and World*, Vol. 8, No. 4, pp. 394 – 414.

图书在版编目（CIP）数据

走出虚无主义的深渊：路径与反思／杨丽婷著. --
北京：社会科学文献出版社，2020.8
ISBN 978 - 7 - 5201 - 6753 - 6

Ⅰ.①走…　Ⅱ.①杨…　Ⅲ.①虚无主义—研究　Ⅳ.
①B089

中国版本图书馆 CIP 数据核字（2020）第 099817 号

走出虚无主义的深渊：路径与反思

著　　者／杨丽婷

出 版 人／谢寿光

责任编辑／袁卫华　罗卫平

出　　版／社会科学文献出版社·人文分社（010）59367215
　　　　　地址：北京市北三环中路甲 29 号院华龙大厦　邮编：100029
　　　　　网址：www.ssap.com.cn
发　　行／市场营销中心（010）59367081　59367083
印　　装／三河市龙林印务有限公司

规　　格／开　本：787mm×1092mm　1/16
　　　　　印　张：18.5　字　数：271 千字
版　　次／2020 年 8 月第 1 版　2020 年 8 月第 1 次印刷
书　　号／ISBN 978 - 7 - 5201 - 6753 - 6
定　　价／138.00 元